当代西方
社会心理学
名著译丛

方文___主编

情境中的知识

表征、社群与文化

Knowledge in Context

Representations, Community and Culture

[英]桑德拉·约夫切洛维奇___著
(Sandra Jovchelovitch)
赵蜜___译

中国人民大学出版社
· 北京 ·

开启社会心理学的“文化自觉”

“当代西方社会心理学名著译丛”（第二辑）总序

只有一门社会心理学。它关注人之认知、情感和行为潜能的展现，如何受他人在场（presence of others）的影响。其使命是激励每个活生生的个体去超越约拿情结（Jonah Complex）的羁绊，以缔造其动态、特异而完整的丰腴生命。但他人在场，已脱离奥尔波特（Gordon W. Allport）原初的实际在场（actual presence）、想象在场（imagined presence）和隐含在场（implied presence）的微观含义，叠合虚拟在场（virtual presence）这种新模态，从共时-历时和宏观-微观两个维度得到重构，以涵括长青的研究实践和不断拓展的学科符号边界（方文，2008a）。社会心理学绝不是哪个学科的附属学科，它只是以从容开放的胸怀，持续融会心理学、社会学、人类学、进化生物学和认知神经科学的智慧，逐渐建构和重构自主独立的学科认同和概念框架，俨然成为人文社会科学的一门基础学问。

在不断建构和重构的学科历史话语体系中，社会心理学有不同版本的诞生神话（myth of birth），如1897年特里普利特（Norman Triplett）有关社会促进/社会助长（social facilitation）的实验研究、1908年两本偶然以社会心理学为题的教科书，或1924年奥尔波特（Floyd H. Allport）的权威教材。这些诞生神话，蕴含可被解构的意识形态偏好和书写策略。援引学科制度视角（方文，2001），这门新生的社会/行为科学的学科合法性和学科认同，在20世纪30年代中期于北美得以完成。而北美社会心理学，在第二次世界大战期间及战后年代声望日盛，成就其独断的符号霸权。当代社会心理学的学科图景和演进画卷，舒展在此脉络中。

一、1967 年：透视当代社会心理学的时间线索

黑格尔说，一切哲学也就是哲学史。哲人道破学科史研究的秘密：滋养学术品位。但在社会科学/行为科学的谱系中，学科史研究一直地位尴尬，远不及人文学科。研究学科史的学者，或者被污名化——自身没有原创力，只能去总结梳理他人的英雄故事；或者被认为是学问大家研究之余的闲暇游戏，如对自身成长过程的记录。而在大学的课程设计中，学科史也只是附属课程，大多数被简化为具体课程中的枝节，在导论里一笔带过。

学科史研究对学术品位的滋养，从几方面展开。第一，它在无情的时间之流中确立学科演化路标：学科的英雄谱系和经典谱系。面对纷繁杂乱的研究时尚或招摇撞骗的学界名流，它是最简洁而高效的解毒剂。第二，它作为学科集体记忆档案，是学科认同建构的基本资源。当学子们领悟到自身正置身于那些非凡而勤奋的天才所献身的理智事业时，自豪和承诺油然而生。而学科脉络中后继的天才，就从中破茧而出。第三，它也是高效的学习捷径。尽管可向失败和愚昧学习，但成本过高；而向天才及其经典学习，是最佳的学习策略。第四，它还可能为抽象的天才形象注入温暖的感性内容。而这感性，正是后继者求知的信心和努力的动力。

已有四种常规线索、视角或策略，被用来观照当代社会心理学的演化：学科编年史，或者学科通史是第一种也是最为常用的策略；学派的更替是第二种策略；不同年代研究主题的变换是第三种策略；而不同年代权威教科书的内容变迁，则是第四种策略。

还有一些新颖的策略正在被尝试。支撑学科理智大厦的核心概念或范畴在不同时期杰出学者视域中的意义演化，即概念史或范畴史，是一种新颖独特但极富难度的视角；而学科制度视角，则以学科发展的制度建设为核心，也被构造出来（方文，2001）。这些视角或策略为洞悉学科的理智进展提供了丰厚洞识。

而历史学者黄仁宇先生则以核心事件和核心人物的活动为主线，贡献

了其大历史的观念。黄先生通过聚焦“无关紧要的一年”（A Year of No Significance）——1587年或万历十五年（黄仁宇，2007），条分缕析，洞悉当时最强大的大明帝国若干年后崩溃的所有线索。这些线索，在这一年六位人物的活动事件中都可以找到踪迹。

剥离其悲哀意味，类似地，当代社会心理学的命运，也可标定一个“无关紧要的一年”：1967年。它与两个基本事件和三个英雄人物关联在一起。

首先是两个基本事件。第一是1967年前后“社会心理学危机话语”的兴起，第二是1967年前后所开始的欧洲社会心理学的理智复兴。危机话语的兴起及其应对，终结了方法学的实验霸权，方法多元和方法宽容逐渐成为共识。而欧洲社会心理学的理智复兴，则终结了北美主流“非社会的”社会心理学（asocial social psychology），“社会关怀”成为标尺。而这两个事件之间亦相互纠缠，共同形塑了其当代理论形貌和概念框架（Moscovici & Marková，2006）。

还有三个英雄人物。主流社会心理学的象征符码，“社会心理学的教皇”（pope of social psychology）费斯廷格（Leon Festinger，1919—1989），在1967年开始对社会心理学萌生厌倦之心，正准备离开斯坦福大学和社会心理学。一年后，费斯廷格终于成行，从斯坦福大学来到纽约的新社会研究学院（New School for Social Research），主持有关运动视觉的项目。费斯廷格对社会心理学的离弃，是北美独断的符号霸权终结的先兆。

而在同一年，主流社会心理学界还不熟悉的泰弗尔（Henri Tajfel，1919—1982），这位和费斯廷格同年出生的天才，从牛津大学来到布里斯托大学。他从牛津大学的讲师被聘为布里斯托大学社会心理学讲席教授。

而在巴黎，和泰弗尔同样默默无闻的另一位天才莫斯科维奇（Serge Moscovici，1925—2014）正在孕育少数人影响（minority influence）和社会表征（social representation）的思想和研究。

从1967年开始，泰弗尔团队和莫斯科维奇团队，作为欧洲社会心理学理智复兴的创新引擎，在“社会关怀”的旗帜下，开始一系列独创性的研究。社会心理学的当代历史编纂家，会铭记这一历史时刻。当代社会心理学的世界图景从那时开始慢慢重构，北美社会心理学独断的符号霸权开始慢慢解体，而我们置身于其中的学科成就，在新的水准上也得以孕育和完善。

二、统一的学科概念框架的建构：解释水平

教科书的结构，是学科概念框架的原型表征。在研究基础上获得广泛共识的学科结构、方法体系和经典案例，作为学科内核，构成教科书的主体内容。教科书，作为学科发展成熟程度的重要指标，是学科知识传承、学术社会化和学科认同建构的基本资源和主要媒介。特定学科的学子和潜在研究者，首先通过教科书而获得有关学科的直观感受和基础知识。而不同年代权威教科书的内容变迁，实质上负载特定学科理智演化的基本线索。

在杂多的教科书当中，有几条标准可帮助辨析和鉴别其优劣。第一，教科书的编/作者是不是第一流的研究者。随着学科的成熟，中国学界以往盛行的“教材学者”已经淡出；而使他们获得声望的所编教材，也逐渐丧失价值。第二，教科书的编/作者是否秉承理论关怀。没有深厚的理论关怀，即使是第一流的研究者，也只会专注于自己所感兴趣的狭隘领域，没有能力公正而完备地展现和评论学科发展的整体面貌。第三，教科书的编/作者是否有“文化自觉”的心态。如果负荷文化中心主义的傲慢，编/作者就无法均衡、公正地选择研究资料，而呈现出对自身文化共同体的“单纯暴露效应”（mere exposure effect），缺失文化多样性的感悟。

直至今日，打开绝大多数中英文社会心理学教科书的目录，只见不同研究主题杂乱无章地并置，而无法明了其逻辑连贯的理智秩序。学生和教师大多无法领悟不同主题之间的逻辑关联，也无法把所学所教内容图式化，使之成为自身特异的知识体系中可随时启动的知识组块和创造资源。这种混乱，是对社会心理学学科身份的误识，也是对学科概念框架的漠视。

如何统合纷繁杂乱但生机活泼的研究实践、理论模式和多元的方法偏好，使之归于逻辑统一而连贯的学科概念框架？有深刻理论关怀的社会心理学大家，都曾致力于这些难题。荣誉最终归于比利时出生的瑞士学者杜瓦斯（Willem Doise）。

在杜瓦斯之前，美国社会心理学者，2007 年库利-米德奖（Cooley-Mead Award）得主豪斯也曾试图描绘社会心理学的整体形貌（House，1977）。豪斯所勾画的社会心理学是三头怪物：社会学的社会心理学（sociological social psychology，SSP）、实验社会心理学（experimental social psychology，ESP）和语境社会心理学或社会结构和人格研究（contextual social psychology，CSP；social structure and personality）。曾经被误解为两头怪物的社会心理学，因为豪斯更加让人厌烦和畏惧。

但如果承认行动者的能动性，即使是在既定的社会历史语境中的能动性，在行动中对社会过程和社会实在进行情景界定和社会建构的社会心理过程的首要性，就会凸显出来。换言之，社会心理过程在主观建构的意义上对应于社会过程。

杜瓦斯在《社会心理学的解释水平》这部名著中，以解释水平为核心，成功重构了社会心理学统一的学科概念框架。杜瓦斯细致而合理地概括了社会心理学解释的四种理想型或水平，而每种解释水平分别对应于不同的社会心理过程，生发相应的研究主题（Doise，1986：10－17）。

水平 1——个体内水平（intra-personal or intra-individual level）。它是最为微观也最为心理学化的解释水平。个体内分析水平，主要关注个体在社会情境中组织其社会认知、社会情感和社会经验的机制，并不直接处理个体和社会环境之间的互动。

以个体内解释水平为核心的**个体内过程**，可涵括的基本研究主题有：具身性（embodiment）、自我、社会知觉和归因、社会认知和文化认知、社会情感、社会态度等。

在这一解释水平上，社会心理学者已经构造出一些典范的理论模型，如：费斯廷格的认知失调论；态度形成和改变的双过程模型，如精致化可能性模型（elaboration likelihood model，ELM）与启发式加工-系统加工模型（heuristic-systematic model，HSM）；希金斯（Higgins，1996）的知识启动和激活模型。

水平 2——人际和情景水平（interpersonal and situational level）。它主要关注在给定的情景中所发生的人际过程，而并不考虑在此特定的情景之外个体所占据的不同的社会位置（social positions）。

以人际水平为核心的**人际过程**，可涵括的基本研究主题有：亲社会行为、攻击行为、亲和与亲密关系、竞争与合作等。其典范理论模型是费斯廷格的社会比较论。

水平3——社会位置水平（social positional level）或群体内水平。它关注社会行动者在社会位置中的跨情景差异（inter-situational differences），如社会互动中的参与者特定的群体资格或范畴资格（different group or categorical membership）。

以群体水平为核心的**群体过程**，可涵括的基本研究主题有：大众心理、群体形成、多数人的影响和少数人的影响、权威服从、群体绩效、领导-部属关系等。其典范理论模型是莫斯科维奇有关少数人影响的众从模型（conversion theory）、多数人和少数人影响的双过程模型和社会表征论（Moscovici，2000）。

水平4——意识形态水平（ideological level）或群际水平。它是最为宏观也是最为社会学化的解释水平。它在实验或其他研究情景中，关注或考虑研究参与者所携带的信念、表征、评价和规范系统。

以群际水平为核心的**群际过程**，可涵括的基本研究主题有：群际认知，如刻板印象；群际情感，如偏见；群际行为，如歧视及其应对，还有污名。

在过去的40年中，群际水平的研究已有突破性的进展。主宰性的理论范式由泰弗尔的社会认同论所启动，并深化到文化认同的文化动态建构论（dynamic constructivism）（Chiu & Hong，2006；Hong et al.，2000；Wyer et al. Eds.，2009）和“偏差”地图模型（BIAS map）（Cuddy et al.，2007；Fiske et al.，2002）之中。

社会理论大家布迪厄曾经讥讽某些社会学者的社会巫术或社会炼金术，认为他们把自身的理论图式等同于社会实在本身。英雄所见！杜瓦斯尤其强调的是，社会实在在任何时空场景下都是整体呈现的，而不依从于解释水平。社会心理学的四种解释水平只是逻辑工具，绝不是社会实在的四种不同水平；而每种解释水平，都有其存在的合理性，但都只涉及对整体社会实在的某种面向的研究；对于社会实在的整体把握和解释，有赖于四种不同的解释水平的联合（articulation；Doise，1986）。

这四种不同面向和不同层次的社会心理过程，从最为微观也最为心理学化的个体内过程，到最为宏观也最为社会学化的群际过程，是对整体的社会过程不同面向和不同层次的相应表征。

以基本社会心理过程为内核，就可以勾画社会心理学逻辑连贯的概念框架，它由五部分所组成：

（1）社会心理学的历史演化、世界图景和符号霸权分层。

（2）社会心理学的方法体系。

（3）不断凸现的新路径。它为生机勃勃的学科符号边界的拓展预留空间。

（4）基本社会心理过程。

（5）社会心理学在行动中：应用实践的拓展。

社会心理学的基础研究，从第二次世界大战开始，就从两个方面向应用领域拓展。第一，在学科内部，应用社会心理学作为现实问题定向的研究分支，正逐渐地把基础研究的成果用来直面和应对更为宏大的社会问题，如健康、法律、政治、环境、宗教和组织行为。第二，社会心理学有关人性、心理和行为的研究，正对其他学科产生深刻影响。行为经济学家塞勒（Richard H. Thaler，又译为泰勒）因有关心理账户和禀赋效应的研究而获得2017年诺贝尔经济学奖。这是社会心理学家在近50年中第四次获此殊荣［这里没有算上认知神经科学家奥基夫（John O'Keefe）和莫泽夫妇（Edvard I. Moser和May-Britt Moser）因有关大脑的空间定位系统的研究而获得的2014年诺贝尔医学或生理学奖］。在此之前，社会心理学家洛伦茨（Konrad Lorenz）、廷伯根（Nikolaas Tinbergen）和冯·弗里希（Karl von Frisch）因有关动物社会行为的开创性研究而于1973年分享诺贝尔医学或生理学奖。西蒙（Herbert A. Simon；中文名为司马贺，以向司马迁致敬）因有关有限理性（bounded rationality）和次优决策或满意决策（sub-optimum decision-making or satisficing）的研究而获得1978年诺贝尔经济学奖。而卡尼曼（Daniel Kahneman）则因有关行动者在不确定境况中的判断启发式及其偏差的研究，而与另一位学者分享2002年诺贝尔经济学奖。

在诺贝尔奖项中，并没有社会心理学奖。值得强调的是，这些荣膺大奖的社会心理学家，也许只是十年一遇的杰出学者，还不是百年一遇的天才。天才社会心理学家如费斯廷格、泰弗尔、莫斯科维奇和特里弗斯（Robert Trivers）等，他们的理论，在不断地触摸人类物种智慧、情感和欲望的限度。在这个意义上，也许任何大奖包括诺贝尔奖，都无法度量他们持久的贡献。但无论如何，不断获奖的事实，从一个侧面明证了社会心理学家群体的卓越成就，以及社会心理学的卓越研究对于其他人文社会科学研究的典范意义。

杜瓦斯的阐释，是对社会心理学统一概念框架的典范说明。纷繁杂乱的研究实践和理论模式，从此可以被纳入逻辑统一而连贯的体系之中。社会心理学直面社会现实的理论雄心由此得以释放，它不再是心理学、社会学或其他什么学科的亚学科，而是融会相关理智资源的自主学科。

三、当代社会心理学的主宰范式

已有社会心理学大家系统梳理了当代社会心理学的理智进展（如乐国安主编，2009；周晓虹，1993；Burke Ed.，2006；Kruglanski & Higgins Eds.，2007；Van Lange et al. Eds.，2012）。以杜瓦斯所勾画的社会心理学的概念框架为心智地图，也可尝试粗略概括当代社会心理学的主宰范式。这些主宰范式主要体现在方法创新和理论构造上，而不关涉具体的学科史研究、实证研究和应用研究。

（一）方法学领域：社会建构论和话语社会心理学的兴起

作为学科内外因素剧烈互动的结果，“社会心理学危机话语”在20世纪60年代末期开始登场，到20世纪80年代初尘埃落定（方文，1997）。在这段时间，社会心理学教科书、期刊和论坛中充斥着种种悲观的危机论，有的甚至非常激进——“解构社会心理学”（Parker & Shotter Eds.，1990）。“危机话语”实质上反映了社会心理学家群体自我批判意识的兴起。这种自我批判意识的核心主题，就是彻底审查社会心理学赖以发展的方法学基础即实验程序。

危机之后，社会心理学已经迈入方法多元和方法宽容的时代。实验的独断主宰地位已经消解，方法体系中的所有资源，正日益受到均衡的重视。不同理智传统和方法偏好的社会心理学者，通过理智接触，正在消解相互的刻板印象、偏见甚至是歧视，逐渐趋于友善对话甚至是合作。同时，新的研究程序和文献评论技术被构造出来，并逐渐产生重要影响。

其中主宰性的理论视角就是社会建构论（如 Gergen，2001），主宰性的研究路径就是话语社会心理学（波特，韦斯雷尔，2006；Potter & Wetherell，1987；Van Dijk，1993）和修辞学（rhetoric；Billig，1996），而新的研究技术则是元分析（meta-analysis；Rosenthal & DiMatteo，2001）。近期，行动者中心的计算机模拟（agent-based simulation；Macy & Willer，2002）和以大数据处理为基础的计算社会科学（computer social science）（罗玮，罗教讲，2015；Macy & Willer，2002）也开始渗透进社会心理学的研究中。

（二）不断凸显的新路径：进化路径、文化路径和社会认知神经科学

社会心理学一直不断地自我超越，以开放自在的心态融合其他学科的资源，持续拓展学科符号边界。换言之，社会心理学家群体不断地实践新的研究路径（approaches or orientations）。进化路径、文化路径和社会认知神经科学是其中的典范路径。

进化路径和文化路径的导入，关联于受到持续困扰的基本理论论争：是否存在统一而普遍的规律和机制以支配人类物种的社会心理和社会行为？人类物种的社会心理和社会行为是否因其发生的社会文化语境的差异而呈现出特异性和多样性？这个基本理论论争，又可称为普遍论-特异论（universalism vs. particularism）之论争。

依据回答这个论争的不同立场和态度的差异，作为整体的社会心理学家群体可被纳入三个不同的类别或范畴之中。第一个类别是以实验研究为定向的主流社会心理学家群体。他们基本的立场和态度是漠视这个问题的存在价值，或视之为假问题。他们自我期许以发现普遍规律为已任，并把这一崇高天职视为社会心理学的学科合法性和学科认同的安身立命之所。

因为他们持续不懈的努力，社会心理学的学子们在其学科社会化过程中，不断地遭遇和亲近跨时空的典范研究和英雄系谱。

第二个类别是以文化比较研究为定向的社会心理学家群体。不同文化语境中社会心理和社会行为的特异性和多样性，使他们刻骨铭心。他们坚定地主张特异论的一极，并决绝地质疑普遍论的诉求。因为他们同样持续不懈的努力，社会心理和社会行为的文化嵌入性（cultural embeddedness）的概念开始深入人心，并且不断激发文化比较研究和本土化研究的热潮。奇妙的是，文化社会心理学的特异性路径，从新世纪开始逐渐解体，而迈向文化动态建构论（Chiu & Hong，2006；Hong et al.，2000）和文化混搭研究（cultural mixing/polyculturalism）（赵志裕，吴莹特约主编，2015；吴莹，赵志裕特约主编，2017；Morris et al.，2015）。

文化动态建构论路径，关涉每个个体的文化命运，如文化认知和知识激活、文化认同和文化融合等重大主题。我们每个个体宿命地诞生在某种在地的文化脉络而不是某种文化实体中。经过生命历程的试错，在文化认知的基础上，我们开心眼，滋心灵，育德行。但文化认知的能力，是人类物种的禀赋，具有普世性。假借地方性的文化资源，我们成长为人，并不断地修补和提升认知力。我们首先成人，然后才是中国人或外国人、黄皮肤或黑白皮肤、宗教信徒或非信徒。

倚靠不断修补和提升的认知力，我们逐渐穿越地方性的文化场景，加工异文化的体系，建构生动而动态的"多元文化的心智"（multicultural mind；Hong et al.，2000）。异质的"文化病毒"，或多元的文化"神灵"，"栖居"在我们的心智中，而表现出领域-特异性。几乎没有"诸神之争"，她们在我们的心灵中各就其位。

这些异质的"文化病毒"，或多元的文化"神灵"不是暴君，也做不成暴君，绝对主宰不了我们的行为。因为先于她们，从出生时起，我们就被植入了自由意志的天赋。我们的文化修行，只是手头待命的符号资源或"工具箱"（Swidler，1986）。并且在行动中，我们练习"文化开关"的转换技能和策略，并累积性地创造新工具或新的"文化病毒"（Sperber，1996）。

第三个类别是在当代进化生物学的理智土壤中生长而壮大的群体，即进化社会心理学家群体。他们蔑视特异论者的“喧嚣”，而把建构统一理论的雄心拓展至包括人类物种的整个动物界，以求揭示支配整个动物界的社会心理和社会行为的秩序和机制。以进化历程中的利他难题和性选择难题为核心，以有机体遗传品质的适应性（fitness）为逻辑起点，从1964年汉密尔顿（W. D. Hamilton）开始，不同的宏大理论（grand theories）［如亲属选择论（kin selection/ inclusive fitness）、直接互惠论（direct reciprocal altruism）和间接互惠论（indirect reciprocal altruism）在利他难题上，亲本投资论（theory of parental investment; Trivers，2002）在性选择难题上］被构造出来。而进化定向的社会心理学者把进化生物学遗传品质的适应性转化为行为和心智的适应性，进化社会心理学作为新路径和新领域得以成就（如巴斯，2011，2015；Buss，2016）。

认知神经科学和社会认知的融合，催生了社会认知神经科学。以神经科学的新技术如功能性磁共振成像技术（fMRI）和正电子发射断层扫描技术（PET）为利器，社会认知的不同阶段、不同任务以及认知缺陷背后的大脑对应活动，正是最热点前沿（如Eisenberger，2015；Eisenberger et al.，2003；Greene et al.，2001；Ochsner，2007）。

（三）个体内过程：社会认知范式

在个体内水平上，从20世纪80年代以来，以“暖认知”（warm cognition）或“具身认知”（embodied cognition）为核心的“社会认知革命”（李其维，2008；赵蜜，2010；Barsalou，1999；Barbey et al.，2005），有重要进展。其典范的启动程序（priming procedure）为洞悉人类心智的“黑箱”贡献了简洁武器，并且渗透在其他水平和其他主题的研究中，如文化认知、群体认知（Yzerbyt et al. Eds.，2004）和偏差地图（高明华，2010；佐斌等，2006；Fiske et al.，2002；Cuddy et al.，2007）。

卡尼曼有关行动者在不确定境况中的判断启发式及其偏差的研究（卡尼曼等编，2008；Kahneman et al. Eds.，1982），以及塞勒有关禀赋效应和心理账户的研究（泰勒，2013，2016），使社会认知的路径贯注在经济判断和决策领域中。由此，行为经济学开始凸显。

（四）群体过程：社会表征范式

人际过程的研究，充斥着杂多的中小型理论模型，并受个体内过程和群体过程研究的挤压。最有理论综合潜能的可能是以实验博弈论为工具的有关竞争和合作的研究。

当代群体过程研究的革新者是莫斯科维奇。从北美有关群体规范形成、从众以及权威服从的研究传统中，莫斯科维奇洞悉了群体秩序和群体创新的辩证法。莫斯科维奇的团队从 1969 年开始，在多数人的影响之外，专注少数人影响的机制。他以少数人行为风格的一致性为基础的众从模型（conversion theory），以及在此基础上所不断完善的多数人和少数人影响的双过程模型（如 De Deru et al. Eds.，2001；Nemeth，2018），重构了群体过程研究的形貌。莫斯科维奇有关少数人影响的研究经历，佐证了其理论的可信性与有效性（Moscovici，1996）。

而社会表征论（social representation）则是莫斯科维奇对当代社会心理学的另一重大贡献（Moscovici，2000）。他试图超越北美不同版本内隐论（implicit theories）的还原主义和个体主义逻辑，解释和说明常识在社会沟通实践中的生产和再生产过程。社会表征论从 20 世纪 90 年代开始，激发了丰富的理论探索和实证研究（如管健，2009；赵蜜，2017；Doise et al.，1993；Liu，2004；Marková，2003），并熔铸在当代社会理论中（梅勒，2009）。

（五）群际过程：社会认同范式及其替代模型

泰弗尔的社会认同论（social identity theory，SIT）革新了当代群际过程的研究。泰弗尔首先奠定了群际过程崭新的知识基础和典范程序：建构主义的群体观、对人际-群际行为差异的精妙辨析，以及“最简群体范式”（minimal group paradigm）的实验程序。从 1967 年开始，经过十多年持续不懈的艰苦努力，泰弗尔和他的团队构造了以社会范畴化、社会比较、认同建构和认同解构/重构为核心的社会认同论。社会认同论，超越了前泰弗尔时代北美盛行的还原主义和个体主义的微观-利益解释路径，基于行动者的多元群体资格来研究群体过程和群际关系（布朗，2007；Tajfel，1970，1981；Tajfel & Turner，1986）。

在泰弗尔于1982年辞世之后，社会认同论在其学生特纳的领导下，有不同版本的修正模型，如不确定性-认同论（uncertainty-identity theory；Hogg，2007）和最优特异性模型（optimal distinctiveness model）。其中最有影响的是特纳等人的“自我归类论”（self-categorization theory；Turner et al.，1987）。在自我归类论中，特纳提出了一个精妙构念——元对比原则（meta-contrast principle），它是行为连续体中范畴激活的基本原则（Turner et al.，1987）。所谓元对比原则，是指在群体中，如果群体成员之间在某特定维度上的相似性权重弱于另一维度的差异性权重，沿着这个有差异的维度就会分化出两个群体，群际关系因此从群体过程中凸显。特纳的元对比原则，有两方面的重要贡献：其一，它完善了其恩师的人际-群际行为差别的观念，使之转换为人际-群际行为连续体；其二，它卓有成效地解决了内群行为和群际行为的转化问题。

但社会认同论仍存在基本理论困扰：内群偏好（ingroup favoritism）和外群敌意（outgroup hostility）难题。不同的修正版本都没有妥善地解决这个基本问题。倒是当代社会认知的大家费斯克及其团队从群体认知出发，通过刻板印象内容模型（stereotype content model，STM；Fiske et al.，2002）巧妙解决了这个难题，并经由“偏差”地图（BIAS map；Cuddy et al.，2007）把刻板印象（群际认知）、偏见（群际情感）和歧视（群际行为）融为一体。

典范意味着符号霸权，但同时也是超越的目标和击打的靶心。在社会认同范式的笼罩下，以自尊假设和死亡显著性（mortality salience）为核心的恐惧管理理论（terror management theory，TMT）（张阳阳，佐斌，2006；Greenberg et al.，1997）、社会支配论（social dominance theory；Sidanius & Pratto，1999）和体制合理化理论（system justification theory；Jost & Banaji，1994）被北美学者构造出来，尝试替代解释群际现象。它有两方面的意涵：其一，它意味着人格心理学对北美社会心理学的强大影响力；其二则意味着北美个体主义和还原主义的精神气质期望在当代宏观社会心理过程中借尸还魂，而这尸体就是腐败达半世纪的权威人格论及其变式。

四、铸就中国社会心理学的“社会之魂”

中国当代社会心理学自1978年恢复、重建以来，“本土行动、全球情怀”可道其风骨。立足于本土行动的研究实践历经二十余载，催生了“文化自觉”的信心和勇气。中国社会心理学者的全球情怀，也从21世纪起开始凸显。

（一）“本土行动”的研究路径

所有国别中的社会心理学研究，首先都是本土性的研究实践。中国当代社会心理学的研究也不例外，其“本土行动”的研究实践，包括以下两类研究路径。

1. 中国文化特异性路径

以中国文化特异性为中心的研究实践，已经取得一定成就。援引解释水平的线索，可从个体、人际、群体和群际层面进行概要评论。在个体层面，受杨国枢中国人自我研究的激发，金盛华和张建新尝试探究自我价值定向理论和中国人人格模型；王登峰采用中文词汇学路径，构造了中国人人格结构的“大七模型”，以与西方的“大五模型”相区别；彭凯平的分析思维-辩证思维概念、侯玉波的中国人思维方式探索以及杨中芳的“中庸”思维研究，都揭示了中国人独特的思维方式和认知特性；刘力有关中国人的健康表征研究、汪新建和李强团队的心理健康和心理咨询研究，深化了对中国人健康和疾病观念的理解。而周欣悦的思乡研究、金钱启动研究和控制感研究，也有一定的国际影响。在人际层面，黄光国基于儒家关系主义探究了“中国人的权力游戏”，并激发了翟学伟和佐斌等有关中国人的人情、面子和里子研究；叶光辉的孝道研究，增进了对中国人家庭伦理和日常交往的理解。在群体层面，梁觉的社会通则概念，王垒、王辉、张志学、孙健敏和郑伯埙等有关中国组织行为和领导风格的研究，尝试探究中国人的群体过程和组织过程。而在群际层面，杨宜音的“自己人”和“关系化”的研究，展现了中国人独特的社会分类逻辑。沙莲香有关中国民族性的系列研究，也产生了重大影响。

上述研究增强了中国社会心理学共同体的学术自信。但这些研究也存在有待完善的共同特征。第一，这些研究都预设一种个体主义文化-集体主义文化的二元对立，而中国文化被假定和西方的个体主义文化不同，位于对应的另一极。第二，这些研究的意趣过分执着于中国文化共同体相对静止而凝固的面向，有的甚至隐含汉族中心主义和儒家中心主义倾向。第三，这些研究的方法程序大多依赖于访谈或问卷/量表。第四，这些研究相对忽视了当代中国社会的伟大变革对当代中国人心灵的塑造作用。

2. 稳态社会路径

稳态社会路径对理论论辩没有丝毫兴趣，但它是大量经验研究的主宰偏好。其问题意识，源于对西方主流学界尤其是北美社会心理学界的追踪、模仿和复制，并常常伴随中西文化比较的冲动。在积极意义上，这种问题意识不断刺激国内学子研读和领悟主流学界的进展；但其消极面是使中国社会心理学的精神品格，蜕变为北美研究时尚的落伍追随者，其典型例证如被各级地方政府所追捧的有关主观幸福感的研究。北美社会已经是高度稳态的程序社会，因而其学者问题意识的生长点只能是稳态社会的枝节问题。而偏好稳态社会路径的中国学者，所面对的是急剧的社会变革和转型。社会心理现象的表现形式、成因、后果和应对策略，在稳态社会与转型社会之间，存在质的差异。

稳态社会路径的方法论偏好，可归结为真空中的个体主义。活生生的行动者，在研究过程中被人为剔除了其在转型社会中的丰富特征，而被简化为高度同质的原子式的个体。强调社会关怀的社会心理学，蜕变为“非社会的”（asocial）社会心理学。而其资料收集程序，乃是真空中的实验或问卷调查。宏大的社会现实，被歪曲或简化为人为的实验室或田野中漠不相关的个体之间虚假的社会互动。社会心理学的“社会”之魂由此被彻底放逐。

（二）超越“怪异心理学”的全球情怀

中国社会“百年未有之大变局”，给中国社会心理学者提供了千载难逢的社会实验室。一种以中国社会转型为中心的研究实践，从21世纪开始焕发生机。其理论抱负不是对中西文化进行比较，也不是为西方模型提供中国样本资料，而是要真切地面对中国伟大的变革现实，以系统描述、理解和解释置身于转型社会的中国人心理和行为的逻辑和机制。其直面的问题虽是本土本真性的，但由此系统萌生的情怀却是国际性的，力图超越“怪异心理学”［western，educated，industrialized，rich，and democratic（WEIRD）psychology；Henrich et al.，2010］，后者因其研究样本局限于西方受过良好教育的工业化背景的富裕社会而饱受诟病。

乐国安团队有关网络集体行动的研究，周晓虹有关农民群体社会心理变迁、“城市体验”和“中国体验”的研究，杨宜音和王俊秀团队有关社会心态的研究，方文有关群体符号边界、转型心理学和社会分类权的研究（方文，2017），高明华有关教育不平等的研究（高明华，2013），赵德雷有关社会污名的研究（赵德雷，2015），赵蜜有关政策社会心理学和儿童贫困表征的研究（赵蜜，2019；赵蜜，方文，2013），彭泗清团队有关文化混搭（cultural mixing）的研究，都尝试从不同侧面捕捉中国社会转型对中国特定群体的塑造过程。这些研究的基本品质，在于研究者对社会转型的不同侧面的高度敏感性，并以之为基础来构造自己研究的问题意识。其中，赵志裕和康萤仪的文化动态建构论模型有重要的国际影响。

（三）群体地图与中国体验等紧迫的研究议题

面对空洞的宏大理论和抽象经验主义的符号霸权，米尔斯呼吁社会学者应以持久的人类困扰和紧迫的社会议题为枢纽，重建社会学的想象力。而要滋养和培育中国当代社会心理学的想象力和洞察力，铸就社会心理学的“社会之魂”，类似地，必须检讨不同样式的生理决定论和还原论，直面生命持久的心智困扰和紧迫的社会心理议题。

不同样式的生理决定论和还原论，总是附身于招摇的研究时尚，呈现不同的惑人面目，如认知神经科学的殖民倾向。社会心理学虽历经艰难而理智的探索，终于从生理/本能决定论中破茧而出，却持续受到认知神经科学的侵扰。尽管大脑是所有心智活动的物质基础，尽管所有的社会心理和行为都有相伴的神经相关物，尽管社会心理学者对所有的学科进展有持续的开放胸怀，但人类复杂的社会心理过程无法还原为个体大脑的结构或功能。而今天的研究时尚，存在神经研究替代甚至凌驾完整动态的生命活动研究的倾向。又如大数据机构的营销术。据称大数据时代已经来临，而所有生命活动的印迹，通过计算社会科学，都能被系统挖掘、集成、归类、整合和预测。类似于乔治·奥威尔所著《一九八四》中老大哥的眼神，这是令人恐怖的数字乌托邦迷思。完整动态的生命活动，不是数字，也无法还原为数字，无论基于每个生命从出生时起就被永久植入的自由意志，还是自动活动与控制活动的分野。

铸就中国当代社会心理学的“社会之魂”，必须直面转型中国社会紧迫的社会心理议题。

(1) 数字时代人类社会认知能力的演化。方便获取的数字文本、便捷的文献检索和存储方式，彻底改变了生命学习和思考的语境。人类的社会认知过程的适应和演化是基本难题之一。“谷歌效应”（Google effect；Sparrow et al.，2011）已经初步揭示便捷的文献检索和存储方式正败坏长时记忆系统。

(2) “平庸之恶”风险中的众从。无论是米尔格拉姆的权威服从实验还是津巴多的“路西法效应”研究，无论是二战期间纳粹德国的屠犹还是日本法西斯在中国和东南亚的暴行，无论是当代非洲的种族灭绝还是不时发生的恐怖活动，如何滋养和培育超越所谓“平庸之恶”的众从行为和内心良知，值得探究。它还涉及如何汇集民智、民情和民意的“顶层设计”。

(3) 中国社会的群体地图。要想描述、理解和解释中国人的所知、所感、所行，必须从结构层面深入人心层面，系统探究社会转型中不同群体的构成特征、认知方式、情感体验、惯例行为模式和生命期盼。

(4) 中国体验与心态模式。如何系统描绘社会变革语境中中国民众人心秩序或“中国体验”与心态模式的变迁，培育慈爱之心和公民美德，对抗非人化（dehumanization）或低人化（infra-humanization）趋势，也是紧迫的研究议程之一。

五、文化自觉的阶梯

中国社会“千年未有之变局”，或社会转型，已经并正在形塑整体中国人的历史命运。如何从结构层面深入人心层面来系统描述、理解和解释中国人的所知、所感及所行？如何把社会转型的现实灌注到中国社会心理学的研究场景中，以缔造中国社会心理学的独特品格？如何培育中国社会心理学者对持久的人类困扰和紧迫的社会议题的深切关注和敏感？所有这些难题，都是中国社会心理学者不得不直面的挑战，但同时也是理智复兴的机遇。

中国社会转型，给中国社会心理学者提供了独特的社会实验室。为了描述、理解和解释社会转型中的中国人心理和行为逻辑，应该呼唤直面社会转型的社会心理学的研究，或转型心理学的研究。转型心理学的路径，期望能够把握和捕捉社会巨变的脉络和质地，以超越文化特异性路径和稳态社会路径，以求实现中国社会心理学的理智复兴（方文，2008b，2014；方文主编，2013；Fang，2009）。

中国社会心理学的理智复兴，需要在直面中国社会转型的境况下，挖掘本土资源和西方资源，进行脚踏实地的努力。追踪、学习、梳理及借鉴西方社会心理学的新进展，就成为无法绕开的基础性的理论工作，也是最有挑战性和艰巨性的理论工作之一。

从前辈学者开始，对西方社会心理学的翻译、介绍和评论，从来就没有停止过。这些无价的努力，已经熔铸在中国社会心理学研究者和年轻学子的心智中，有助于滋养学术品位，培育“文化自觉”的信心。但翻译工作还主要集中于西方尤其是北美的社会心理学教科书。

教科书作为学术社会化的基本资源，只能择要选择相对凝固的研究发现和理论模型。整体研究过程和理论建构过程中的鲜活逻辑，都被忽略或遗弃了。学生面对的不是原初的完整研究，而是由教科书的编/作者所筛选过的第二手资料。期望学生甚至是研究者直接亲近当代社会心理学的典范研究，就是出版“当代西方社会心理学名著译丛”的初衷。

本译丛第一辑名著的选择，期望能近乎覆盖当代西方社会心理学的主宰范式。其作者，或者是特定研究范式的奠基者和开拓者，或者是特定研究范式的当代旗手。从2011年开始出版和陆续重印的名著译丛，广受好评，也在一定意义上重铸了中文社会心理学界的知识基础。而今启动的第二辑在书目选择上也遵循了第一辑的编选原则——“双重最好”（double best），即当代西方社会心理学最好研究者的最好专著文本，尽量避免多人合著的作品或论文集。已经确定的名篇有《情境中的知识》（Jovchelovitch，2007）、《超越苦乐原则》（Higgins，2012）、《努力的意义》（Dweck，1999）、《归因动机论》（Weiner，2006）、《欲望的演化》（Buss，2016）、《偏见》（Brown，2010）、《情绪感染》（Hatfield et al.，1994）、《偏见与沟通》（Pettigrew & Tropp，2011）和《道德与社会行为的调节》（Ellemers，2017）。

正如西蒙所言，没有最优决策，最多只存在满意决策。文本的筛选和版权协商，尽管尽心尽力、精益求精，但总是有不可抗力而导致痛失珍贵的典范文本，如《自然选择和社会理论》（Trivers，2002）以及《为异见者辩护》（Nemeth，2018）等。

期望本名著译丛的出版，能开启中国社会心理学的“文化自觉”。

鸣谢

从2000年开始，我的研究幸运地持续获得国家社会科学基金（2000，2003，2008，2014，2020）和教育部人文社会科学重点研究基地重大项目基金（2006，2011，2016）的资助。最近获得资助的是2016年度教育部人文社会科学重点研究基地重大项目“阻断贫困再生产：儿童贫困后效、实验干预与政策反思”（项目批准号为16JJD840001）和2020年度国家社会科学基金一般项目“宗教和灵性心理学的跨学科研究”（项目批准号为20BZJ004）。“当代西方社会心理学名著译丛”（第二辑），也是这些资助项目的主要成果之一。

而近20年前有幸结识潘宇博士，开始了和中国人民大学出版社的良好合作。潘宇博士，沙莲香先生的高徒，以对社会心理学学科制度建设的激情、承诺和敏锐洞察力，给我持续的信赖和激励。本名著译丛从最初的构想、书目选择到版权事宜，她都给予了持续的支持和推动。而中国人民大学出版社的张宏学和郦益在译丛出版过程中则持续地贡献了智慧和耐心。

最后衷心感谢本译丛学术顾问和编辑委员会所有师友的鼎力支持、批评和建议，也衷心感谢所有译校者的创造性工作。

方文

2020 年 7 月

参考文献

巴斯．(2011)．欲望的演化：人类的择偶策略（修订版；谭黎，王叶译)．北京：中国人民大学出版社．

巴斯．(2015)．进化心理学：心理的新科学（第 4 版；张勇，蒋柯译)．北京：商务印书馆．

波特，韦斯雷尔．(2006)．话语和社会心理学：超越态度与行为（肖文明等译)．北京：中国人民大学出版社．

布朗．(2007)．群体过程（第 2 版；胡鑫，庆小飞译)．北京：中国轻工业出版社．

方文．(1997)．社会心理学百年进程．社会科学战线（2)，248－257.

方文．(2001)．社会心理学的演化：一种学科制度视角．中国社会科学（6)，126－136＋207.

方文．(2008a)．学科制度和社会认同．北京：中国人民大学出版社．

方文．(2008b)．转型心理学：以群体资格为中心．中国社会科学（4)，137－147.

方文．(2014)．转型心理学．北京：社会科学文献出版社．

方文．(2017)．社会分类权．北京大学学报（哲学社会科学版)，54（5)，80－90.

方文（主编)．(2013)．中国社会转型：转型心理学的路径．北京：中国人民大学出版社．

高明华．(2010)．刻板印象内容模型的修正与发展：源于大学生群体样本的调查结果．社会，30（5)，200－223.

高明华．(2013)．教育不平等的身心机制及干预策略：以农民工子女为例．中国社会科学（4)，60－80.

管健．(2009)．社会表征理论的起源与发展：对莫斯科维奇《社会表征：社会心理学探索》的解读．社会学研究（4），232－246.

黄仁宇．(2007)．万历十五年（增订本)．北京：中华书局．

卡尼曼，斯洛维奇，特沃斯基（编)．(2008)．不确定状况下的判断：启发式和偏差（方文等译)．北京：中国人民大学出版社．

李其维．(2008)．“认知革命”与“第二代认知科学”刍议．心理学报，40（12)，1306－1327.

罗玮，罗教讲．(2015)．新计算社会学：大数据时代的社会学研究．社会学研究（3)，222－241.

梅勒．(2009)．理解社会（赵亮员等译)．北京：北京大学出版社．

泰勒．(2013)．赢者的诅咒：经济生活中的悖论与反常现象（陈宇峰等译)．北京：中国人民大学出版社．

泰勒．(2016)．“错误”的行为：行为经济学的形成（第2版，王晋译)．北京：中信出版集团．

吴莹，赵志裕（特约主编)．(2017)．中国社会心理学评论：文化混搭心理研究（Ⅱ)．北京：社会科学文献出版社．

乐国安（主编)．(2009)．社会心理学理论新编．天津：天津人民出版社．

张阳阳，佐斌．(2006)．自尊的恐惧管理理论研究述评．心理科学进展，14（2)，273－280.

赵德雷．(2015)．农民工社会地位认同研究：以建筑装饰业为视角．北京：知识产权出版社．

赵蜜．(2010)．以身行事：从西美尔风情心理学到身体话语．开放时代（1)，152－160.

赵蜜．(2017)．社会表征论：发展脉络及其启示．社会学研究（4)，222－245＋250.

赵蜜．(2019)．儿童贫困表征的年龄与城乡效应．社会学研究（5)，192－216.

赵蜜，方文．(2013)．社会政策中的互依三角：以村民自治制度为例．社会学研究（6)，169－192.

赵志裕，吴莹（特约主编)．(2015)．中国社会心理学评论：文化混搭心理研究（Ⅰ)．北京：社会科学文献出版社．

周晓虹．(1993)．现代社会心理学史．北京：中国人民大学出版社．

佐斌，张阳阳，赵菊，王娟．(2006)．刻板印象内容模型：理论假设及研究．心理科学进展，14（1)，138－145.

Barbey, A., Barsalou, L., Simmons, W. K., & Santos, A. (2005). Embodiment in religious knowledge. Journal of Cognition & Culture, 5 (1 – 2), 14 – 57.

Barsalou, L. W. (1999). Perceptual symbol systems. Behavioral & Brain Sciences, 22 (4), 577 – 660.

Billig, M. (1996). Arguing and thinking: A rhetorical approach to social psychology (New ed.). Cambridge University Press.

Brown, R. (2010). Prejudice: It's social psychology (2nd ed.). Wiley-Blackwell.

Burke, P. J. (Ed.). (2006). Contemporary social psychological theories. Stanford University Press.

Buss, D. M. (2016). The evolution of desire: Strategies of human mating. Basic Books.

Chiu, C.-y., & Hong, Y.-y. (2006). Social psychology of culture. Psychology Press.

Cuddy, A. J., Fiske, S. T., & Glick, P. (2007). The BIAS map: Behaviors from intergroup affect and stereotypes. Journal of Personality & Social Psychology, 92 (4), 631 – 648.

De Dreu, C. K. W., & De Vries, N. K. (Eds.). (2001). Group consensus and minority influence: Implications for innovation. Blackwell.

Doise, W. (1986). Levels of explanation in social psychology. (E. Mapstone, Trans.). Cambridge University Press.

Doise, W., Clémence, A., & Lorenzi-Cioldi, F. (1993). The quantitative analysis of social representations. (J. Kaneko, Trans.). Harvester Wheatsheaf.

Dweck, C. S. (1999). Self-theories: Their role in motivation, personality and development. Psychology Press.

Eisenberger, N. I. (2015). Social pain and the brain: Controversies, questions, and where to go from here. Annual Review of Psychology, 66, 601 – 629.

Eisenberger, N. I., Lieberman, M. D., & Williams, K. D. (2003). Does rejection hurt? An fMRI study of social exclusion. Science, 302 (5643), 290 – 292.

Ellemers, N. (2017). Morality and the regulation of social behavior: Group as moral anchors. Routledge.

Fang, W. (2009). Transition psychology: The membership approach. Social Sciences in China, 30 (2), 35 – 48.

Fiske, S. T., Cuddy, A. J., Glick, P., & Xu, J. (2002). A model of (often mixed) stereotype content: Competence and warmth respectively follow from perceived status and competition. Journal of Personality & Social Psychology, 82 (6), 878 – 902.

Gergen, K. J. (2001). Social construction in context. Sage.

Greenberg, J., Solomon, S., & Pyszczynski, T. (1997). Terror management theory of self-esteem and cultural worldviews: Empirical assessments and conceptual refinements. In P. M. Zanna (Eds.), Advances in experimental social psychology (Vol. 29, pp. 61 – 139). Academic Press.

Greene, J. D., Sommerville, R. B., Nystrom, L. E., Darley, J. M., & Cohen, J. D. (2001). An fMRI investigation of emotional engagement in moral judgment. Science, 293 (5537), 2105 – 2108.

Hatfield, E., Cacioppo, J. T., & Rapson, R. L. (1994). Emotional contagion. Cambridge University Press.

Henrich, J., Heine, S. J., & Norenzayan, A. (2010). The weirdest people in the world?. Behavioral & Brain Sciences, 33 (2 – 3), 61 – 83.

Higgins, E. T. (1996). Activation: Accessibility, and salience. In E. T. Higgins & A. Kruglanski (Eds.), Social psychology: Handbook of basic principles (pp. 133 – 168). Guilford.

Higgins, E. T. (2012). Beyond pleasure and pain: How motivation works. Oxford University Press.

Hogg, M. A. (2007). Uncertainty-identity theory. Advances in Experimental Social Psychology, 39, 69 – 126.

Hong, Y. -y., Morris, M. W., Chiu, C. -y., & Benet-Martínez, V. (2000). Multicultural minds: A dynamic constructivist approach to culture and cognition. American Psychologist, 55 (7), 709 – 720.

House, J. S. (1977). The three faces of social psychology. Sociometry, 40 (2), 161 – 177.

Jost, J. T., & Banaji, M. R. (1994). The role of stereotyping in system-justification and the production of false consciousness. British Journal of Social Psychology, 33 (1), 1 – 27.

Jovchelovitch, S. (2007). Knowledge in context: Representations, community and culture. Routledge.

Kahneman, D., Slovic, P., & Tversky, A. (Eds.). (1982). Judgment under uncertainty: Heuristics and biases. Cambridge university press.

Kruglanski，A. W. ，& Higgins，E. T. （Eds. ）. （2007）. Social psychology：Handbook of basic principles. Guilford.

Liu，L. （2004）. Sensitising concept，themata and shareness：A dialogical perspective of social representations. Journal for the Theory of Social Behaviour，34 （3），249 – 264.

Macy，M. W. ，& Willer，R. （2002）. From factors to actors：Computational sociology and agent-based modeling. Annual Review of Sociology，28，143 – 166.

Marková，I. （2003）. Dialogicality and social representations：The dynamics of mind. Cambridge University Press.

Morris，M. W. ，Chiu，C. -y. ，& Liu，Z. （2015）. Polycultural psychology. Annual Review of Psychology，66，631 – 659.

Moscovici，S. （1996）. Foreword：Just remembering. British Journal of Social Psychology，35，5 – 14.

Moscovici，S. （2000）. Social representations：Explorations in social psychology. Polity.

Moscovici，S. ，& Marková，I. （2006）. The making of modern social psychology：The hidden story of how an international social science was created. Polity.

Nemeth，C. （2018）. In defense of troublemakers：The power of dissent in life and business. Basic Books.

Ochsner，K. N. （2007）. Social cognitive neuroscience：Historical development，core principles，and future promise. In A. W. Kruglanski & E. T. Higgins（Eds. ），Social psychology：Handbook of basic principles（pp. 39 – 66）. Guilford.

Parker，I. ，& Shotter，J. （Eds. ）. （1990）. Deconstructing social psychology. Routledge.

Pettigrew，T. F. ，& Tropp，L. R. （2011）. When groups meet：The dynamics of intergroup contact. Psychology Press.

Potter，J. ，& Wetherell，M. （1987）. Discourse and social psychology：Beyond attitudes and behaviour. Sage.

Rosenthal，R. ，& DiMatteo，M. （2001）. Meta-analysis：Recent developments in quantitative methods for literature review. Annual Review of Psychology，52，59 – 82.

Sidanius，J. ，& Pratto，F. （2001）. Social dominance：An intergroup theory of social hierarchy and oppression. Cambridge University Press.

Sparrow，B. ，Liu，J. ，& Wegner，D. M. （2011）. Google effects on memory：Cognitive consequences of having information at our fingertips. Science，333 （6043），776 – 778.

Sperber, D. (1996). Explaining culture: A naturalistic approach. Blackwell.

Swidler, A. (1986). Culture in action: Symbols and strategies. American Sociological Review, 51 (2), 273 - 286.

Tajfel, H. (1970). Experiments in intergroup discrimination. Scientific American, 223 (5), 96 - 103.

Tajfel, H. (1981). Human groups and social categories: Studies in social psychology. Cambridge University Press.

Tajfel, H., & Turner, J. C. (1986). The social identity theory of inter-group behavior. In S. Worchel & L. W. Austin (Eds.), Psychology of intergroup relations (pp. 7 - 24). Nelson-Hall.

Trivers, R. (2002). Natural selection and social theory: Selected papers of Robert Trivers. Oxford University Press.

Turner, J. C., Hogg, M. A., Oakes, P. J., Reicher, S. D., & Wetherell, M. S. (1987). Rediscovering the social group: A self-categorization theory. Blackwell.

Van Dijk, T. A. (1993). Elite discourse and racism. Sage.

Van Lange, P. A. M., Kruglanski, A. W., & Higgins, E. T. (Eds.). (2012). Handbook of theories of social psychology. Sage.

Weiner, B. (2006). Social motivation, justice, and the moral emotions: An attributional approach. Erlbaum.

Wyer, R. S., Chiu, C. -y., & Hong, Y. -y. (Eds.). (2009). Understanding culture: Theory, research, and application. Psychology Press.

Yzerbyt, V., Judd, C. M., & Corneille, O. (Eds.). (2004). The psychology of group perception: Perceived variability, entitativity, and essentialism. Psychology Press.

以爱献给马丁与安娜

前言

本书源于我职业生涯和个人生活的两类经历。第一类经历要回溯至巴西。巴西是一个我从未完全抛诸身后的地方，至今仍持续赋予我解读世界和理解世界的重要依据。第二类经历始于20世纪90年代初我来到英国之后。英国给予我新的透镜，让我能理解文化、文化对心理形成的影响以及迥然相异的人之间的沟通过程是如何地充满困难和潜力。如果说我是在巴西理解了社会如何以社会不平等、贫困和排斥的形式形塑心理的话，那么在英国，我则完全了解了文化、文化宣称和文化的切实后果对于我们成为何种类型的存在到底有什么影响。从巴西到英国之间的延续，以及与同事、学生、朋友和我多年以来共事的社群之间的众多对话促使我形成了本书的这些关切议题。

我在本书中提出的大致观点和想法是在我与他人极具挑战又丰富的讨论中慢慢形成的，包括我的学生、同事，以及在伦敦政治经济学院和其他几个曾邀请我讲授并报告我的研究的机构的研究伙伴。我要特别感谢南大河州联邦大学、里约热内卢天主教大学心理学研究生项目的同事、里约热内卢联邦大学、巴西利亚大学、里斯本大学学院、斯德哥尔摩大学，以及巴黎的人文科学之家（Maison des Sciences de l'Homme）。我尤其感谢人文科学之家为我提供了一个文化丰厚又怡人的工作环境，不仅任命我为学习访问主任，而且让我有机会参与社会心理学欧洲实验室那些发人深省的会议研讨。对于他们的持续支持，我深表感激。巴西国家研究委员会下属的巴西国家科学技术发展委员会（CNPq）多年来一直支持我在巴西的研究与授课，使我能与故乡的同事和大学持续保持联系。对此，我尤其感激。伦敦政治经济学院是一个绝佳的学术之乡。在此，社会心理学能以社会科学必不可少的部分被思考、讲授与实践。我还要感谢我在社会心理学系的同事。他们在我学术休假期间慷慨分担了我的任务，让我能够全身心地投入本书的写作之中。

很多同事，其中也有些是我的密友，都对本书的思考和写作有诸多帮助。我要特别感谢安杰拉·阿鲁达（Angela Arruda）、卡西·坎贝尔（Cathy Campbell）、索拉雅·科尔特斯（Soraya Cortes）、乌韦·弗利克（Uwe Flick）、乔治·加斯克尔（George Gaskell）、玛丽－克劳德·热尔韦（Marie-Claude Gervais）、萨迪·拉赫卢（Saddi Lahlou）、哈米德·拉赫（Hamid Rehman）和沃尔夫冈·瓦格纳（Wolfgang Wagner）。罗布·法尔（Rob Farr）和佩德里尼奥·瓜尔斯基（Pedrinho Guareschi）教我的不仅仅是知识；他们也一直是我的榜样和灵感来源。我尤其感谢塞尔日·莫斯科维奇（Serge Moscovici）对本书写作的慷慨支持和所花费的宝贵时间，他倾听了我的想法并在成书的关键阶段给我的写作提供了鼓励。丹尼斯·若德莱（Denise Jodelet）和伊万娜·马尔科娃（Ivana Marková）支持我多年，阅读了本书手稿并不吝给我以宝贵的反馈。我极为感谢她们极富挑战性的批评。杰拉尔德·杜维恩（Gerard Duveen）的思想在本书中有多方位的体现：他与我的对话丰富了我的思考，拓展了我的视野，本书始末都能看到他的思想和评论。此外，我也要感谢巴斯·阿尔茨（Bas Aarts）在本书出版最后阶段提供的帮助和提出的建议。不能免俗，我要申明本书所有的错误都由我个人承担。我要感谢劳特利奇（Routledge）出版社的很多人，他们在本书出版的不同阶段给我以帮助，尤其是佩内洛普·奥尔波特（Penelope Allport）、露西·肯尼迪（Lucy Kennedy）、凯瑟琳·拉塞尔（Kathryn Russel）、塔拉·斯捷尼基（Tara Stebnicky）与丽贝卡·沃尔德伦（Rebekah Waldron）。如常，我还要向雅各布（Jacob）、雷吉娜（Regina）和马尔洛娃（Marlova）致谢。

最后，我将本书献给马丁（Martin）。感谢他认真阅读每一页并照顾我。感谢他始终作为我的支柱并陪伴我左右。本书也同样献给亲爱的安娜（Ana）。虽然她让这本书无限延期，但实际上她也成就了这本书。每天，她都让我明白我的研究和我的生活该立足何处。

目录

图表目录

图

表

导言 1

有关知识的问题并未远去。大约 2 500 年前，苏格拉底的弟子柏拉图首发此问。现代开始之初，笛卡尔又重议此题。该问题贯穿现代哲学发展史，也催生了心理学作为一门独立科学的诞生。实际上，所有主要的心理学体系都基于对此问题回答的尝试发展而来，并由此各成派系。时至今日，知识问题仍与我们纠缠不休。当我们试图理解承继自先辈的遗产时，当我们面对当代世界因知识多样性所产生的新挑战时，我们不得不一再思考知识问题。知识社会、知识经济、本土知识、全球知识、知识管理、他者知识、自我知识，凡此种种，可能诚如后现代学者所言，皆为虚幻，但对知识的拷问无疑一直触动人类进行思考。从柏拉图到笛卡尔，再到当代围绕谁掌握知识、什么是知识的论辩，知识何以成为知识（the question of what makes knowledge knowledge）始终是人类智慧探索的一大疑问。

纵观该历史，有一主题对社会心理学家意义非凡：我们对于知识的那些主要设想都建立在将知识与人剥离的基础上。只有当我们将自身从感官的幻象中，从文化所致的误解与偏见中，从政治偏好和个人情感生活的激情中解放出来，我们才能真正触碰到知识。将知识从人类基质中解放出来似乎是“真知”出现的必要条件。“真知”的出现必须以无人、无社会、无文化为前提。知识，如若要被认可为知识，需超越其生成之情境，挣脱其生产者之“玷污”，超脱人类个体、人类城邦和人类文化之利益、激情与动机。虽则此种构念也并非人人皆认可，但与人无涉仍是关乎知识的基本悖论。知识虽是人类产物，但人类对于真知的构想却是将之去人化（dehumanise）。

心理学对此有诸多论述。我将在本书中做一清算。心理（psyche）与
2 逻各斯（logos）之间相互建构又相互角力。但随着认知逐渐被等同为信息加工过程，两者之间的争斗关系也被人为抹杀。基于信息加工的认知观将认识（knowing）视为“纯粹的”理性，以逻各斯为中心，视逻各斯为现实世界的完美对应。对于认识主体（the knowing subject）的此种构念，极大影响了人们对理性知识的表征，左右着其发展与巩固，进而影响对于正常（normality）与反常（deviation）的判断。即使是诸如弗洛伊德、皮亚杰和维果茨基等大家，虽然提出知识具有情绪、社会和历史根源，削弱了知识“纯粹理性”论的立论基础，但骨子里仍秉持真知的获得需逐步摆脱人、社群和文化的影响这一观点。人类对于知识的设想长期以来一直为非个体化以及价值无涉观点所主导，知识的情绪与关系面向则总与扭曲、反常和非理性相联系。由此观之，认识即是摆脱威胁理性认识的情绪与关系的纠缠，进入冷静的超脱状态（a state of cool detachment），端详真实世界的面貌。在那尽头耸立着客观、冷静与非个体化。那身后便是生活，是主观、混乱、个人化，因此也是非理性。

本书的部分内容将分析此种分裂，也将尝试提出弥合分裂的路径。我的目的是尝试发展一种知识的社会心理学路径。这一路径能恢复知识与产生知识的个人世界、人际世界和社会文化世界之间的联系。这一尝试的关键是对表征的分析。在此，表征被理解为源于自我、他者和客观世界三者相互关系的一种对话性形式。我将竭力展现，表征是所有知识体系的基础。理解表征的发生、发展和其在社会生活中的实现是理解将知识与人、社群和生活世界捆绑在一起的关系的关键。经由表征我们才能理解所有知识体系的多样性与表现性。

我明白从分析表征入手去回答知识问题是个雷区。就对表征的理解而言，笛卡尔的影响难以磨灭。很多心理学派和分支学科有将表征还原为剥离情绪与个人气质的纯粹的个体内认知过程的强烈冲动。有理论认为，个体心理表征（mental representation）是知识的基础，是个体对确定性的寻求，是对外部世界的完整反映。这种表征观如此深入人心，使得“表征”这一概念不仅在主流认知领域被完全无视，甚至在后现代旗号下的批判研

究中也同样如此。虽然我深知此种表征观根深蒂固，但我并不认为此种方式应该决定我们如何处理表征现象。对于某一概念的厌恶不足以否定特定 3
现象的存在，尤其是考虑到概念的不同界定问题。社会心理学家与发展心理学家的理论与实证研究均强调表征现象的符号性（symbolic）与社会性。他们认为，表征绝非孤独的思想者对现实世界的拓印。之所以说表征具有社会性，是因为无他人的参与，儿童无法自己成长为能感会想的个体。说其具有符号性则是由于，在赋予客观世界（object-world）以意义时，人们总是使用不同的符号（tokens），并且这种符号的使用具有任意性。同一符号对于不同的人可能会具有不同的意义，会有不同的发音。这一事实本身就足以驳斥视表征为拓本的观点。

本书的一个主要目的是重提表征的对话观（dialogical view），重申其符号性和社会性，并建立表征过程与不同的认识过程之间的关联。本书的核心观点是：理解和解释知识需与表征模式（representational modalities）结合起来，后者离不开特定社会的公共社区类型与文化传统。本书所提的路径以三个主要观点为核心：

1. 表征过程既具符号性，又具社会性，是对主观世界、互主世界与客观世界的表现。这些过程是所有知识体系的基本架构。理解知识需理解表征的发生（genesis）和其生成的社会生活中的自我-他者-客体关系。这就需要探究这些不同的互动关系是如何在不同的公共领域/空间形塑表征的不同模式的，还需要讨论表征过程的多元维度，即表征谁（who）、如何（how）表征、为何（why）表征、表征什么（what），以及表征致力于何或表征何为（for what）。
2. 不同的表征模式导致出现不同的知识形式。知识是多元异质现象，包含多种理性思考方式（rationalities）。这些思考方式的逻辑并非超验性的规范，而是依从于情境的实用性需要。知识的多样性体现的即是对主观世界、互主世界与客观世界的不同呈现形式。
3. 理解知识的异质性需要摒弃传统的知识观，即知识是线性进化的，其发展是认识的高级形式代替低级形式的过程。不同知识（different knowledges）共存，满足社会生活的不同需求，在社会生活中发

> 挥不同的功能。知识的多样性是人类社会的财富，是不同认识方式之间的对话，是拓宽所有知识体系边界的必要来源，但也是障碍。

本书在下文的不同章节探讨以上三个论点并尝试将它们整合为一种自
4 洽的路径。当然这仅仅是一种尝试，并且远未完善。本书前三章介绍表征以及知识、社群与公共领域多元性的理论渊源。最后三章则在理论讨论的基础上介绍我的理论框架，以此理解知识的形式与功能，解释不同知识体系遭遇时的社会心理，构建知识的社会心理学研究与干预。

第一章引介本书理论背景，介绍社会心理学对于表征的主要讨论，细致探讨表征形式及其与符号功能和知识生产间的关系。我将介绍笛卡尔哲学传统关于表征形成的论点，并详述表征的对话路径，强调表征的生成与符号过程。在回顾了儿童形成表征的过程后，我希望能表明，表征不仅仅是以客观世界为参照的认知结构，也参与自我与他人的情感与社会互动。因此，表征也是心理、关联（interrelational）和认识（epistemic）结构，是对主观、互主和客观世界的表现。

第二章集中讨论社会表征论，以及 20 世纪初该理论就知识和情境问题的讨论。此问题在盎格鲁-撒克逊学术界接受社会表征这一概念时常常被忽略。对知识与情境问题的讨论在时间上与社会科学的发轫基本重叠。其时，学科界限并不似如今这样分明，心理学、社会学和人类学之间的差异也难以辨析。本书将追述社会表征的理论脉络、主要观点及其产生的理智背景，罗列主要的理论创立先驱与他们的理论与实证遗产。我以认知多相性（cognitive polyphasia）这一概念讨论知识形态各异的问题以及理智的构成问题。我将审视涂尔干、列维-布留尔、皮亚杰、弗洛伊德和维果茨基的立场，重新讨论线性进化论，并且重新审视成人知识与儿童知识、文明人的知识与“原始”人的知识、科学家的知识与常人（lay people）的知识之间的比对是如何被构建与对待的。时至今日，这些问题仍至关重要，因为究竟谁掌握理性知识这既是一个悬而未决的理论问题，也是一种具有现实影响力的政治行为。该问题会极大影响对不同人群和生活方式的评价与排序，可能直接导致对特定人群与社会的排斥与贬低。

第三章介绍一种社群/社区（community）的社会心理学，并在知识、社群/社区与公共领域之间建立一种理论关联，由此入手，拓展对知识与情境之间关系的讨论。本章介绍的社区社会心理强调从行动者视角，从社群边界划分的符号过程去理解社群。这些符号过程即社会知识创生的过 5
程，是社会记忆的形塑过程，也是叙事建构的过程。在这些叙事建构中，人们形成对社群的认同，生成归属体验，并在时空维度上产生与社群休戚与共之感。借鉴汉娜·阿伦特和尤尔根·哈贝马斯的著作，本书在社会心理框架之下纳入概念化的公共领域，以此研究社群/社区。在回顾了公共领域概念后，本书将介绍有关公共领域的社会心理学，强调视角、多样性和对话的观点。本书将展示公共领域与该社区认识方式（the form of knowing）之间的关系，并指出表征形式（自我-他者-客体）是理解知识与公共领域的理论关键。本书提出，当代公共领域的转型与社会知识的转型直接相关，虽然集体表征与传统公共领域结构相得益彰，但如今去传统化的公共领域却需以新的社会知识形式为前提。这些新社会知识形式需能适应视角与视野的多元性。

第四章探讨表征形式的变化，以及表征的变化如何形塑知识的形式与功能。我将构建一个理论框架以研究以表征过程为主体、以互主（intersubjective）和互客（interobjective）关系为基底的表征机制（the work of representation）。该框架以行动者、沟通实践、客体、表征的理由和功能为核心，也可以说是以表征谁、如何表征、为何表征、表征什么以及表征何为为核心。在该框架中，表征被视为社会行动者的社会心理过程。行动者的身份/认同与情绪生活是表征的组成部分；他们的人际关系形塑着他们如何认识世界以及认识世界的什么；他们的认识构架（epistemic constructions）与自我、客体和自我-他者的关系密不可分。我强调表征“何为”（what for），指出了表征的五种基本功能：认同、社区、记忆、参与和意识形态。该框架对表征的不同形态如何与不同形式的认识之间产生联系进行了初步的理论体系化。我区分了表征的两种形态，即集体表征与社会表征，将此两者与神话、信仰和意识形态、常识和科学这几种不同的认识形式相联系。当然，此框架是理想型，存在局限性与理论困境也是确凿无疑的。我的目的仅仅是提出一种初步的启发思考（initial heuristics），以理解知识的变化与所有知识体系的表现性，包括那些看似荒谬与非理性的知识。

承认知识的多元性实际上是给我们提出了一系列问题：不同的知识是如何在公共领域中遭遇，如何被比较权衡，又是如何进行沟通交流的？我
6 将在第五章解答这些问题。我们如何与他者知识、他者表征和他者思维（reasoning）遭遇？不同表征之间是否有互通的可能性，或者我们是否不得不承认不同世界观之间天差地别、毫无可通之处？通过对自我-他者关系的永恒暧昧性和互惠与统治的深层心理机制的探讨，我将一一回答这些问题。我认为，相互承认与换位思考是建立不同知识与世界观之间的对话的必要条件；而这一对话因其对巩固民主自由的公共领域的必要性而成为必然。在此基础上，我提出我的理论框架，以辨析不同知识在遭遇时是对话性的还是非对话性的，并以疯狂与致力于发展的社区干预两者为例，检视对话性和非对话性遭遇两种情况。我认为，不同形式的知识能和谐共处、互助互补，并能经由对话进行有效转型。这不仅能促进个体和社区的发展，也能促进所有知识的发展。

第六章讨论我在本书中提出的新路径将如何应用于实际研究和社会心理干预及其他干预项目。在相关的社会表征和认同领域的经典和当代研究中，本书所提的知识路径至少在两个方面有借鉴之处：其一，所有旨在再现主观世界、互主世界与客观世界的知识都是表现性的；其二，不同的认识方式可以共存，它们各自发挥不同功能，满足社会的不同需求。这两条概念线索一直指导社会表征研究，对于致力于建立对话性关系的研究与干预来说至关重要。最后，在本章结尾，我将串联本书讨论的所有议题，并总结我所提出的理论路径的主要观点。

本书以社会表征论为写作基石。在此基础上，我发展了自己研究与从教八年多来个人关注的议题。我认为理论能帮助我们开辟新的研究领域，明晰当下亟待解决的问题，也能帮助我们更好地理解这些问题。当然，理论亦非一成不变，须得投之以怀疑之问，抱持开放之态，假以时日方能有所发展。莫斯科维奇的理论在社会心理学与社会科学之间重新

建立了联系，为理解社会心理过程与社会过程之间的关系提供了有效的工具。如同我在第二章中所指出的，他的社会心理学在坚守社会属性的同时又不失对个体心理的洞察。借助他的理论，探讨社会维度的心理学家无须放弃对个体心智（mind）与心理现象的研究。与此同时，社会表征论紧随文化社会心理学的步伐，使心理学得以在对紧迫社会问题的研 7
究上游刃有余。多年前鲁利亚在其回忆录中的话在当下仍具时代意义："我想要一种能解释在现实中生活的'真实'的人的心理学。这种心理学非实验室中的抽象智力活动。……我想要一种对建设新生活有真正借鉴意义的心理学。"（Luria，1979：22）这些原因皆促使我致力于发展社会表征论。

除社会表征论外，本书的创作也是我个人其他理智历程的浓缩，受惠于我在巴西、拉丁美洲其他地方和过去十五年以来在英国的扎根经历。在深受弗洛伊德心理学影响的同时，我也要感谢拉美理论家让出生于这片土地的我们这代人意识到我们对维护社会平等与社会正义负有不可推卸的责任，以及我们在这个世界上处于边缘地位。本书随处可见弗洛伊德、弗莱雷（Paul Freire）和我远离家乡的个人经历的印记。身处世界体系的边缘使我能更好地理解处于中心地位的意义，也让我更了解我与很多北方（相对于拉美）同事之间仍存在的沟通障碍。这也让我更明晰地意识到个体心理的文化差异。这些差异绝不抽象，而是实实在在地影响着每个个体。这些差异在很多面向上使得人与人之间判若云泥、咫尺天涯。然而，对这些差异的承认也意味着可能存在多元的解决方案。一种解决方案是向差异妥协，安心于孤独；另一种解决方案则是致力于沟通，努力克服所有的困难与可能存在的障碍，扩大共识。本书提议我们应选择后者。我在书中将尝试构建一个理论模型以阐明沟通的可能性，同时也揭示实现沟通的种种障碍。

我开始阅读哈贝马斯的著作是我身在欧洲之时。他的思想一直以来都是我理解社会心理学的一个重要参考，也是本书的一个重要理智来源。即便没有多少系统性，本书的写作也处处可见哈贝马斯的影响。哈贝马斯的著作与弗莱雷的论点有所回应，也与现象学传统有不谋而合之处，即强调对生活世界的研究与承认。讽刺的是，我最认同哈贝马斯的正是他最受非议的观点。我喜欢他对沟通观点的坚持。我也喜欢他尝试为饱受攻讦的“理性”正名，并试图以沟通范式拯救这一概念。我同样喜欢他反事实的“理想主义”（counter-factual ‘idealism’）。在理想谈话情境中达成理解正是所有人类沟通的基础。我认为，哈贝马斯的理想主义应和了理论构建之必需，即需要有规范的乌托邦维度，而这一维度正是希望这一必要情绪的
8 反映。如果理论就是对现实的概括，那么理论之意义又何在？出于此点考虑，我仍然赞同马克思很早前就提出的观点：理论的任务并非仅限于理解现实，也应致力于改变现实。我也认为，虽然哈贝马斯的作品带有清晰的欧洲中心主义色彩，他对弗洛伊德与皮亚杰的解读也不无问题，但他对不同的理论传统做了最为详尽的再评估。他的评估形塑了心理学，也构建了我们对于人类意识的认识。对于有兴趣研究互主性的社会心理学家而言，哈贝马斯的作品应是必读文本。

另外，本书也将从发生路径（genetic approach），即发展/历史路径来解释社会心理现象。这一视角由以皮亚杰和维果茨基为代表的心理学家所发展。他们以人类儿童的发展为研究对象，观察心理现象的历史发展。“发生”这一术语在DNA重组大行其道的当下容易引发误解。但在欧洲大陆，该术语无须澄清。皮亚杰对此有清晰界定：“发生心理学（genetic psychology）力图以心理功能的形成模式去解释心理功能，即以心理功能在人类儿童身上的出现与发展去解释这些功能。”（Piaget and Inhelder，1969：viii）本书很大程度上以相关理论为基础，从人类儿童的认知、情绪与社会性发展的角度解释貌似完全发展成熟的成人的社会生活。长期以来，心理学界并不认为从儿童到成人的转变是逐渐过渡的过程，而是认为儿童期仅仅是成长为成人的训练时期。其存在仅仅是为“真正的人”，即成人的出现做准备。成人心理学独立于儿童发展这一现象表明，心理学必须纳入历史维度，但纳入历史维度又极其困难。心理学必须纳入历史维度这一点，维果茨基、皮亚杰、温尼科特、埃里克森和米德等一众心理学家都有过精彩论述。对成熟的行为形态的任何分析如无对这些行为形态的发生学解释都是不完整的。我认为，这也是当前表征的认知心理研究所存在的主要问

题。在个体主义的限制下，表征现象的发生无法解释，因为解释表征现象的发生无可避免地需要将表征置于其生成的互主和社会情境之中。发生路径突出了互主性在心智构成中的首要作用，对话和沟通对心理发展的必要性，以及此两者在解决孤立、支配与排斥这些个人生活与社会场域中的问题上的修复性力量。

将上述不同的理智资源融合在一起时，我并未考虑学科边界问题。事实上，我希望能打破一些过于古板的学科界限。与此同时，我希望强调社会心理学对社会科学共同关注的社会问题的强劲解释力。事实上，社会心理学的经典研究不仅本身仍旧生机盎然，并且也为临近学科所大量引用。 9
社会学、人类学和政治学在对自我、认同、社区、语言、沟通和互主性这些议题的研究中，均广泛引用米德、弗洛伊德、温尼科特、皮亚杰和维果茨基的洞见，并顺利地将这些构念与社会情境相联系［例见哈贝马斯的沟通理论（Habermas，1987，1991）、吉登斯（Giddens，1991）对自我与现代性的论述、霍奈特对承认政治学的论述（Honneth，1995）、本哈比（Benhabib，1992，2002）对自我与多元文化的论述、艾略特（Elliot，1992）对主体性与无意识的论述等］。自 20 世纪 80 年代晚期起，社会心理学家开始重新关注社会心理学经典文本，并热切研读社会科学中与主体性和互主性相关的新论著。

受现代性核心问题的启发与激励，大部分心理学家认为知识的发展与进步是理性对非理性的胜利，是一个渐进发展的过程。在此过程中，人类儿童逐渐学会去中心化（decentring），抛弃与个体中心主义视角相伴随的自恋冲动，进而进入以互惠视角为基础的共享世界，并在工作、团结和文化创造中使自恋得以升华。这一过程背后的驱动力是一些矛盾与模糊不清的感觉。这些感觉使得自我与他者、个体与社会、本能与文明始终处于张力状态。如果说心理学对我们有智力启发，那这一启发便是没有人是完全理智的。所谓的非理性的根源、信仰与神话并未离我们远去。相反，它们仍根植于社会之中。将它们归为异域他者、儿童、妇女以及普罗大众的沟通所特有的现象，是危险的自欺式的防御。指出此点并不是要为这些现象寻找合适的委婉表述，也不是要倡议我们应为其所制，而仅仅是就事论事，承认这些所谓的非理性根源的内在逻辑及其合理性能够以其本真样态得到理解与处理，并接受其存在于我们所有人的身上这一事实。只有如此，我们才有可能想到要去发展一种更为明智的理智，这种理智承认自身的内在多样性，并尝试与其他智慧进行对话。

第一章 10
知识、情感与互动

表征是所有人类生活的基本过程，是心智、自我、社会和文化发展的基础。表征即使用符号代替不在场的事物。表征是人类儿童本体发展的关键机制，是习得语言的基础，对建立社会关系至关重要，后者则是社会秩序得以建立的前提。表征也具有物质性特征。经由表征，文化在不同地方逐渐形成、变化。人类世界的全部现实均由表征构成。事实上，没有表征，人类世界的现实就无从谈起。借用罗兰·巴尔特对叙事（表征的另一种形式）的论述：表征就在那儿，如同生命本身。

或许正是表征的无所不在，使得表征这一概念及表征过程在社会科学和其他相关领域引发了众多争论与异议。表征概念激发了众多理论论战。表征区分了不同的政治组织派别，也是涵括或排斥他人的基础，决定了谁被表征而谁又不被表征。表征构成我们关于自己和这个世界的知识核心的基础。我们如何理解存在于自身知识体系之外的事物？表征又在何种程度上能再现（represent）其意图再现的事物呢？它们是一直困扰我们认识与理解这个世界的问题。在改变世界的工程处于成败关头时，它们也成为关键问题。表征是开放的过程，绝大多数时间为人类利益与激情所纠缠，因此极易引发争议。几乎没有任何表征能真实再现这个世界。即使一些表征在某些文化中享有高度的共识，历史证明，围绕这些表征也总是存在一定程度的异议，总有一些人或群体随时要提议用替代表征（alternative representations）以取而代之。在表征的战役里，我们能看到定义、知识，以及构成真理与现实的本质是如此不稳定，缺乏坚实的基础。

大多围绕表征的争议的背后是对表征的认识论功能的排他性聚焦，即
11 仅仅关注表征生产知识的能力。诚然，无论是心理学界抑或是其他社会科学领域，都存在将表征的认识论功能与认知等同的强烈倾向，都倾向于完全抹杀在表征过程中人和情境的因素。表征被视为对世界上特定现象的既定状态的准确描绘，进而得到研究。人和社会过程这两个其生成的基本条件与表征就此脱离。作为人之认知与知识的基础，表征被还原为心智认识现象，取决于信息加工机制和一些心理学家称为心智的模块计算系统（modular computational system）。表征的多元维度就此被隐去。这些维度在其社会心理发生历程和社会基础中清晰可见。这一理论变化影响深远，使得认知概念，连带着表征概念，几乎在社会心理学研究中无法使用。多数关于心智的再概念化及其相关过程的研究都摒弃了认知与表征这两个概念。背后原因正是此二者在主流心理学中被赋予了非社会的意涵。因此，有必要重新借助认知与表征过程回顾表征概念的根源，以解释作为符号和社会过程的表征的社会心理基础。

本章开始探讨表征问题。我将详细讨论表征的形式、构成模式，以及其与符号功能和知识生产之间的关系。我在本书中尝试发展的研究路径关涉表征的心理面向以及表征生产过程的符号功能。一方面，诸如皮亚杰、维果茨基和温尼科特等发展心理学家和精神分析学家对符号表征的本体发生及其与自我、知识和他者之间的关系有诸多洞见。回顾并糅合这些洞识非常重要。他们均认为，表征的本体发生同时涵括了个体化过程和社会化过程；而这两种过程均与知识的产生与发展相伴随。追溯知识的根本，无论是自我知识抑或是对客体世界的知识，均涉及表征/再现的运作。理解人类儿童获得表征/再现的能力如何变得可能，能使我们在很大程度上了解表征形式的本质及其社会心理基础。本体发生过程也使表征/再现的运作与符号功能之间的联系明晰化。这也正是理解我在本书中所探讨的表征的关键。表征并非对外部世界的镜像映射，也非单纯的独立个体的心理建构。表征关涉源自自我、他者和客体世界之间关系的符号运作。由此，表征就具有了指称（signify）、建构意义和创设现实的

力量。

另一方面，将表征理解为内嵌的过程十分重要。表征嵌入于制度设置之中，嵌入于社会行动之中，也嵌入于社会生活的动态变迁之中。在这种动态变迁过程中，不同的社会群体和团体相逢、沟通和发生冲突。社会场 12
域中的表征运作与世界观的建构相关，也与日常知识体系的建立相关。日常知识体系不仅致力于提出一种知识框架以引导沟通、协调行动以及解释关键之处，而且有效表现社会行动者的计划与身份及此两者之间的关联。忽视表征的社会维度致使一种观点一再出现，即将表征过程视同为单纯的心理认知现象，脱离表征形成过程中无法摆脱的更广阔的社会限制。我尝试挑战此种认识倾向，重申表征的沟通本质，及表征具体的情境基础。理解表征的社会性质有助于将分析重点引至思考表征形成的实际社会情境，以及使得表征得以形成的沟通的本质。表征的形成是一项公共事务，是依从于情境的过程，取决于形成特定情境的社会、政治和历史条件。

本章主要介绍存在于表征社会心理学中的核心议题与主要问题，并详细分析表征的结构。表 1.1 呈现了本书的基本理论框架，涵括了我讨论表征时所使用的关键词。

表 1.1　　表征与表征领域

表征与（源于并表现）表征的符号功能		
自我	**自我-他者关系**	**客体**
主体性	互主性	客体性
个人的/心理的	沟通的/互动的	认识的/认知的

本章将首先介绍我所提议的表征研究路径的基本前提，以及我在本书中尝试解决的主要问题。我将解释围绕表征社会心理学的主要议题，进而探讨笛卡尔哲学传统中对表征形成的观点，并揭示此种观点是如何统摄当下的表征构念的。而后，我将讨论表征研究的对话路径，强调表征发展过程中的符号性与生成性过程。借助儿童形成表征的过程，我将展现，表征不仅仅提供了一个架构，使得对客体世界知识的建构成为可能，其发展过程也与情感和自我-他者关系的社会动力学息息相关。此种发生学解释使表征具有了一种新的特质，即表征是心理性、关系性和认知性的结构，具

有主体性、互主性和客体性三个维度。本章第四部分将综合讨论表征结构的主要面向。

13 ❖ 表征社会心理学

虽然表征社会心理学涵括了几个不同的议题，但有一个维度是所有议题的关键，并且此维度由始至终框定了表征社会心理学的所有讨论，即意义问题。对表征进行真正的社会心理解释的前提是，对其意义和符号功能进行讨论。对意义进行分析能发现，不同的人在不同的情境和不同的时间对何为真实有不同的观点，并使用不同的符号表征和叙事表达。只有理解了意义，我们才能研究不同的表征如何与每个人相关联，才能讨论存在于社会世界中的这些联系的后果。只有理解了表征的符号功能，即表征以符号**指称**（use symbols to signify），以符号方式理解现实并且建立现实，我们才能明了表征建构现实的力量，才能明白认为经验秩序（empirical order）先于人类认知运作而存在的种种经验主义构念（empiricist conceptions）的局限性。也只有理解了表征的符号功能，我们才能摒弃认为知识就是表征与外部世界完整对应的观点，并开始质疑表征是外部世界的拓印这种陈旧观念。只有通过对意义的分析，我们才能明白表征体系（a representing system，自我与他者间的互主性结构）与被表征体系（the system being represented；可以是物质世界的客体，也可以是他人）之间并非一对一的关系，而是多对多的关系。

只有经由表征的符号功能，我们才能认识到表征的运作不纯粹以认知为目标，还同时也以表现为目的。正是其表现导向（expressive aim）将表征的形式与自我逻辑、自我-他者关系以及情境联系起来。个体与社区不仅以表征再现世间的特定客体与事件状态，也由此透露了自己的身份、所关切之问题、所处的关系网络，以及所居的社会世界的本质。因此，表征社会心理学的核心议题为表征的意义，即其在个体内与社区中的生产与转化。意义提供了将表征视为兼具心理与社会特征的概念基础。

由此，表征社会心理学将意义与社会情境视为所有表征现象的基本维度。意义与社会情境为我们提供了理论视角，使我们能够提出并尝试回答一系列问题，包括知识生产及转化、知识与社会文化情境间的关系，以及当代公共领域中知识所具有的多样形态。意义与情境也同样规制着我们对于与表征和知识的建构相关的新老问题的思考，包括一直未曾有 14
定论的主体-客体关系问题、与知识社会心理学相关的问题，以及不同知识体系背后的推理逻辑（rationality and/or rationalities）的问题。这些问题均能回溯至心理科学，乃至整个社会科学的核心问题。同时，这些问题还指引我们思考一些重要议题。这些议题长期困扰我们，时至今日仍至关重要，并且对当今世界具有持续的重大影响。下面我将对此进行逐一讨论。

主-客体关系

主-客体关系是心理学的一个核心问题，为心理学研究对象——个体-社会关系提供了认识论基础。主-客体关系也是社会科学的一个古老问题。作为主体，我们如何与外在的客体世界相联系，如何认识客体世界，如何定义客体世界，我们与客体世界互动的本质又是什么？在心理学史上，对以上问题的回答不一而足，也由此区分了不同的理论与实证研究流派。心理学所有的古典流派，从内省主义和行为主义的早期构念，到格式塔学派和精神分析学派，再到 20 世纪 70 年代的认知革命，均尝试对主-客体关系问题做出回答（Brunswik，1952；Wolman，1960；Farr，1996）。所有这些回答虽极端程度不同，但均倾向于在主体与客体间进行泾渭分明的区分。此种倾向的危险性在于将主体与客体世界进行绝对的二元对立。

大体而言，此种倾向可系统归类为两种心理学。我称之为“纯粹的主体心理学”与“纯粹的客体心理学”。两者皆过于强调心理主体体验与客观现实世界之间的分离。前者将主体视为万物之尺度，认为所有既有知识、既发事件和与世界间的互动皆源于人类心智及其活动；后者则奉客体世界为尊，认为客体世界是独立于人类行为和意图而存在的一系列实证规律。前者预设主体的纯粹性，主体自封闭的自我世界勘察外界；后者则预设世界的纯粹性，认为世界的存在并无人类贡献。内省主义、行为主义、认知主义以及后现代心理学流派或信奉前者，或拥护后者。以行为主义为例。行为主义否认心智，关注外显行为，以刺激—反应为研究范式，是最典型的否定主观结构的客体化研究模型（objectifying model）。随后的认知
15 革命虽然对行为主义及其否定主体的观点发起了最强劲的挑战，但很快便转而走向另一极端，即仅研究主体。认知主义视主体为作为心理功能的认知过程的承担者，并将主体剥离其所处的社会历史情境进行研究（Bruner, 1990）。后现代心理学流派则兼具客观主义/行为主义和主观主义/认知主义的特征，否认心智的本体地位和心智过程，认为意义生产过程是全然主观的，仿佛现实仅仅是无规律的能指游戏。

内省主义、行为主义、认知主义以及后现代心理学流派的背后实则是主客体二元对立的观念。其实质是未能理解互主性关系和互客性关系之间有可通之处。如同我将在下文中讨论的，这些构念源于笛卡尔哲学，尤其是人与世界、心智与身体以及自我与他者对立的观点。受其影响，对表征和知识的认识要么是个体主义的，要么是心理主义的。而对其影响的反叛式反应则是全然忽略表征这一概念本身。这对表征社会心理学是一种持续的挑战。后者尝试提出替代性的表征的认识论基础。在此基础上，表征实为动态过程，纯粹的主体或者客体均非其关注的目标。其关注点在于互主性关系和互客性关系之间可能的联系。本章对表征形式的分析正是致力于展现一点，即一旦我们开始郑重考虑这种“之间”（the ‘between’），心理主义关于表征的构念就会溃不成军。表征也由此摆脱主流认知主义的观点，即将其视为孤立的心理内过程。与此同时，充分考虑存在“可能的联系”使新的表征观的出现成为可能。表征可被理解为涵括客体与他者，因此也与世界的物质性之间存在联系。这些议题在本书中都会被逐一讨论。

知识社会心理学

对表征的分析对于理解知识社会心理学至关重要。对表征进行分析能阐明知识与情境的联系，以及知识与人们进行表征的努力之间的联系。表征不是静态实体（static entity），而是被建构的体系。我将表征定义为一种

三角形式。其基本结构由主体-他者-客体的互动所建构。这些互动是知识形成的基础。表征是知识的对象和内容（the matter and substance），是所有知识体系背后的机构。我们关于他者、世界和自身的所有可能知识均为表征。但是，大部分知识均屈从于对其表征特质的否认，假装其跟其所表现和再现的对象之间是完美对应的关系。正如我们将在下文中所看 16
到的，这种防御性行为是与以往对知识的定义相吻合的。长久以来，知识被认为是对外部世界的精确复制，具有确定性。然而，所有知识均由表征所构成，均具有再现/表征（represent）的渴望。知识表征了“谁”（who），“如何”（how）表征，“为何”（why）表征，表征了“什么”（what），表征“致力于何”或“何为”（for what）？围绕知识体系的建构与人们的表征努力之间的关系，我们可以提出以上这些问题。我将在第四章论述知识的形式与功能时对其进行更为详尽的讨论。不同的问题回应的是知识的社会心理研究的不同面向。知识表征了谁和表征了什么对应的是指示性，知识如何表征对应的是互主性与互客性，知识为何表征对应的是表现性，知识进行表征致力于何或何为对应的则是其目的性。这些问题可被作为分析类别，既能揭示在知识生产过程中人们进行表征努力所为何求，也能让人看到不同的欲求会导致不同的结果，知识也因此具有了多种多样的异质形态。

实际上，我们从本体发生或者社会发生的角度对表征形式进行仔细分析时能发现一种新的分析模型可对知识生产进行分析。此模型认为知识不应是在人类发展到高级阶段后所达成的单一的同质形式。表征形式的多变性对于知识的构成问题是一个深刻的挑战。其中尤为突出的挑战是，与主流关于知识为何以及知识应为何的观点相比，特定的亚群体和社群的观点是否有所出入。与此同时，这种多变性强调人类社群在构建表征时所处的不同的沟通结构以及相应的关于世界的知识，因此也凸显了知识与情境之间的关联。表征形式的多变性也即情境的多变性和知识的多变性。如何思考此种多变性正是我想要处理的表征社会心理学的第三个维度，它关涉知识背后的推理逻辑及其多元性。

知识背后的推理逻辑及知识的多元性

关于知识背后的推理逻辑本质上到底是什么以及如何界定这种推理逻辑是表征社会心理学的核心问题。对此，所进行的理论讨论和实证研究大致有两种路径。第一种路径研究不同的知识形态，以及儿童、“原始人”、普通人和科学家等不同群体对知识体系的形式和内在特征进行争论时所表现出来的表征。此领域的研究和争论在20世纪初就出现在人类学、社会学
17 和心理学著作中。这些作品力图通过比较知识的不同形式去揭示认识背后的推理逻辑。关注教育和儿童理智发展的心理学家，以及致力于在“原始人”的知识与“发达社会”的知识之间进行比较的社会学家都曾对此有所著述。第二种路径与第一种密切相关，研究知识的演化与变化。发展心理学家尤其关注此议题，虽然发展社会学和现代性社会学研究也或明或暗对此有所涉及。该议题聚焦于知识如何由简单向复杂进化，或者如文献中所常提及的，由低级向高级进化。知识的演化是单向发展的过程吗？知识是从一个阶段向另一个阶段进化，而后一阶段总是要比前一阶段先进吗？又或者知识的不同阶段和不同的知识形态其实是共存和/或互融的？

不同知识形态之间的比较以及知识的演化这两个议题，让人思考知识体系的等级和评估问题，也让人思考不同的知识体系是如何树立其真实性并对不同的社会领域施加影响的。这两个议题也将实用主义精神带入对逻辑和理性的传统构念之中；从对话性和情境性路径入手，力图重新对“理智”（reason）进行定义。如同我在下文中将要讨论的，在此，重点在于意义背后的推理逻辑。而所有的工作则集中于揭示知识体系背后的逻辑。不同的逻辑决定了对世界的不同解读，也衍生了相应的多元策略。这些议题虽是理论思考，但又与当代公共领域中不同知识体系相互遭遇时所出现的种种紧急社会问题相关，与不同社会领域对何为知识的判断有关，也与知识体系间进行沟通的可能性和局限性有关。本书将对这些议题进行讨论，尤其是第二章、第四章和第五章对此有深入探讨。

以上所有维度的背后都存在一个共同的问题，即表征的问题。当表征被视为主体与客体之间的桥梁结构时，我们诘问这种桥梁结构的本质和有

效性。当表征被视为赋予知识体系以结构与内容的根源时，我们思考表征到底是如何形塑知识体系的内外特征的。因此，解构表征形式，剖析其发展过程，突破将其视为心理功能的定义进而揭示其与人和情境之间的关系便至关重要。如同我在下文和本书其他章节所尝试阐明的，基于对表征形式的分析，能构建有效模型，以理解知识与情境之间的关系，以及这种联系到底是如何影响我们对知识及其在当代世界的多元性进行解读的。

发明表征 *18*

表征的传统构念，在相当大程度上，基建于主-客体关系的二元对立模型。二元对立模型的基础是笛卡尔的心智观。这种观点视表征过程为心理活动。在此，以认识客体为目的，主体处理客体所释放的信息。这或许是一种过于简单的描述，但过去三十年间发表的所有主流认知研究均印证了这一点。大部分认知理论家仍旧信奉实证主义（empiricism）与联结主义（associationism）。自洛克和休谟之后，实证主义与联结主义信条鲜有变化。表征是事件，是独立的求知者（a solitary knower）为在脑海中建构对客体世界的画面而对客体世界的探究。求知者如何根植于世界，以及主体到底为何能成为求知者都不会被考虑。外部世界是既定的环境，由一系列等待被主体发现的规律构成。而主体独自伫立，掌控一切，亦无过往，获取信息并描绘现实世界。

笛卡尔版本的独立的求知者能力卓绝，无法被轻易摒弃。泰勒称之为“无法逃离的框架”（inescapable frameworks）。这种思想传统和流派规定并形塑了我们对于“人类能动者、人或者自我到底意味着什么”的构想（Taylor，1989：3）。虽然心理学界普遍同意关于认知和表征的主宰构念均直接源于笛卡尔，但我们极少有人质疑为何会如此，以及这种理智继承会有什么问题。只有马尔科娃（Marková，1983）是一个耀眼的例外。然而，这是一项必要的任务，不仅仅因为我们现今使用的表征概念是17世纪世界观的直接产物，还因为如同当时一样，表征的概念在当下与一系列具有时代烙印和时代关注的观点与实践相关。我们从笛卡尔那里继承了表征是离身的（disembodied）、非社会的（asocial）观点。这一构念隶属于一个更大的观点体系，其核心思想便是主体与世界的分离和绝对割裂。通过笛卡尔，我们开始明白为何思考表征问题是可能的。而只有通过理解他的思想遗产，我们才能够期盼脱离他为我们设定的“无法逃离的框架”。

笛卡尔的我思与表征的个体化

我思故我在（*Cogito ergo sum*）：如果要给现代社会及其自我解读确定一个开端，那么这个开端可能就在这句话中。没有任何语句比这句话更强有力地影响了我们如何理解自己。这句话影响深远，广为流传。正是这句
19 话，尤其是其后的理智洞见开创了表征的时代。表征、心智、心理与物理的区分以及内在现实与外在现实的区别，均与笛卡尔的我思（*cogito*）相关联，也与急剧的社会形变相关联。在急剧的社会形变中，这些构念也相互交缠。

表征研究得以可能始自主体与世界的决然分离。这一分离本身也是历史转型的产物，是对中世纪欧洲社会秩序的叩问，是现代思潮最重要的一大进步。① 主体与世界的分离使得我们所熟知的“个体主义”得以诞生。描绘和理解与个体经历相应的内在心理的新词汇也自此出现。当代新“主观性”（subjectivity）也因为主体与其曾隶属的秩序的彻底脱离而成为可能。关注现代性的社会学家和历史学家，对造成主体与世界分离的转型已有细致研究。这些转型不仅包括欧洲国家经济、社会和政治结构的变化，也有欧洲新兴公众群体在思想、世界观、态度和行为上的变化（Hall et al.，1992；Micale and Dietle，2000）。对此，我将在第三章中详细讨论。

假使曾经人与世界之间是共生关系，将人与广阔的社会秩序分离是不可想象之事，那么进入现代之后，新兴的想法则是使人从社区中脱离出来。由此，主体可以从隶属的整体世界中抽身而出，成为**独立的个体**（in-

---

① 正如泰勒所观察到的（Taylor，1989），笛卡尔与洛克使主体与世界的分离得以民主化。在前现代社会，只有某些特殊的人，比如僧侣与哲学家才能做到这一点。沉思生活（*vita comtemplativa*）是主体与世界分离的一个直接产物，并随着现代性的到来而变得“普世化”。在沉思生活中，反思与深思变得普遍，变成很多人能及之事。

dividual person)。伴随现代性出现的是一个新的主体。作为个体，他与外部世界**迎面而立**，并能对其进行反思性描绘与思考。这一崭新的现代性主体站立于世界之外，他的立足点是其自身的内在世界。借助这一新的内心空间，个体发展出对抗外部世界的工具与程序。

笛卡尔不仅是这一日益壮大的新世界的一分子，他的哲学思想也成为推动这个世界的发展与巩固的关键因素。他前所未有地清楚宣告了主体与世界的分离，也为他的时代提出了表征理论，在充满好奇与探究的心智和外部世界这一新的鸿沟间架起了桥梁。基于主体与世界的分离，笛卡尔发展了关于表征性知识的复杂理论：既然主体不再从属于整体性秩序，那么建构关于这个整体性秩序的表征就成为必要之举。从一个将人与世界捆绑在一起的具有整体性的宇宙秩序中脱离，笛卡尔所勾画的新兴主体是自存的，以自身为原点凝视外部世界。

对外部世界的表征因此是主体与世界的分离的功能性后果，也同时是
这一分离的条件。笛卡尔开创的新意识就是基于对心智本身、个体和世界 20
的心理表征。表征是这些新构念的桥梁，既区分了这些概念，同时也将它们相互联系起来。

笛卡尔的焦虑与确定性追寻

处于心智与世界之间，表征工作便成为笛卡尔焦虑的核心：如何确定我们对于这个世界的表征并没有欺骗我们？如何确定我关于这个世界的知识与外部世界是一致的？换言之，表征凭何可称为“真知”？如同我们所见，笛卡尔的麻烦至今仍然困扰着我们。我们无法漠视他当时所提出的那些问题。那些问题源于笛卡尔永无止息的怀疑，源于人类有关世界的知识的不稳定性，也源于为他著作所唤醒的“坏心魔鬼”(malignant demon)。他的作品让人质疑感官的欺骗性，给所有事物都蒙上了怀疑的面纱。我们可能并不同意笛卡尔给自己寻找的出路：他的哲学将表征、知识、确定性和真实与个体心智紧密捆绑。但是，当我们阅读他的第二哲学沉思时，读到他在一开始就希望寻找类似阿基米德点，基于这样“一个固定不动的点”(a point that is firm and immovable)能够“幸运地发现只有一件事是确

定无疑的”（fortunate enough to discover only one thing that is certain and indubitable）（Descartes，1641/1989：85），我们还怎么可能无法理解他呢？当今世界，谁又不想要那样一个安全坚实的港湾呢？

最终，笛卡尔找到了他的阿基米德点。他的发现即使不足以成为心理学的唯一根基，也为我们心理学家提供了巨大理智启迪。主体的心理学正是诞生于基本的笛卡尔确定性：唯一可以确定的事实是我一直在怀疑。笛卡尔（Descartes，1641/1989：86）对外在于己身的所有事物，包括自己的身体都抱持怀疑的态度。他在我思的孤独中发现了确定性：“我思故我在。”心智，也只有心智是他所无法怀疑的：“我是，我存在，每次在我如是说或者如是想时就是真实的。”（I am，I exist，is necessarily true each time it is expressed by me，or conceived in my mind.）

笛卡尔哲学和其主要元素，从怀疑的焦虑到我思的确定性，都构成弥漫于新兴的现代性文化氛围之中的挑战的重要部分。他尝试在个体心智内植入理解世界所需付出的努力的观点，也确立了能够确证这种理解的现实性的终极标准。通过将对外部世界进行表征努力植入人心，并且将获取真理还有知识的任务排他性地赋予心智，“我思”具有了巨大的重要性与双重意义。一方面，知识从原本是人与世界之间的具有整体沟通性质的社群中被剥离出来。另一方面，我思将主体转变为独立的思考者，变
21 成为所有可信知识的来源与标准。传统、习俗和权威受到怀疑的挑战。心智由于其个体性资源的特征而变成了确定性与不确定性斗争的决定性战场。

表征在诞生之初就被置于主体与世界之间，被视为连接此两者的桥梁。笛卡尔哲学则将“表征”从中介的位置移至内在，变成内心（inner）。心理表征变成为知识的成分：如果表征能确切描绘现实世界并能保证其确切性，那么表征即可引向真理。在此，可看到最为根深蒂固的界定知识是什么以及知识的作用是什么的标准从何而来。这两个问题均与发展于20世纪的心智心理学（the psychology of mind）密切相关。其背后其实是：表征和世界一致性的标准，以及知识确定性的标准。一致性与确定性标准都是笛卡尔表征性知识理论的核心思想，不仅成为认识论基础，而且也衍生了

一种复杂的心理学，它尝试捕捉与解释如何使心理主体生产表征性知识成为可能的条件。

如果说笛卡尔对表征的构想主要在于其认识功能，即逻各斯，他的理论演绎则提出并预设了特定生产者、表征主体和特定世界的存在。这个特定的世界即表征情境。如同泰勒在对自我之根源的精彩研究中所指出的那样，笛卡尔对表征进行理论建构的一个突出标志是抽离性（disengagement）。主体不仅需要抽离于世界之外，而且要抽离于自身之外。这一抽离在洛克和他关于心智与过程性理智（procedural reason）的理论中被进一步强化（Taylor，1989）。自我与他者之间的抽离，促使笛卡尔的表征理论深入发展，开始面向主体本身，关注主体发展自我控制、责任以及与自身疏远化的观点并实践该观点的过程。

无限制的知识：从确定性到全然抽离

笛卡尔将世界从表征中剥离，并去除其客体性维度。洛克的心智理论深化了此过程，将主体从其自身剥离，从而去除了表征的主体性与互主性维度。这种自我与世界和自我与自我的双重分离，发挥着双重分割的作用，不仅将表征与其人类源头和其生成情境分割开来，而且，同样重要的是，也将表征主体完全去人化。基于确定性和与世界具有一致性特点的表征理论，正是建立在双重分离的基础上：将自我从世界中分离，以及将自我与其自身分离。

自我的双重分离使其自身被置于表征过程的核心，并且吊诡地使自我背负了前从未有的双重负担：孤独与自我否定。自我可以是中心，但成了 22
孤家寡人。思考、怀疑、反思和自我反思的新要求需要自我独自处理。自我必须是自身的资源，以评估正在发生的事情，处理可能的错误、误判和孤立这个负担。与此同时，当自我的中心地位使其成为知识唯一重要的根源后（这确实是一个被视为优越超群的地位），自我从其自身中抽离便催生了自我否定的需求。自我变成其自身的观察者。这就需要以第三者的身份，而非直接表现主体性、叙述自身经历。在我（I）的核心中刻入第三者，这一点在很多纠结于自我及其身份问题的心理学著作中都曾涉及。从米德关于“主我”（I）和“客我”（me）的理论，到弗洛伊德的无意识理论，再到拉康的“被禁绝的主体”（barred subject），这些理论均辨识出自我（Self）的核心之中存在一个他者（Other）。笛卡尔式的主体可能诞生于孤独，但这个主体的发展与存在则受制于他者的存在，并为他者所形塑，即使这个他者被视为是外来的、陌生的、侵犯性的。

从怀疑所引发的焦虑和我思的确定性，到孤独和自我否定这样一个位置，笛卡尔所开创的表征理论实际上远不只是一个知识理论。这个理论在表征中寻找准确性和确定性，并追寻确定性以为知识的真实性提供基础。这个理论同样也是一个关于心智、自我和这两者与世界之间的关系的理论。在此意义上，也很容易理解为什么笛卡尔哲学与心理学的历史尤其是社会心理学的历史紧密纠缠（Marková，1983，2004；Farr，1991）。在我思之中，我们发现了所有形塑我们对心智进行思考的基本构念的根源。这些构念既包括主宰 19 世纪至 20 世纪心理学理论发展的个体主义（individualism）、离身性（disembodiment）和非社会性（asociality），又包括引领心理社会文化路径的建构（construction）、能动性（agency）和个体自主性（individual autonomy）。虽然这些构念之间有所分化，但它们的根源并非迥然相异。整个心理学都建立在个体这一概念之上。而这一具有自主性、能动性和建构能力的个体的构念，最初便是由笛卡尔提出的。

醉心于笛卡尔的哲学工程是不切实际的梦想，即期望在“无中生有的观点”（a view from nowhere）之上构建知识（Nagel，1986）。让认知主体完全孤立是为了使与情境和人有天然联系的知识生产过程脱离知识本身。通过将知识拥有者视为孤立的主体，并能在评估外部世界时进行自我封闭，认识者、他者和情境之间的动态交换过程在知识生产中就被抹杀。摒弃生产知识的心理社会情境并抛却知识的“人性的，太人性的”（human, all too human）根源，关于这个世界的知识便能成为一个“纯净”的构念
23 （a‘pure’construct）。知识与情境的分离是建立现代性和相应的心理学的必由之路。如前文所述，此两者的建立始于自我与世界以及自我与自身的双重绝对分离。绝对分离催生了心智的客体化（objectification）。虽然心智

的客体化是反思性与建构的根源，但也导致了异化。异化使得此前互联互构的实体再也无法辨识彼此原本的面貌。

从很多方面来看，孤独的个体认识者的地位透露了对于确定性的追寻而言曾经至关重要的一个原则，也暴露了隐含在将个体视为经验的核心单位的西方思维背后的自我解读，即：认识是个体行为；独处能提供一个自由的空间，使人避免错误，免受会混淆视听的传统习俗的干扰，从而获得真知。个体认知心理学和群体行为心理学均极力主张并反复强调：人们在集体情境中容易犯错和扭曲事实（Moscovici，1985；Gellner，1992）。与他人结群对理性认知者的思考是致命的，因为与互动和关系相伴而生的是激情、兴趣和情感。这些会促使主体走向联盟、争执与权力斗争。一旦在孤独的认识者模型中再纳入一个互动的伙伴，事情就变得混乱了。我们需要考虑人类关系这一广阔的领域以及存在于这个领域的复杂网络。这些都可能会导致对外部世界进行真实表征的追求，也就是对知识的追求，变得不稳定。单个个体能最好地获得知识，能最为充分地表征/再现世界。而人类关系则过于混乱，会阻碍知识的生产。

笛卡尔和表征在当代的湮没

在讨论笛卡尔哲学对于我们在表征的理解上的影响时，我强调主体与世界的决然分离，以及内心空间（inner space）构念的诞生。后者使表征在个体心智中获得一席之地。心理表征成为知识的基础，与其相伴的是对确定性的寻求及其与外部世界的完全对应。追求完全对应则只有在自我和其自身进一步抽离的基础上才可能实现。强调表征功能作为心理副本或对外部世界的镜像映射主宰着表征研究领域，也助长了反表征的立场，最为极端的后果甚至是完全取缔表征这一个概念（Gergen，1985；Ibañez，1991；Shotter，1993）。该观点可追溯至罗蒂的《哲学与自然镜像》（Rorty，1980）这本影响深远的书。作者在书中强有力地解释了表征如何限定了我们对于知识的构想，由此“认识就是准确表征外在于心智的事物；而理解知识本质的可能性就是理解心智建构此类表征的方式”。 24
罗蒂进而提出，哲学的主要关注点就是建立一个整体性的表征理论，从而“将文化分割成不同的领域，其中一些极佳地表征了现实，一些表征得不那么好，而另一些则完全不能表征（虽然这些表征假装在表征）”（Rorty，1980：3）。

不难理解这种关于知识和表征的构念会招致批判，而这种批判也是必要的。但难以理解的是对这种表征构念的批判居然会导致对表征概念的完全抛弃。抛弃表征概念的后果是什么？是否存在求知主体（a knowing subject）这种东西？我们关于这个世界的知识是即时的吗，换言之，我们关于这个世界的知识并不经过心理和社会过程的中介吗？在对概念进行批判，事实上是抛弃之后，是否应该否认现象的本体论存在？在罗蒂对表征进行评估之后，后续研究一直未能解答这些问题。讽刺的是，抛却表征现象继而是这个源于17世纪哲思的构念本身意味着，即使是突破笛卡尔的心智和表征理论的局限，这种尝试实际上仍以笛卡尔的心智与表征理论为理智资源。突破局限性的努力，并不借助那些与笛卡尔心智理论直接冲突的理论思潮，也不与它们对话，虽然这些思潮令人信服地证明了无论是心智还是表征均是社会符号现象（Doise et al.，1975；Perret-Clermont，1980；Doise and Mugny，1984；Duveen，1997；Valsiner，2000；Marková，2003）。

完整理解表征如何在现代被制造以及这一过程如何影响当下对表征过程的概念化，对于消解这样一种让人感伤的趋势极其必要，即认为我们可以走向对立面，宣告一个无表征的世界。我们可以不喜欢笛卡尔的相关论述，也可以对其进行批判，但是我们无法取消历史。没有笛卡尔最初的理论框架，争论便不可能存在。这也就是为什么在对表征进行的极端又深具启迪性的批判中，理查德·罗蒂尝试完全抛弃笛卡尔的框架，并以另外的术语进行重设。但我怀疑他的努力是否能称得上是成功的。表征时代在很大程度上仍然与我们同在，体现在构成我们历史世界的从最亲密的个人结构到更广阔的社会政治结构之中。表征因为真实存在，所以仍需被理解、被研究。

但这并不意味着我们需要从表征的过往历史理解其实体，也不意味着我们无法对其进行重新概念化。实际上，这正是20世纪的社会发展心理学家们努力研究的对象。他们的研究表明，表征理论的发展并非自相矛盾的。在皮亚杰的发生心理学、维果茨基的社会文化发展心理学和 25
温尼科特的文化精神分析中，我们可窥见表征的本体发生历史。这些研究与笛卡尔的表征性知识范式势均力敌。它们将符号和社会维度带回表征之中，使之立刻成为一种兼具主体性、互主性以及客体性特质的现象。

❖ 表征的发展

在这一部分，我将展现，表征过程不能被理解成外在于孕育其本身的心理和历史情境。这一观点的关键之处是对表征形式和符号功能的发生进行考量。表征的发生理论强调在儿童发展历程中的认知、情感和社会性之间的关联（Piaget，1962，1964；Piaget and Inhelder，1969；Vygotsky，1978，1997；Vygotsky and Luria，1994），由此将表征的形式与结构和其发展历史与符号功能紧密联系在一起。通过象征表征建构客体，对儿童逐渐出现的自我意识而言代表的是他者和世界，是认知、情感和社会性过程。儿童的客观世界知识并非来自，也不可能来自情感无涉的冷静认知。驱动所有认知结构的建构和所有知识的巩固的动力，来自儿童对客体-世界的渴望（desire for the object-world），用福思的话来说，来自对社会的渴望（desire for society；Furth，1996）。为了认识这个客体，儿童必须要有情感投入，必须要有去认识的渴望。对知识的渴望是童年时期的核心部分。此点可在儿童充满创造性、嬉戏性和建构性的符号活动中清晰得见。但这种渴望一直延续，到成年时期，仍以文化升华的方式，形塑成人社会行动者的关系和成人在不同社会领域内所生产的知识。

温尼科特的“过渡依恋物”（transitional object）理论，催生了潜能空间（potential space）概念的出现。如同弗洛伊德关于力比多对思维活动的影响的经典论述一样，温尼科特的这一理论对于探讨情感、认知和社会性之间的关联尤为适当（Freud，1900，1911，1920；Winnicott，1965c，1971，1985）。情感、认知和社会维度之间存在的关联表明，在表征的发生和运作中，无疑存在着试图去认知外部世界的认识功能，然而对表征的分析，则绝不能止步于解释表征的发生和其表现性功能的对话性关系。一方面，表征的表现性功能使之成为心理生物（psychological beings）的加工对象。另一方面，心理生物的身份与社会存在是表征过程中的关键一环。强调逻各斯的客体性维度，即其是世界的镜像反映，是对表征的互主性和主体性维度的忽视。而后两者是表征符号功能的基础。如同我将在后面强调的，皮亚杰和维果茨基的发展心理学和莫斯科维奇的社会心理学已清晰
26 表明了这一点。他们的研究均表明，表征从其发生之时便是认识的、社会的和个人的。对此三维度的认可，也能解释为何表征不是外部世界的拓本而是对外部世界的一种符号建构。表征并不是等待人们去认知的外部世界的复制品，而是人们与世界互动时所进行的建构性行为，是一种与外部世界建立联系的模式。正是在自我和他者关系的社会心理学和发展心理学之中，我们发现了能将对话性功能与表现性功能重新纳入表征过程的发生学解释。如同认识功能，无论是对话性功能还是表现性功能都内在于符号形式。

表征的本体发生

在《社会中的心智：高级心理过程的发展》一书中，维果茨基（Vygotsky，1978）解释了心理学碎片化的根源，即心理学无法解决心理现象的发生和历史发展。因为无法提出发生学的解释，日益碎片化的心理学研究的心理现象，是人们所拥有的态度而非发展的态度（Valsiner，1991；Vygotsky，1997）。然而，发生学问题才是最重要的问题。对心理结构的演化没有清晰的解释，我们就无法理解心理结构的成熟形式。了解发生过程不仅有助于理解心理现象的成熟形式，也为理解人类心理提供了一种历史路径（Scribner，1985）。

无论是在个体发生的个体层面，还是在社会表征得以出现的社会层面，对于对表征的分析而言，历史路径均尤其具有启发性意义。如果想要解释表征，考虑其发生过程是必要的。在发生学和结构之间存在着一种根本性的联系。这种联系只有在发展过程的动态变化中才能被观测到。皮亚

杰在讨论发生学和结构之间的联系时也有所提及（Piaget，1971；Duveen，2001a）。心理结构有其历史，这既包括个体发生，也包括社会发生。对于表征而言同样如此。正是在表征的发展历程中，我们可以清楚看到其社会与个体基础。这些社会和个体过程将表征与意义联系起来，也将表征与社会情境和互动中的具体的人联系起来。这些过程是一种发展叙事的基础。这种发展叙事使我们能够理解人类婴儿变为个体人（a person）所走过的个体化和社会化历程。① 虽然皮亚杰和维果茨基的研究项目与评论者仓促分辨出的他们的研究项目间的差异并不一致，但他们的发展心理学拥有很多共性。两位学者都运用发生学方法。两个人都指出，去中心化过程是认知结构和高级心理功能出现的前提。两个人都认为，表征的出现是源于复杂的自我-他者关系的一种功能。这些复杂的关 27
系使得儿童能逐渐发展出对自我和外在客体世界的意识。两个人都阐述过符号功能，并赋予其以重要意义。诚然，在维果茨基的论述中，符号的使用被视为调节行为的最重要的文化手段。其使用也正是人类区别于其他物种的特质。这些共通的维度，即发生学方法、自我-他者关系的首要性以及符号功能的重要性，正是我希望强调的。我也借此在本书中尝试拓展表征的研究路径。以这些共通维度为基础，能够详细阐述表征的个体性、社会性和认知性。与此同时，这些维度也为一种发展叙事提供了变体。对于抵消认为表征和知识无涉社会心理历史而进行研究的做法，这种叙事是必需的。

表征形式的发生史，始于将新生儿置于自我-他者关系互主性结构中。在互主性关系的情境中，婴儿的身体和心理同时成长。脱离了这种互主性情境，无论是儿童身体的成熟还是童年早期所获得的巨大心理发展，都无

---

① 心理功能的发展是一个质变的过程而非仅仅是量变过程这一看法，对于我在本书中提出的路径而言至关重要。《认知》（*Cognition*）杂志的诞生可清楚解释发展与文化心理学家和认知心理学家之间争执的各自表述。当时，福多对刚在美国出版的维果茨基的《社会中的心智》进行了严正批判（Fodor，1972）。福多在对维果茨基（以及皮亚杰学派的发展心理学家）的尖刻批判中提出，成人与儿童之间的区别是量化的而非质性的差异，将发展想象为一种质变过程是错误的。列昂捷夫与鲁利亚对这一批判迅速做出了回应，重申了心智研究的历史发展路径（Leontiev and Luria，1972）。

法得到解释。进入互主性结构并非婴儿的选择。婴儿出生时身体的生物脆弱性使之成为必然。① 我们必须充分认识到，人类婴儿自出生伊始便是生理和心理潜能的组合，而这些潜能则有赖于发展条件。这些条件中的一个首要条件就是一个接受性的环境，能给儿童脆弱的身体提供所需的照料，使其成长为一个人（a person）。诚然，人类婴儿出生时的现实状况，使其从外部世界获得的照料成为其成长为人的必要构成因素。作为外部世界给予婴儿这一不成熟的存在的第一反应，照料这一行为是由社会、文化和经济环境形塑的，也是婴儿所处的最初的社会心理情境。

婴儿最初的脆弱性，成为后续种种脆弱性的一种象征，在心理节俭（the economy of psyche）中刻入了欲求法则（the law of desire）和承认欲求（the desire for recognition）。这种脆弱性将人类婴儿抛入了自我-他者关系语法之中，为可能来自另一个人类的爱与照料开辟了一条通道。这出依赖性戏剧，标志着人类个体发生的初始，也在自我构成中深刻地留下了他人的印记。但是，也是尤其关键的是，这也赋予了婴儿以力量：正是因为婴儿的极端脆弱使得其照料者会无条件地抱着她（任何曾观察过婴儿和其照料者之间充满爱的关系的人都知道，谁是那个控制者；控制者绝不是母亲）。就心理上而言，这些首属关系具有无与伦比的重要性。因为这些关系涵括了形塑后续所有自我-他者关系，以及形塑自我处理社会生活中非对称关
28 系的特定方式的因素。后者我将在第四章和第五章中更仔细地讨论。他者必需（the imperative of the other）已成为广泛共识。皮亚杰和维果茨基的发展心理学、米德的社会心理学，以及弗洛伊德与温尼科特的精神分析均

① 心理学家如果忽略我们的生理构成，那就是愚蠢之举。任何人类心理都必须要考虑到心理结构的具身性，尤其是因为思维与知识的发生存在于身体行动之中，而非相反。如果生理构成不重要的话，那么任何有机体都可以成为人。但我们知道，当我们尝试与跟我们有最大遗传相关性的近亲——倭黑猩猩进行沟通时，人类独特的沟通形式是无法生成的（Savage-Rumbaugh and Fields，2000；Strayer，2000）。生理当然重要。生理是理解人类何以成为心理与社会存在的关键。但心理学必须在此基础上深入推进，并回答不能仅以生理进行解释的那些问题。当生理基础由兼具生理性与社会性的主体的发展所推动时，科学解释也就必须得到相应的推进。表征作为一种心理与社会现象便是这项任务的核心概念。

对此有所论及。①

如果说自我-他者关系的必需性，标志着每个人类生活的开始，那么对这一必需性的解决则会形塑其发展。处理自我和他者之间的差异的能力，伴随着儿童在明白他者与客体的相对独立性和自主性时所经历的情感与认知努力而发展。这也正是认知结构发展的动力。明白客体世界超越儿童行为的恒常性，是表征过程和符号功能得以出现的必要条件。通过建立与缺席客体的关系，明白这种关系的存在是独立于其在场的，并使其自成一种视角，儿童便最终会成长出完整的自我相关性，以及与他人沟通、互联的能力。通过给予他人以特有的地位，儿童也实现了去中心化，能够将自己视为与很多他者共享人类困境的一分子。皮亚杰用去中心化来描述这些过程。他将此类比为“微型哥白尼革命”，或者说是对于自我并非唯一以及自我并非世界中心的痛的领悟。

去中心化对于理解表征和符号活动的发生而言是一个关键概念。去中心化捕捉到了婴儿向世界的多元化和多样性敞开的过程。去中心化也为知识的发展提供了源于自我-他者关系动态变化的情绪助推力。去中心化带来了符号表征，和以符号方式对不可见和/或不可触摸的事物进行表征/再现的能力。从延时模仿到玩耍、画画和照本宣科，再到完整成熟的语言，表征的发生史将儿童抛入社会文化世界。与此相伴的是时间的诞生。对过去与将来的引介，将儿童从当下中解放出来。另外还有客体的诞生。客体

① 想想以下引文。弗洛伊德曾言：“对个体心理与社会或群体心理进行对比乍一看似乎意义重大。但实际上，在进一步比较两者时又丧失了极大的尖锐性……在个体的心理生活中，总是有另外的人卷入其中，这些另外的人或者是作为模范，或者是作为客体，或者是作为帮助者，又或者是作为对手；因此个体心理，在这一扩展但完全正当的表述意义上，最初也同时是社会心理。”（Freud，1921：95）

温尼科特曾说：“没有婴儿这回事——意思是，如果尝试描述婴儿，你会发现自己在描述婴儿和其他人。婴儿无法单独存在，其本质上是一种关系中的一部分。”（Winnicott，1964）皮亚杰和英海尔德也清楚地说道：“运算发展所需的认知建构的去中心化与情感和社会建构的去中心化不可分割。但‘社会’一词不能被狭隘地理解为仅仅是教育、文化和道德传承。实际上，‘社会’涵括了同时是认知的、情感的和道德的人际过程。”（Piaget and Inhelder，1969：95）在同一理智脉络之下，维果茨基和鲁利亚提出：“客体通往儿童以及从儿童通往客体之路在于另一个人。”（Vygotsky and Luria，1994：116）

恒常性由此得以确立。最后还有伦理的诞生。儿童自此被引入一个他人也具有重要性的道德世界。

经由儿童最初的以感觉运动图式系统方式展开的行动，到以多元方式呈现的符号学功能，表征的发生史被一个人际系统所缠绕。这个人际系统为儿童处理关系和去中心化提供了情绪框架。儿童在此框架下发展关于这个世界和关于自己的知识。无论是最初的行动还是后续的符号学功能的呈现都要通过行动和符号的使用，在此过程中儿童逐渐建构了作为心理结构的表征，与此同时，也建立了自我、客体恒常性与社会性。现在让我们来仔细探究这些过程的情绪维度。

29

表征作为潜能空间

当皮亚杰和维果茨基将表征的基本原则构想为一种基于自我-他者-客体关系的社会认知过程时，他们对于情绪维度的思考并没有那样体系化。然而，这更应该被视为对某一点的强调，而非对另一点的有意无视。两位学者都认可情绪维度的重要性，也都读过并欣赏弗洛伊德的著作。① 实际上，当符号功能处于其力量巅峰，儿童的建构充斥着自我的情绪生活和密集的互动时，要忽略儿童早期所建构的表征那激情洋溢的特点，即使是可能的也一定是困难的。这些都是儿童与“非我”的人和客体世界的首次遭遇。

我在此想要讨论的正是表征的情绪、激情和建构维度。我希望阐明，表征的符号功能的威力在于其超脱客体世界的羁绊，并能以一种相对自由的方式表现主体性灵动可变的意图、梦想、幻想和抱负。在生产关于客体世界的知识时，表征工作不仅在其形成和认识论面向上是社会性的，也屈

---

① 维果茨基在批判精神分析时并不是轻易将其忽略。他的文本从头至尾都引用了弗洛伊德的著作。（欧陆学者对维果茨基思想的思考的详细分析，请参见 Valsiner，1988。）皮亚杰也因没有考虑认知结构发展的情绪维度而广受批评。评论者没能完全理解皮亚杰的论点。皮亚杰在他的著作中有好几处都明确阐述了无意识和情感生活在认知结构形成过程中的作用，尤其是在他讨论到儿童形成符号的过程时。这也同样适用于批评皮亚杰著作中缺乏社会维度的例子。（对这两位学者相应批评的精彩反驳，请参见 Furth，1987。）

从于无意识过程的欲求动态和心理节俭的规制。我将援引两个相关的精神分析概念工具进一步阐释该问题。第一个是潜能空间的概念。该概念是温尼科特（Winnicott，1971，1985）为解释过渡现象而提出的。第二个是快乐原则和现实原则之间的关系。弗洛伊德（Freud，1911，1920）以这两个心理运行原则去解释追求快乐与屈从于现实之间的交换，即执着于快乐源泉的普遍心理趋势与即使可能不快乐但也要务实之间的交换。通过在表征分析中引入情绪与无意识情感维度，两个概念工具都充实了表征心理学。

弗洛伊德区分了快乐原则与现实原则，以解释心理如何处理源自无意识压力和外在现实压力之间的张力。这两个原则表现了自我和外部世界的争斗：快乐原则倾向于规避现实原则的制约和平衡，并将主体的思考融入外部世界，将愿望融入愿望的实现。我们在梦中、在戏剧里、在白日梦里、在笑话中都能发现快乐原则的痕迹。弗洛伊德明确主张快乐原则在精神生活中的至高无上。但他也同样强调现实的价值，强调现实对心理节俭的检验。实际上，在弗洛伊德的论述中，快乐原则的（部分）失败是欲求主体得以出现的必要条件。这一欲求主体就此能够对抗并处理来自世界与他人的现实的限制、规制以及失落。虽然将梦中、游戏中、文化与艺术中 30
所有的创造与创新都归因于现实原则是极其诱人的，但这是具有误导性的。没有现实原则，快乐原则会将主体错诱至一个封闭的现实，与他人和客体的世界分离。这是一个孤立的现实，是一个被剥夺了与客体世界进行精彩纷呈互动的现实。同样，如果单由现实原则掌控一切，那现实原则就会在外部限制的重复中改变心智生活。这两个原则之间的张力推动了个体与社区的潜能，催生了表达内在心理的热望，也激发了与外部世界进行互动的渴望。

温尼科特对从绝对依赖转变为相对独立状态的解释，在很多方面与弗洛伊德对快乐原则与现实原则之间争斗的描述不谋而合。温尼科特聚焦于只遵循现实原则的危险。他将现实原则形容为“一种侮辱”。对他而言，“现实原则反映的世界是存在的，无论这个世界是否由婴儿所创造；它（现实原则）是自发性、创造性和真实感的头号天敌”（Winnicott，1984：236）。然而，婴儿自成长伊始，就开始接纳“非我”的世界以及自身与这一非我世界存在着关系的现实。那么，婴儿是如何处理现实原则的“侮辱”的？温尼科特利用潜能空间这一概念，对这一问题进行回答。这一概念可能是他最有原创性的学术贡献。这个概念对于快乐与现实的张力，以及儿童早期典型的幻想和全能与外部现实的限制与局限之间的张力来说，是对症之药。

要想理解潜能空间，需要关联温尼科特对过渡现象的讨论。过渡现象是一种情绪过程，类似于皮亚杰和维果茨基的发展心理学所描绘的去中心化过程。这个概念源于对幼童与他们的照料者以及他们自己挑选的首个特殊所有物（special possession）之间的关系的直接观察。这第一个客体，即过渡客体对儿童有特殊的重要意义。这是第一个“非我”所有物，在儿童学会区分自身与重要他人的过程中，发挥着至关重要的心理作用。过渡客体处于温尼科特所称的“第三生活区”（third area of living）：它们并不是单单属于儿童的空间或者是外在客体的空间，而是儿童与外部客体之间联合的一个象征。通过过渡客体，在日渐面对去中心化和个体化的挑战时，幼童能够想起与母亲浑然一体时的亲密感和舒适感。

过渡现象处理的即是分离的痛苦与掌控外部世界的渴望，其中包含着
31 如何平衡快乐原则与现实原则的难题。过渡现象基于依靠与应对。这两种互动模式推动儿童从绝对依赖向相对独立状态发展。虽然最初照料者的功能是为不成熟而又脆弱的婴儿提供一个可信赖的依靠，但渐渐地，她将依靠变为应对，让儿童有了照料者缺席以及挫败的体验。与这些对应的是外部现实对于婴儿感觉-心理体验的让人不适的限制。照料者并不总是在身边。在与婴儿的关系之外，她是独立存在的个体。在依靠的经历中，婴儿出现了全能的感觉，以及对于照料者所营造的环境的信任。而在应对的经历中，自我关联性、全能性的不完全以及完整意义上的沟通出现了。

潜能空间，或者说是过渡现象发生的“第三生活区”（第一区是自我，第二区是世界的现实性），基于充满关爱的环境所带来的全能经历以及与所认识到的“非我”现实的沟通，将依靠与应对合并相融。正是在潜能空间内，现实与幻想相遇而后合一。在此空间中，婴儿出现自身创造了既有世界的幻觉。婴儿所体验的这种幻觉就是全能感幻觉。在自我关联性前提

下，对需求的执着与应对，允许婴儿出现这种幻觉。正如温尼科特所观察到的，全能感对于婴儿而言是真实的，但对于观察者而言则是幻觉。

潜能空间的“第三生活区”并不终止于过渡客体，而是继续体现在幼童的玩耍之中，并以升华的形式体现在成人所有形式的符号表达和创造性之中。这也是所有人类沟通的基础，以类似的方式发生在超越“我”与“非我”边界的潜能空间的重合地带。诚然，如果对于温尼科特而言，成长的本质在于构建一个边界，在此自我和内在现实开始变为与他人共享的现实，那么潜能空间则超越了这一边界。在潜能空间里，人们既不在幻想世界里也不在共享现实的世界里，而是在同时归属于这两个空间的充满悖论的第三空间里。潜能空间关乎协调，关乎将似乎是永恒分离的事物相互连接，将已经分离的事物重新连接，以及在其边界里创造一个能调适自我和他者、幻想和现实、艺术和科学、理性和非理性的符号世界。

符号表征因此是潜能空间的最本质活动。事实上，符号表征创造了潜能空间。符号创造了被表征的客体，在一个现实之上创生了一个新的现实。符号将主体与客体融合在一起，因为它们表现了主体与客体之间的关 32
系。通过符号表征，不同事物能互相指代，能逐渐汇聚，形成相似性。符号使得无限变化成为可能，而这种变化又具有指示性。然而，符号活动的关键，也即潜能空间活动的关键，是发现并承认共享现实，也即他者的现实。但这是深富创造性的承认，会引导主体与他人、与客体世界进行深入的交往互动。对他者世界的参照保证了符号活动的创造本质。因此一个人的经历能建立在他人的经历之上，能接续创造共享现实。那就是为什么温尼科特说，就如其字面意思那般，人类自我的成长都是类似的，因为“当一个人论及另一个人的时候，这个人其实是在以其所有的文化经历谈论那个人。全部构成整体。”（Winnicott，1967：99）

图 1.1 是潜能空间和符号表征重合的维恩图（Venn diagram）。建构这些重合的过程是发展性的，换言之，是一个个体发生的历史。要想理解这一过程，我们就必须将心理构念的生产视为运动，是在历史过程中出现的、在个体和社会文化层面上运作的实体。重合空间会随着人与社会文化世界的相互影响而扩张或者收缩。也正是在社会生活潜能空间的扩张和收

缩过程中，我们发现了创造性的处理方法，也学会了如何将世界看作是我们想要却又无力掌控的现实。

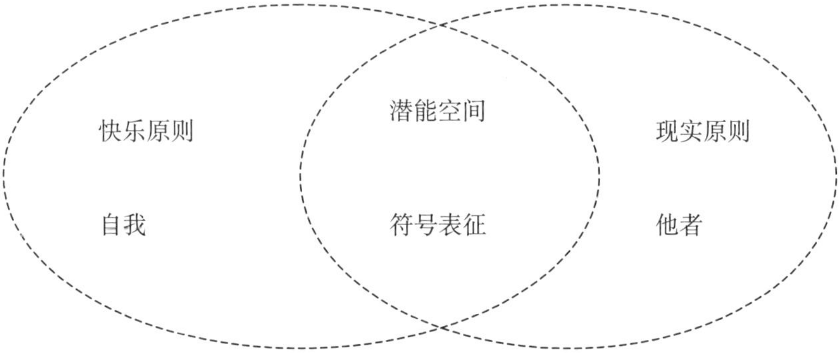

图 1.1　作为潜能空间的表征

最后让我提两个源自潜能空间又存在于符号表征中的过程：凝缩（condensation）和移置（displacement）。两个过程都能让我们了解表征活动的建构维度，明白表征活动与心理生活的关联。凝缩和移置与把控意义的能力相关：如同无意识一般（Freud，1900），它们赋予事物以新形态。
33 凝缩指符号功能压缩并联合不同的事物、事件和人，使它们在符号表征中融合为一体的能力。因允许很多不同的事物结合并互相渗透，凝缩赋予了符号社会的、情绪的和创造性的意涵。移置与凝缩的相关性在于前者允许事物、事件和人与熟悉的自然背景相剥离，并依据意义逻辑与无意识情感而随心重新安置。两个过程都是符号功能的基本构成，在玩耍、梦和所有艺术与创造工作中具有最大的影响力。无论是玩耍与梦，还是艺术与创造，其心理根源均与嬉戏类梦的活动直接相关。

皮亚杰（Piaget，1962）在其关于儿童符号与心智意象发展的研究中探讨了无意识符号问题。在他的讨论中，凝缩与移置的运作和幼童的戏耍、梦相关。他认为，区分围绕情感的非意识领域和围绕思想与理智生活的意识领域毫无意义，因为“无意识无所不在，无论是理智还是情感均有其无意识的面向”（Piaget，1962：172）。他进一步提出，无意识与意识间的相互制衡内在于所有心理过程。因此，即便是最基本的符号，它们也既是意识的，又是无意识的。即使是最基础的符号，也源于对立意象的融合和多元认同的融汇。这些认同产生于儿童对自身所熟悉的形形色色的不同客体、多样情感与重要他人的凝缩。经由凝缩，儿童混淆了不同客体的意义，让所有客体都有其参考的他客体，所有客体中都蕴含他客体，所有客体都混合了他客体的意象与声音。

讨论符号表征的形成所涉及的情绪与非意识过程可表明，知识的发展不仅受制于理性认知结构，也同样为构成儿童生活的千滋百味与万千憧憬所影响。认知与情绪、理性与非理性、逻辑思考与非逻辑思考、幻想与现实，在表征形成过程中不停对抗，贯穿整个成人社会生活。虽然理论上这几个维度壁垒分明，但人类儿童形成表征的过程揭示，表征本质上是一个融合认知、情绪和社会的结构。正是这种发生过程决定了表征的内在特征。作为社会心理构念的表征，建立在自我-他者-客体世界的对话之上。

❖ 超越自然之镜：表征作为社会性创造

我在上文讨论了表征的发生，以此为理解我后续的介绍奠定基础。发
展心理学揭示，表征无法脱离意义与情境而独立存在：表征发生于自我- 34
他者的关系情境之中。这种关系情境总是负荷情绪，具有社会性与文化性，因而也有其独特的历史性。因此，表征对源于自我-他者关系的创造性建构敞开，并会随关系的变化而变化。与此同时，表征的符号功能也使其成为意义解读（meaning-making）行为。

至此，我将对本章做一总结。我将基于前面的讨论，对表征形式做一归纳。上述讨论已清晰表明，表征绝非对外部世界的简单复制或反映，而是社会行动者积极建构的产物。表征的生产、其构成元素和其对社会生活的影响均表明，心理世界与外部世界、个体与其所隶属的集体、心理结构与社会现实之间存在复杂的关联。表征过程是多面向的，不断地在个体与社会之间往复协调。此过程也由此成为理解社会心理现象的重要切入点。最后，我想要强调表征的以下几个方面：

1. 表征作为中介的沟通结构。
2. 表征的物质本质。
3. 表征的多维效价（polyvalent）本质。
4. 超表征（hyper-representation）的问题。

表征作为中介的沟通结构

表征是主体-他者-客体三者的一种中介结构。表征凝结了人的行动。具体而言，表征围绕主体与其他主体、主体与客体世界之间的沟通与互动而逐渐形成（Kaës，1984）。在此意义上，表征可被视为沟通行动（Habermas，1989b，1991）：表征经由沟通行动形成，正如表征通过同样的也是唯一的过程建构沟通者一样。沟通行动不仅涉及语言，也涵括非话语行动。这点在日常实践、不同形式的制度与社会世界的非正式结构中都有所体现（Schutz，1967a；Habermas，1991）。

表征的沟通行动产生了具有生产意义和具有能指功能的符号。表征将某物某人置于另一物与另一人之位：对客体与人的移置和凝缩赋予每个客体与人以新的结构与意义；这也就是符号秩序的本质。表征清楚地表明，
35 创造与建构是符号域（symbolic register）的基础，因为究其发生，符号的运作与儿童早期发展的假装-扮演（pretend-play）能力相关。该能力的遗存（residuals）一直出现在表征运作过程之中。表征也揭示了符号建构与艺术文化生产之间的联系，因为艺术和文化的生产是长久流传的意义与符号的积累结果。图1.2勾画了介于“之间”（belonging to ‘between’）的作为中介结构的表征。

图1.2展现了即时的表征过程。鲍尔和加斯克尔拓展了图1.2所展现的表征的即时过程，引入了一个关键维度：作为一项工程（project），表征是一个历时的过程。如同他们所指出的：“在这个基本的三角模型上加一个包括过去与未来的时间维度能表明，存在一个暗含的或者是衍生的工程（P），将两个主体和特定客体关联在一起。”（Bauer and Gaskell，1999：170）因此，与历史关键问题对应的时间问题，显然是表征过程的一部分。由此，主体-他者-客体-沟通行动-工程-时间-情境是构成表征整体现象的

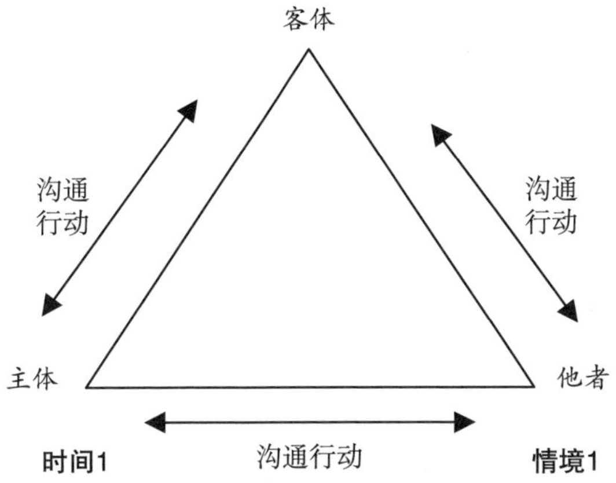

图 1.2　表征的结构：构成元素与生产模式

基础范畴。表征的此种三角构念源于莫斯科维奇（Moscovici，1984）对社会心理学的基本构想。因此，可以将表征概念化为一种逻辑功能，它包括以下七个内容：

R（*S*，*O*，*Ob*，*CA*，*P*，*T*，*C*），其中

S = 自我；O = 他者；Ob = 客体；CA = 沟通行为；P = 工程；T = 时间；C = 情境。

对表征形式的分析揭示，表征过程关涉与他主体相关联的主体，以及 *36*
在两个主体赋予某一客体或客体集以意义的过程中，规制并形塑两者关系的沟通行动。进一步深究，表征形式最终是由处于特定时空情境中的对话者之间的沟通行动所建构的。这一互主和互客关系，系统决定了社会世界中各客体的符号形态，并最终规定了共享符码集（the set of shared symbolic codes）的意义。而该共享符码集在特定时空情境中规定了何为真实。这是历时性并逐渐制度化的过程。经由制度化，表征对后世而言就是寓于文化传统和制度框架之内的符号环境。虽是先在符号环境，但既有表征同样经历由其自身衍生的再造过程。在此意义上，马克思对于人的行动总是受非人环境的制约的判断有其合理性。

表征的物质本质

从对话性出发的表征构念视之，物质主义的观点显然是有局限的并且限制了表征理论的发展：表征源于人类沟通与社会性行动，而非起于个体的闭门造车。当然，这也同时否定了那些认为表征的形成无关客体和客观性的观点。我要在此指出，单个主体行为本身不足以生产表征。正如主体之于表征，客体世界的物质性根植于表征过程之中，并与主体的构建行为相互作用。社会世界的客观性显然是被建构的［真实意味着被制造（fact means made）］。但这并不使其失却客观性，因为社会世界是社会共同建构的。这种客观性源于人类实践的恒常性与制度性。在传播过程中，这种客观性越发厚重、坚实，使得符号环境被毫无质疑地视为理所当然，并获得其真实性（factual）特征。表征正是在与此种客观性的对抗之中形成的。

表征的多维效价本质

表征具有多维效价性。表征是本体性（ontological）建构，是认识性（epistemological）建构，是心理建构，是社会建构，是文化建构，也是历史建构。表征同时具有这些特征，而对任一特征的理解都需要将其与所有其他特征相关联，因为就现象而论，这些特征是表征系统的不同维度。人们进行沟通时是处于具体的关系之中的。这种关系被文化、社会与历史所
37 型构。人们在此种关系中发现自己并积极地生产与再生产。人们生产符号，以符号方式建构对或者具体的或者实体的或者抽象的客体的表征。表征一旦生成就会进入既有的具有社会、文化与历史特殊性的表征网络。表征是本体性过程。表征过程使人类成为一个能自我再现/表征的（represent）主体，并由此产生了认同。表征是认识性过程，这使得认知/辨认［（re）cognition］，即关于客体的知识成为可能。这种认知/辨认既以自身为客体，也以客体世界为客体。表征是心理性过程。表征过程易受激情、错觉与欲望影响，具有显著的心理特征。表征是社会的、历史的文化过程。具有互主能力的主体是表征形成的前提，而表征的内容反映了主体对历史与文化的理解。多维效价性再次印证了表征是具有中介功能的结构。

表征并不居于斡旋三角中的任意一角，而是处于三者之间，并且是三角的基本构成成分。若德莱（Jodelet，1985，1991，2002）将表征置于心理学以及整个社会科学之中进行了深入的讨论，令人信服地展示了表征的多维效价性。

超表征的问题

从对话性出发构念化表征，并不意味着客体的定义完全由表征过程所决定。我们仍需坚持精神分析与现象学对现实（reality）与真实（the real），或曰现实（*Realität*）与实在（*Wirklichkeit*）之间的区分（Erikson，1964；Gadamer，1975）。真实或者说实在，是为特定社群或个体所建构的特定范围（horizon），构成人们日复一日的生活经历与生活实践。表征构建真实，但即使有完整理解现实的强烈欲望也无济于事、无能为力。科学就是致力于此的一种表征样态。自弗洛伊德开始，心理学家就已经明白，对某个个体而言的真实与现实，即真实的总和之间并不一致。无人拥有完全的现实，因此总是存在一些未知（unknown）。此种不一致促使我们了解所谓的歇斯底里症，尝试理解歇斯底里症患者的被表征物及其对于女人的意义。弗洛伊德便是如此行事的。对于那些女人而言，她们所经历的与所讲述的都是真实的，即使旁观者并不这么想。实际上，那些意象如此之真实，以至于能够驯服身体，致其瘫痪。正是这种不一致，使我们能理解和关注有视角的真理（the truth of a point of view），并赋予其以重要性。无论听来有多“疯狂”、荒谬、没有逻辑性，这种真理都内嵌于个体和本土社群的经验与知识之中。心理学家与社会科学家因此需要学会倾听，并明白没有任何表征能够捕捉客体的完整现实。

真实与现实的不一致，也警醒我们“超表征”的危险。我用“超表 *38*
征”这一概念来表示完全无视客体现实而建构表征的情况。简单来说，表征也可以扭曲、欺骗、诱哄、混弄。超表征当然是表征力量的一种体现，因为符号领域遵循“假装-扮演”原则。这是表征过程的一个面向，深刻影响着表征建构的正向创造性维度，以及表征负面的压制性的过度建构的可能性。在所有社会的更大的权力关系网中，表征的扭曲、欺骗、诱哄、混弄效应能也一定会被不同的社会群体在不同的时刻所利用，以寻求利益，发挥有利于战略性计划的影响。种族歧视是一个例子。有关黑人的表征历来都是错误的，尽管这些表征对相关群体而言再真实不过。法农（Fanon，1967）曾雄辩地指出，关于黑人的表征对于种族歧视表征生产者而言就是真实，对于被表征的黑人群体而言也同样足够真实。表征与客体间的不一致，是我们批判这些种族主义表征并证明其谬误的基础。因此，表征与客体间的不一致至关重要。需要保留这种不一致，将其作为衡量此类批判，以及准确认知可能性的唯一依据。除非我们如同过去一般，认为死亡是相对意义上的，否则明白表征客体世界非人力所能及就极为重要。这不仅仅是因为社会的多样性使得客体对不同他者/情境的表征努力开放，而且因为人类知识也仅是一种永远无法捕捉客体全部的表征形式。只有实在的不同表征之间进行沟通，一种共享的单一的现实感才会产生，我们也因此才会有一种永恒的暂时客观性（provisional objectivity）。

因而，表征的生成过程对理解作为社会心理构念的表征结构至关重要。自我-他者-客体的对话性三角决定，表征是关于人、自我-他者关系与世界的符号建构。理解这一对话性生成能将表征的主体维度与互主维度相统合。表征的这两个维度与其认识功能，都内在于知识建构过程。理解表征的生成有助于化解这样一种观点：表征是一个个体心理构念，致力于复制外部世界，以及提取人类与世界进行创造性互动并将世界形塑为人类行动的产物的社会性力量作为表征过程的核心。

第二章 社会表征与知识的多元性

米歇尔·福柯（Michel Foucault，1974）在《事物的秩序》一书开篇提到了阿根廷作家豪尔赫·路易斯·博尔赫斯在一则短篇故事中引用的一部中国古代百科全书。这则故事题为《约翰·威尔金斯的分析语言》，而这部百科全书则题为《天朝仁学广览》（*Celestial Emporium of Benevolent*）。其中有对动物界的分类，具体如下：

> 1. 属皇帝所有；2. 经过防腐处理的；3. 被训练了的；4. 嗷嗷待哺的猪；5. 鲛人；6. 赏心悦目的；7. 流浪狗；8. 归入此类的；9. 发疯似颤抖的；10. 数不清的；11. 用上等骆驼毛毛笔画的；12. 其他；13. 刚刚打破花瓶的；14. 远看像苍蝇的。（Foucault，1974：xv）

现在我们来看一段摘自《儿童的世界概念》（Piaget，1929）中的话。皮亚杰和6岁的罗伊（Roy）在讨论太阳与月亮的起源问题。罗伊的回答用楷体表示。

> “太阳是怎么出现的？生命出现时出现的。是不是一直就有太阳呢？不是。那它是怎么出现的？因为它知道生命已经出现了。它是由什么构成的呢？由火构成的。但是为什么呢？因为太阳上有火。那火是从哪儿来的呢？从天上来。那天又是怎么生出火的呢？是被一根火柴点燃的。那这根火柴又是从哪里来的呢？是上帝扔掉的。”停顿了一会儿之后：“什么是生命呢？人活着的时候。那又是什么让生命开始的？是我们。当我们活了的时候生命就开始了。”（Piaget，1929：258）

最后，让我们来看 DSM-IV-TR（《精神疾病诊断与统计手册》）缩减版。这是美国精神病学会发布的一本有关心理疾病的分类手册，被心理治疗师所广泛使用：

40 > （1）通常在婴儿期、儿童期和成年期诊断的障碍；（2）谵妄、痴呆、失忆及其他的认知障碍；（3）健康状况引发的精神障碍；（4）与物质有关的精神障碍；（5）精神分裂症及其他精神病性障碍；（6）心境障碍；（7）焦虑障碍；（8）躯体型精神障碍；（9）疑病症；（10）分离性精神障碍；（11）性与性别认同障碍；（12）进食障碍；（13）睡眠障碍；（14）未在他处提及的冲动控制障碍；（15）适应障碍；（16）人格障碍；（17）通常在婴儿期、儿童期和成年期首次诊断的障碍；（18）其他可能需要临床治疗的症状。（APA，1994：vii－viii）

以上三段话是否存在共同之处呢？三段话反映的似乎是不同的思维方式、对外部世界的不同理解，以及对现实世界到底为何的不同解释。这不仅是因为这三段话分别源于不同的群体，即中国古人、儿童和科学家。并且他们的推理方式，他们解释事物、排列事物和联结事物的方式均有显著差异。如福柯所述，中国的百科全书“粉碎了所有我们所熟识的标志性思想模式”，向我们展示了一个含混不清又无理可据的动物世界表征。它可能使人发笑但毫无用途，只是让人感觉逻辑全无。同样，儿童的话语里也有些可笑和混乱之处。罗伊在谈及太阳和月亮的起源时混淆了自然和人。在他的叙述里，自然世界显然是依从于人类行动的。他的解释也有错误之处。最后，DSM-IV 在心理学领域和心理治疗领域也是相对广为人知的。该手册的合理性在于其建立在一个关于疯狂的根深蒂固而强有力的思想体系之上。手册上的各个范畴界限分明，在我们看来也有理可据。这是因为我们对把各个范畴组合在一起的知识体系有整体性的把握。

然而，虽然有明显差异，但这三段之间也有某些共通之处。三段皆反映了为表征所驱动的思考世界和认识世界的体系。这些表征赋予事物以意义，即使在旁观者看来，其中一些实在让人无法理解。这三段话显示，我们所理解的关于社会生活中的逻辑与非逻辑是与我们对此是否熟悉密不可分的。我们理解自己的文化语境中有的，而常常不理解不属于自身文化语境中的事物。它们将我们带回上一章所讨论的表征和知识问题。此外，还提出了更多的问题，即处于生命历程不同阶段、居于不同社会位置、拥有不同的文化背景或者身处不同的历史时期的社会行动者是如何认识他们所生活并建构的世界的。它们强调社会思考的方式，强调思想本身如何为型 41
构社群生活的集体观念、表征和信念所规制。这三段话之间的差异清楚显示，知识体系的多元性是个问题。这一问题源于所有知识的基础，即表征过程。而表征过程有赖于情境。总体而言，这三段话凸显了思考世界和认识世界的体系是否具有社会性，以及社会情境在何种程度上使其具有逻辑性/非逻辑性这两个问题。

在本章中，我想要通过梳理社会表征论及其对研究语境中的知识的启示，回答以上问题。基于第一章中对表征形态的分析，我提出，对社会表征进行研究能阐明理性的情境依从性，并能揭示将知识体系与人、社群、文化和历史联系在一起的理论基础。社会表征论的最初关注点便是知识与社会情境之间的关系。莫斯科维奇关于法国民众对精神分析的接受情况的研究正是聚焦于一种知识体系，即精神分析如何在从其发祥地到其他社会的传播过程中发生变化的。这一关注点与英吉利海峡两岸心理学家、人类学家和社会学家早年对知识的理性与常识的争论一脉相承。盎格鲁-撒克逊传统下对莫斯科维奇研究的解读，常常忽略了这一点。

关于知识形式及其理性的争论，反映了如何对20世纪初激发社会科学想象力的两大问题——单线进化论（unilinear evolutionism，即变化即是进步的观念、人类心智的基本一致性以及比较的方法），以及不同人群思考方式的巨大差异的现实（尤其是西方与非西方之间）——进行协调。教士团、旅行者的报告，以及方兴未艾的对“原始人”和“野蛮思想”的人类学研究提供了大量素材，使我们能够对“奇异”社会的思考过程进行分析，并思考与找寻这些社会与西方社会可资比较之处。由于经常将原始人的思维与儿童思维相提并论，虽非绝对但心理学的争论核心大体总是在儿童发展问题上。如何概念化儿童思维的本质及其演化，便统领了20世纪上半叶的儿童发展研究。

解释知识形式的多元性以及知识形式的变化的问题，深刻影响了莫斯科维奇的研究，也始终贯穿社会表征论的整个概念工程。社会表征论的核
42 心关注点在于，居于差异性情境与文化框架之下的不同社群是如何建构关于世界的知识的。知识和社群生活与情境之间的联系，是社会表征研究者主要的理论关注点。这种联系也表明，有必要理解知识的多元形式及其背后的多元理性。应该如何理解这种多样性？如何对科学知识与常识进行比较？如果公众能接受正确的教育，常识是否会变得科学？不同的表征系统背后是存在某些共同之处，还是说所有表征系统都是截然不同的？儿童与成人认识世界的方式是一样的，还是说存在量变与质变的问题？巴西内陆的农村社区知识与城市里西方科学家的知识之间又是何种关系？这些都称得上是知识，还是说只有其中一些能被称为知识？它们都是理性的吗？如果不是，那么又是什么定义知识体系的理性呢？

这些问题在当代仍与过往一样深具重要性。因为在当今的全球化世界之中，文化的宣称，用本哈比（Benhabib，2002）的恰如其分的表述来说，那就是它变得日趋激烈。在心理学、社会学和人类学的争论焦点中可以发现认识形式多元性的问题，以及人类理性的本质。这一问题时至今日仍旧引发争论，因为谁能进行理性知识宣称不仅是一个悬而未决的理论问题，也是一种政治行为。这个问题承载了一系列两难问题，以及评价不同人群、不同知识体系和不同社会方式并对其进行排序的后果。

差异引发比较，产生能够解释说明事物为何以及如何不同的关系系统。比较的框架既引人思考又极具危险。一方面，比较的框架能彰显差异性，能通过他者获取洞见和理解。另一方面，比较框架会产生优劣有别、高低贵贱的等级系统。虽然比较的框架并不必然会构成一个问题，但当涉及社区和个体的知识和表征体系时，这轻而易举就会成为问题。如果你所习得的知识与表征处于等级体系的底端，那么当你面对其他社会群体时，你会被轻视，你的世界观会被贬低；你的话将不会被重视，你获得资源和机会的概率也会被削弱；你的自尊会被摧毁，你的生活也会受到重创。认定谁的知识是理性的而谁的是非理性的，无论是在心理层面、社会层面还

是在政治层面都具有深远的影响。

我将在本章中一一检视这些问题。我将回顾讨论知识体系多样性问题的文献，并介绍社会表征论对这一争论的理智贡献。我会展现，莫斯科维奇将社会表征概念化为无法化约的社会知识，其背后是一个长久以来困扰 43
我们的双重性问题，即在不同的知识体系之间进行比较，以及构建一个处理知识体系之间差异的统一框架。隐含在此困扰之后的是现代性问题及现代性背景下的知识构念：一方面，知识被视为剥离了所有情绪与社会连接的纯粹的理性认知；另一方面，又力图承认知识的主体性与情境性。

首先，我将介绍社会表征论的历史背景，即其理智渊源及其意欲对话的理论。然后，我将梳理涂尔干、列维-布留尔、皮亚杰、维果茨基和弗洛伊德的研究，重新回顾社会表征论的理智先驱，以及早期对于知识与社会情境之间关系的争论。在本章的最后部分，我将介绍认知多相性这一概念，尤其是该概念对于理解理性的情境依从性和知识的多元性的意义。复数形式的知识概念的提出是基于第一章的内容，并为后续章节做铺垫。

❖ 拓展社会心理学的学科边界

在《精神分析：其意象及其大众》第二版序言中，莫斯科维奇（Moscovici，1976a：16）阐明了他对于此作的最初宏愿：

> 我想以此现象［社会表征］为起点，强调其符号功能及其构建实在的能力，重新界定社会心理学的学科问题与概念。

莫斯科维奇还罗列了学科重构的障碍：行为主义、个体主义和实证主义。三者都曾对社会心理学整个学科有过深远的影响，也都曾导致社会心理学学科关注的窄化。用杜维恩的话来说，莫斯科维奇贡献了“他的社会心理学想象力”（Duveen，2000），从而改变了学科的整体状况。这种想象力极为大胆，力图将社会心理学与重大时代议题相关联，并坚定提出社会心理学能为重大社会议题提供理论洞识。但实际上莫斯科维奇的写作并没有一直遵循他的初衷。他的著作涉猎甚广，涵盖自然、历史和社会学，立场坚定，无视学科界限。① 他的著作由始至终都强调一种实质性社会心理学（a substantive social psychology）的重要性。这样一种社会心理学既能撼
44 动学科内部理论资源，又能与整个社会科学沟通，并为之添砖加瓦。

社会表征论是莫斯科维奇重构社会心理学、勾画社会心理学应当如何以及能够如何的雄心的例证。社会表征论的概念工具与发展轨迹能说明，为何社会表征论不仅仅是一个关于知识的社会心理学理论，而且能为社会科学面临的更一般性的问题提供一种社会心理学的视角。莫斯科维奇的社会表征论有两个对话对象：一是社会心理学；二是法国知识界。他本人在其中甚为活跃。其时法国知识界至少有三方面的激烈争论：现象学及其衍生，马克思主义及其对日常知识的怀疑，还有结构主义及其明显的对人的在场的否认。

莫斯科维奇与三者均有论战，并确立了以下几个观点：（1）不存在“不受限制”的知识（‘free’knowledge），生产知识的主体总是关涉他人，受制于历史，有所归属。（2）普通人能掌握知识，明白自己在说什么。（3）历史与结构不能脱离创造它们的主体而独立存在。人文主义者就曾指出“历史有其主体”。莫斯科维奇在讨论社会心理学中的主体性与个体性时就几次提到，社会表征论的构造有特殊的时代理智背景。其时，重申主体的重要性极其必要。社会表征论虽致力于将“社会”带回社会心理学，但颇有些讽刺意味的是，该理论给予个体同样的关注。这种理论关注对理解莫斯科维奇如何解读涂尔干和韦伯，以及他如何将集体表征这一社会学概念改造为社会表征这一社会心理学概念至关重要。

社会表征论不应仅被视为关于知识的社会心理学。该理论也关注新知如何在社会肌体中被创造、修正、调整。内容涵盖创新者和少数人的作用，关涉能抵制并挑战文化链及文化加诸的思考世界与自身的思维定式的那些个体的影响。这一理论抱负不应被贬低为平庸的个体主义。其背后是采用新视角进行思考的纠结与热望，即从另一角度思考事物，发现客观世

---

① 下文我借鉴了莫斯科维奇有关社会表征和社会理论的著作。英文世界中，评估莫斯科维奇对我所讨论的议题的原创性意见的最佳著作是《社会表征：社会心理学探究》（Moscovici，2000c）。

界的另一面，展现我们想当然的假设与文化传统所遮蔽的客观世界面向。这一理论抱负让我们对莫斯科维奇的社会表征论有更深刻的理解，也有助于我们理解个体在公共领域创新表征，在社会生活中挑战文化、创造异质性的重要意义。这也与莫斯科维奇的长期对个体与群体之间的断裂旨趣相悖：个体即使是少数人，也会对抗制度强权，并揭露其愚蠢冗余、亟须改造的面向。创新者、警示者与异见者皆力证个体尊严的理论意义，而不至 45
于陷入个体主义的窠臼。

社会表征

社会表征既是一个理论也是一种现象。作为理论，社会表征论提供了一组明确的概念来解释社会知识如何在沟通和社会互动过程中被生产与改变。作为现象，社会表征指构成特定社会客体以及生产与再生产这些客体的社会沟通过程的一系列实证规律。

社会表征论是关于社会知识的理论，讨论不同社会情境之于社会知识的建构与变化。社会知识可以指任何知识，但社会表征论尤其关注**社会表征现象**，后者构成了产生于日常生活并为日常生活所生产的知识。在此意义上，社会表征属于一种传统，我将其称为尝试理解普通人、社群和制度如何生产关于自身、他者和无数与己相关的社会客体的日常现象。与其他相近学科一样，社会表征论致力于揭示世界观的结构，以及能产生日常生活理论及其衍生的知识的信念和生活方式背后的深层结构。这种知识总是多元的，深深根植于社群的生活世界和社会经验，提供了思考、行事和交往的框架。这类知识一直以来面临质疑。有些人甚至完全否认这是一种知识。然而，此类知识的合法性及其关涉的不同维度，正是日常生活现象学所关注的。这些维度包括认同、实践、关系、文化传统和社群历史。第三章将对它们进行更为详细的讨论。

在此意义上，社会表征论严正驳斥常识是对现实的扭曲并是错误的这样一种观点。相反，该理论尝试恢复日常生活和常识之于知识的认识论地位，并试图理解两者所透露的人的认识。该理论以在第一章中介绍的表征这一概念，以及知识兼具符号性与社会性的共识为武器，进行论战。普通人阅读介绍世界的文本并形成相关知识的过程总是有大量其他元素渗透其中，包括文化习惯、认同、文化传统、情绪和不同形式的实践。所有这些因素都影响着知识体系，并导致知识同时在表征客观世界、主体世界和关
46 联世界。将知识还原为客观、认知或命题任一维度都太过狭隘。这种做法将极大限制我们理解知识体系生产过程的复杂性与丰富性。因此，社会表征论超越了命题与事实之间完美对应的传统理想（或者可称之为幻想?）所预设的孤立认知者和单向的独白式理性。

莫斯科维奇在其奠基性研究——精神分析在法国的传播中首次提出了社会表征的概念。该研究于 1961 年首次出版，大幅改动后的修订版在 1976 年再次出版（Moscovici，1976a）。研究探讨精神分析如何为法国不同的公众群体所使用并生发新意。在离开理论发源地，变得不再是个人实践，其传播不再局限于学习和培训中心、医学院和把控精神分析知识的机构后，在进入其他情境、其他时空、其他社群时，精神分析知识是否会发生变化？当一种知识，即科学知识脱离其发源地和原初社会情境而在另一种社会情境中流通时，这种知识是否会发生变化？对于莫斯科维奇而言，答案一目了然：这种知识会发生变化。其变化的程度与其改变使其发生变化的主体的程度是一致的。因此，精神分析不仅仅是知识“拥有者”的个人理解。当其渗透于莫斯科维奇研究的三个社会群体，即城市自由主义专业技术人员、天主教徒和共产主义者各自的生活世界时，精神分析就变成了一种别样的现象。

原初的实证研究讨论的是社会思想，以及社会思想是如何在沟通过程中发生变化的。这是研究的第一部分，也是该书最受关注的部分。莫斯科维奇运用访谈和调查数据揭示不同社会生态中对于精神分析的不同表征。但书的第二部分其实同样重要。第二部分分析不同社会生态所特有的沟通方式。实际上，完整阅读两部分对于理解沟通在表征生产中的核心地位，以及不同沟通形式是如何产生不同的表征体系的至关重要。表征与沟通相联系的概念框架，在实证研究中清楚可见，呼应了前文对表征形式的分析，即表征根源于处于特定情境和时间之下的沟通三角（自我-他者-客体）。

因此，《精神分析：其意象及其大众》的出版标志着社会表征论的诞生，开创了持续的多路径研究传统。[①] 社会表征论致力于为别具一格的欧洲社会心理学添砖加瓦，并保存欧洲传统。该理论坚持社会维度、其历史基底以及社会心理现象的社会性（Israel and Tajfel，1972；Tajfel，1984；Doise，1986，2001；Himmelweit and Gaskell，1990）。与此同时，该理论并不曾也没有否认心理维度的恰当性，反而持续关注心智及心智现象。在有 47
关的主体的理论之外，社会表征论也大量借鉴社会理论。相关实证研究表明，社会心理学要想获得的独特学科地位需要统合社会性与心理性。同时关注社会与个体的双重使命构想，在社会表征论构建初期就有所体现。这一点可从对表征符号维度和社会维度的强调看出：一方面，表征的符号维度体现了特定的世界观、认同和想象；另一方面，从表征的社会维度看，社会现实限制并框定个体思想的力量需要借助符号环境。

有一系列相关问题贯穿整个理论，包括社会在知识构成中的作用、表征形成过程中符号功能的作用，以及常识的正名问题。

社会在知识构成中的作用

纵观莫斯科维奇的研究，我们可以看到社会在知识生产过程中的基础性作用。这挑战了认为社会"污染了"知识的经典观点。重新将社会性这一所有知识体系的根源带回理论视野的努力，以及将知识与社群相联系的尝试一直以来都极其困难。其背后有这样一种观点：知识一旦与社会沾边就会被偏见与歪曲所腐蚀。知识就会被贬低，失去其认识论上的信度。这

① 多样的路径包括阿布里克的结构路径（Abric，1989，2001）、若德莱的社会文化路径（Jodelet，1989，1991，2002）、杜瓦斯及其日内瓦团队的生成路径（Doise，1990），以及马尔科娃的对话性路径（Marková，2003）。这些路径并非截然不同。实际上，这些路径相互渗透，在研究者的实践中相互滋养、相互丰富。对这一理论的概念体系有重要贡献的其他研究包括法尔的研究（Farr，1993a，1993b，1998；Farr and Moscovici，1984）、杜瓦斯和帕尔莫纳里的研究（Dosie and Palmonari，1986），以及冯·克拉纳赫团队的研究（Von Cranach et al.，1992）。该理论的最新发展请参见阿鲁达（Arruda，2003）、杜维恩（Duveen，1998，2001b）、鲍尔和加斯克尔（Bauer and Gaskell，1999）、卡斯特洛（Castro，2003）、约菲（Joffe，1999，2000）、瓦格纳和海耶斯（Wagner and Hayes，2005），还有我的研究（Jovchelovitch，1996，2000，2002，2004）。

种观点在心理学领域由来已久、影响深远，甚至不止于此。心理学认为社会一旦侵入，知识不仅会产生偏见与歪曲，更有甚者，认为社会性简直等同于精神病理性。这绝非偶然。社会心理学的首份杂志就以《变态和社会心理学学刊》（*Journal of Abnormal and Social Psychology*）为名。问题是社会为何会和变态关联？这种观点被大众行为（crowd behaviour）的经典理论发展到了极致。从勒庞到弗洛伊德，大众/群氓（crowd）甚至是群体（group）都是非理性行为的温床。个体在其中完全为情绪所支配，丧失了自主性，变得去个体化。个体变得不像自己，而是向自己的对立面转变。[1] 与此类理论截然相反的是将个体视为超然并至高无上的理论。此种理论认为理性思维和认知能力完全属于封闭的个体世界。在一定意义上，以认知个体（individual knower）为中心的认知传统将人从社会情境中剥离，应和了真正的认知源于去社会化的观点。如同我在上文中所指出的，此种观点隶属于笛卡尔传统，标志着现代心理学的开始。但这种观点的发展也不无自相矛盾之处，不乏其他观点的挑战。

48 在反对人类知识去情境化的观点中，现象学传统是其中最有影响力的一支。社会表征论就极大依托这一理智传统。正如福柯曾指出的，不理解现象学在法国的影响就无法理解法国思想（Foucault，1991）。现象学家揭示，在我们思考拥有知识之前，我们实际上首先有**归属**（belong）：归属（belonging）而非认识（knowing）是起点。我们属于一种文化、一个社会、一个家庭、一个历史时期，而这种归属从一开始就框定了我们所要建构的知识。对梅洛-庞蒂而言，这种情境归属被推向了新极端。他比任何人都强调知识的具身性（embodiment of knowledge）：知识的主体不仅存在于多维度的情境之中，也是活生生的肉身的主体。心理结构与社会结构的具身性，形塑认知进而是知识（Merleau-Ponty，1986）。因此，即使认为知识主要是由个体性的主体所生产，我们仍需将个体性的主体视为由肉身和具有

---

[1] 但这一观点并不是毫无异议的。从波德莱尔的诗歌到埃利亚斯·卡内蒂的著作（Canetti，1973），集群（the crowd）也被视为做白日梦、创新，以及团结感与认同感形成的场所。在当代社会心理学领域，斯蒂夫·赖歇尔（Steve Reicher）是最为详尽和系统地尝试再概念化集群社会心理学的学者（Reicher，1987）。

社会性、文化性和历史性的心理构建所构成的多维度情境。

社会表征论借鉴这些洞见讨论知识的社会根源。在研究社会表征与情境之间的互构问题时更是极大倚重上述观点。社会（the social）在此其实并不是简单地在一项研究中添加的一个变量，而是一个需要在理论和经验层面上郑重处理的维度。社会情境为理解特定的沟通形式、相关性形式，以及形成并改变形塑社会表征和其他知识体系的社会心理过程的实践形式提供了钥匙。该理论指明了知识的本土性（locality），即知识并不是超然系统；正相反，所有知识都依从于情境，并与生活方式密切关联。所有知识都产生于社会心理情境。

表征形成过程中符号功能的作用

对符号功能的肯定及其形塑表征的作用，始终蕴含在社会表征论之中。莫斯科维奇从一开始就提出，表征的力量在于其建构和形塑现实的能力。表征既不是对世界的复制，也不是对世界的镜像反射："表征会唤醒缺席的世界，表征更多的是构成世界而非模拟世界。"（Moscovici，2000b：154）在指出表征具有唤醒功能及其与缺席的关系时，莫斯科维奇提醒人们符号表征的建构维度及其创造世界的能力，即提醒人们这样一个事实——知识体系不是也确实不应仅仅受经验世界的限制："实际上，社会表征是对日常表述的重新诠释，是创造世界的方式。"（Moscovici，1988） 49
因此，理解表征的符号功能，是理解知识可塑性的关键，也是理解表征创造和超越经验世界现实的潜力的关键。表征和现实对应的要求，是将知识还原为解读既有的事物，将其还原为一项描述性工作，既保守又无趣。

认知准确很重要，应被珍视。但对于知识体系而言，认知准确并不总是最重要的，或者实际上也可以说不是最想达成的目的。意义的理性是多语义的（polysemic），可以无涉客观世界。社会表征表现社群现实的多样性与复杂性，受多重逻辑规制。这些逻辑不仅建构世间客体，也提议理想的存在状态、认同、关系和实践到底为何，从而宣称知识属于"谁"（who），知识"如何"（how）获得，知识是"什么"（what），"为何"要有知识（why），知识"致力于何"（what for）。这些维度均自有其正当性，必须要予以承认、理解并一齐灌注于一种符合生产者原本意图的视角。缺乏倾听的意愿，不理解也不承认知识的表现性，我们就仅剩判断，甚至更糟糕的监察了。与承认相联系的是深沉的道德维度，我将在后面对此进行讨论。

恢复常识合法地位并重新承认其智慧的努力

对常识的研究总是伴随着对它的持续怀疑。这种怀疑系统性地剥夺常识的认识论地位，将其与扭曲、偏见、错误和无知相等同。常识与日常理解，通常被视为需要去除的障碍、噪声和错误，需要以专家真理或者科学知识取代包含在两者中的迷信、神话和错误信念。发展干预，同样也视常识为阻碍进步目标的达成与开发者的科技成就的获得的障碍。对科学的公众理解的倡议，是基于这样一种假设，即必须教育并教会公众“正确地”理解科学理论。而这些努力的背后隐含这样一个前提，即无论是公众、本地人还是普通人都必须抛弃既有的信念，提升自己去掌握由技术专家与其他专家所提供的高级认识方式。

这一前提历史悠久，本书无法详细追溯。然而，其中有一股思潮因极
50 大影响了莫斯科维奇对该问题的思考而值得关注。与法国同时期的文人一样，莫斯科维奇的研究与写作，深受马克思主义及其对精神分析、常识和所有“心理的”（mental）、“唯心的”（idealistic）建构的深刻怀疑的影响。马克思主义对常识的质疑举世闻名。其中首推马克思对意识形态的评价：意识形态是对现实的扭曲，是代表了统治阶级利益的观念系统。列宁则将这些质疑发展到了极端。他关于先锋队和共产党在历史变迁中的作用的理论清楚指出，大众无法辨识他们历史命运的真正方向。① 精英会向大众普及自己的看法并毫无疑问会一再重复这些观点，这在今天听来并

① 马克思和恩格斯在《德意志意识形态》一书中讨论过这些议题（Marx and Engels, 1970）。我认为此书仍是社会心理学家的必读之书。马克思在该书中讨论了意识（the ideal）与物质（the material）的关系问题，以及生活与意识（consciousness）的关系问题。正是在此书中，马克思提出了他影响深远的论断：“不是意识决定生活，而是生活决定意识。”当我们纠结于那些悬而未决的议题时，这一论断至今仍萦绕于心。这些议题与心理过程和心智起源、天生与后天教养的争论，以及社会经济过程对于个体心理的影响息息相关。

不陌生。但对于大众传媒效果以及观点接受的研究，已经有力地驳斥了此种观点（Livingstone，1989；Thompson，1990；Liebes and Katz，1993）。任何个体或者人类社群都不会简单复制他人的知识和观点，而是会对其进行改造。

莫斯科维奇对此再了解不过了，他坚持常识具有独特的智慧，不可还原至任何知识体系。莫斯科维奇并不研究常识如何变成科学，反而走向其对立面，试图理解科学如何变为常识。研究精神分析的社会表征，意味着与当时的研究潮流，即将普通人的常识性知识变成真知的更高阶段的科学相对立。他认为，日常是知识的强大来源。常识可能是不同于科技知识的其他类型的知识，但与两者一样，在知其然（know-hows）与知其所以然（know-whys）上深含智慧。在旁观者看来貌似是非理性或错误的知识，以知识行动者的立场观之则再合理不过。对知识体系的评价如果不是仅仅，也应该是在此维度上进行，即对于知识生产者的意义，以及与知识生产者心理现实的关联。此外，观念在社会生活中具有生产性；在经济与物质过程中同样如此。莫斯科维奇在韦伯的启发下理解了观念的力量（Moscovici，1993；Duveen，2000）。因此，与认为常识和普通人的知识（lay knowledges）充满了错误、无知与扭曲的观点相反，社会表征论试图弥合知识和理性哲学与经验和感觉之间的断裂，承认所有类型的知识都具有相对智慧（和局限）。

❖ 重访先贤

回顾社会表征论的理智先驱以及莫斯科维奇的知识社会心理学所借鉴的主要理论与经验资源，有助于更好地理解上文讨论的议题。为此，必须回溯至涂尔干、列维-布留尔、皮亚杰、维果茨基和弗洛伊德这几位主要 *51*
的理论启发者的主张（Moscovici，1989）。一方面，这几位经典思想家对社会表征思想的形成均有各自独特的贡献，肯定此点很重要。另一至关重要的方面是，莫斯科维奇对他们的借鉴是批判性的，而非不加鉴别地全盘接受。

埃米尔·涂尔干与集体表征

社会表征概念是对涂尔干集体表征（collective representation）概念的社会心理学改造。① 不过，莫斯科维奇对于涂尔干的借鉴远远不止这一核心概念。诚然，他的社会心理学明显承袭于涂尔干的社会学，强调思想与知识的社会性，尝试理解信念和意识的形成，以及它们对维持社会秩序的作用。另外，也可以发现皮亚杰与维果茨基的心理学有涂尔干及其追随者的思想印记。这种渊源将成型于20世纪上半叶的理智拼图拼组在一起。其时心理学家、社会学家、哲学家和人类学家忙于辨析知识体系之间存在差异的根本原因，以及推动知识发展与演化的规律。

集体表征是埃米尔·涂尔干著作中处处可见的最重要概念之一，而该概念所指涉的现象直至今日仍在社会理论中占据核心位置。社会的集体意识，即社会的心智框架在社会学、人类学和心理学对于是什么将人们凝聚在一起，又是什么形塑了个体的思想与行为的讨论中影响深远。集体表征指社群成员惯习的、视为理所当然的、高同质性的共享信念、情感和思想。相对于个体而言，它们是先在的（经由传统、习俗和历史传递），不被审视而被自然接受。它们凌驾于个体意识之上，为所有社群成员的行动提供道德框架。在所有社会典礼、制度实践和社会仪式中，它们均会得到再现（Durkheim，1898/1996）。

集体表征回答了涂尔干著作所关切的主要问题：社会团结如何在社会发展过程中发生变化，换言之，在社会演化过程中，当传统的生活方式变得现代后，社会团结、人际纽带，以及将社群中的人捆绑在一起的那些因素会发生什么变化？社会凝聚力的问题是现今社会心理学的核心问题，因为其会直接导致集体的形成出现问题。对于涂尔干而后是莫斯科维奇而

---

① 但无论是涂尔干还是莫斯科维奇都不加区分地使用这两个术语。涂尔干学派的社会学家比如亚历山大（Alexander，2003，2006）仍延续了社会表征和集体表征的混合使用，以指称涂尔干原初对此概念的描述。为了明晰理论并阐明我在第三章中提出的与表征体系在从传统社会向去传统化的社会转变过程中发生的变化相关的论点，我在此对这两个词做了严格区分。

言，“集体意识”（collective consciousness）或曰社会的集体表征，是定义社会团结的最核心面向，也是使一群人成为一个社群的最关键的方面。而 52
社群形成和表征形成之间的相互关系是社会表征论的一个核心假设。我将在第三章对此进行讨论。

社会表征的核心特征，源于莫斯科维奇对集体表征概念的借鉴。其中尤为重要的面向是社会表征的物质性，即社会表征虽是符号性的，但却构成了人们生存的环境。认定社会表征具有物质性的灵感，源于涂尔干将集体表征定义为社会事实。涂尔干在讨论到集体表征的特征时，提出集体表征对于个体而言是外在的、具有强制性并历时稳定的。他认为，集体表征是客观自动存在的，因为它们是经由集体行为生产与再生产的。这导致集体表征具有相当高的历时稳定性，并内嵌于诸如教会、家庭和法律系统等的制度设置之中。因其制度内嵌性，集体表征极难变化；在个体看来也就具有强制性。虽然作为社会心理学概念的社会表征抛却了涂尔干的集体表征的封闭排外性，但莫斯科维奇保留了其作为社会事实的基本特征、其类物质的实质性影响，以及符号环境抵制变化并通过制度化过程自我强化的力量。

涂尔干构造的“集体表征”深入社群肌理，构成解读与解释社会生活的意义空间，使理解逻辑与分类过程成为可能。只有与集体表征相关联，视其为符号环境与社群的集体意识，才能判断陈述、行动和分类体系是否有意义。涂尔干和莫斯于 1905 年在合著论作——《原始分类》中提出这一观点。该论作讨论分类的社会文化本质（Durkheim and Mauss，1905/1963）。论作指出，事物并非以既定类别的形式呈现于人，而心智也缺乏分类的天然能力，分类系统的根源必然在于既存的社会秩序之中。类别既非纯粹的心智产物，也非纯粹的自然产物。社会是分类的源泉，为更广阔的分类体系与世界秩序提供基础。因此，对于涂尔干和莫斯而言，所有分类均体现了产生分类的社会世界，以及相应人类社会的进化阶段。

涂尔干的分析最终使他得出结论：原始分类深刻影响普遍分类功能的
出现。确实，对涂尔干而言，原始分类是科学分类的基础形式。研究并分 53
离出基础形式有助于理解高级形式：通过从原始分类到科学分类的检视，

可能辨析出社会经历过的不同阶段，并理解要想达到科学分类的阶段所需要的改变。集体表征概念正是由此进入理论视野。涂尔干认为，分类体系只有脱离了基于社会和情绪纽带的集体表征才会真正变得科学："科学分类的历史，究其根本是社会情绪元素逐步减弱，而个体反思性思维的权重逐渐增加的阶段性历史。"（Durkheim and Mauss，1905/1963：88）

虽然莫斯科维奇保留了涂尔干关于分类和逻辑源于社会，以及此两者与集体表征相关的基本想法，但对其中的线性进化论意涵并不以为然。莫斯科维奇认为，所谓的原始思维（以及被类比为原始思维的常识）并非更高级的思维形式，比如科学的初级阶段；它具有自身正当性。这一想法受吕西安・列维-布留尔的启发。

吕西安・列维-布留尔与思维逻辑

1910 年，随着列维-布留尔《土著如何思考》[1] 的英译本的出版，一场持久的论战就此揭开了序幕。论战围绕两大问题：逻辑的构成，以及所谓的原始人思维的理性与西方人的理性在多大程度上是截然不同的（Lévy-Bruhl，1910/1985）。他继续研究了涂尔干和莫斯在《原始分类》中所提出的议题，但赋予了全新的解释。对于列维-布留尔而言，原始思维既非科学思维的早期阶段，也非需被替代的阶段，而是一种有其自身正当性的思维形式。他提出，不能以阶段性线性进化的逻辑解释思维的不同形式。实际上，不同形式的思维方式是同时共存的。这在所有社会中均是如此。因此，不像涂尔干将原始分类至科学分类的进化视为社会现代化与社会情绪纽带削弱的结果，列维-布留尔认为，社会从未完全抛却构成社会思维并生成"参与法则"的社会情绪纽带。简而言之，他提出，**所有**人类社会，无论是原始还是现代，表现的是不同的思维模式。他是非进化论倾向的普世主义者。

54 跟同时代的其他人一样，列维-布留尔最初的问题是人类心智是否具有跨地域一致性。对此，他的回答是肯定的，但这种肯定又以一种自相矛

---

① 中文版译为《原始思维》。——译者注

盾的方式分裂了他更深层次的普世主义立场。如今，他被视为否定人类心智具有基本类似性的哲学家和社会人类学家。这是如何可能的呢？如莱纳特在列维-布留尔《原始思维札记》一书的前言中所指出的，也许这是因为他在多样性中发现了统一性，而此点直觉上违反了非矛盾原则（the law of non-contradiction）。列维-布留尔“希望通过人类心智普遍具有的某些原始特点，以揭示人类心智的时空统一性……人类心智是多元化的”（Leenhardt，1975：xix）。

列维-布留尔自我设定的任务是“发现原始心理的确切指导原则，以及在原始制度与习俗中，人们是如何看待这些原则的”（Lévy-Bruhl，1910/1985：14）。在对原始人的思维进行细致研究的过程中，他也在尝试达成一个更大的目标，即拓宽我们对于思维过程的理解。对此任务的开展获得了心理学家的帮助。这些心理学家反对主流信条，

> 致力于揭示心理生活中的情绪与动力的重要性，并将之适当拓展至理智生活领域……传统心理学在形式逻辑影响之下设立了狭窄的边界以限制思想生活。心理过程要灵活、复杂和细腻得多。心理生活更多地由此类过程构成，而绝非过于“简单的”唯智主义所认定的那样。（Lévy-Bruhl，1910/1985：14－15）

近一百年前对心理过程的这样一种描述预言了此后对“思想生活”（life of thought）的大量研究。对该议题的认识也从干瘪的唯智主义迈向了包含情绪、肉身与社会的立体理解。这也让人多少明白为何列维-布留尔的学说遭到了强烈的反对，因为他坚持思维与心理生活的密不可分。这与主流进化论者的主要假设背道而驰。后者认为思维的进化正是对情绪与社会性的摒弃。

基于对所谓的原始思维的研究，列维-布留尔赋予了集体表征以一些基本特征，这些特征主要见于传统社会。他的研究强有力地挑战了当时主流的进化论观点，即认为理性只有一种形式，任何与之冲突的证据皆为无稽之谈，只不过是通往唯一理性形式过程中的不发达早期阶段。在对非西方人的心理的描述中，他指出存在不同的心理逻辑与内容，这些逻辑与内

容皆依从于“参与律”（law of participation）。非西方心理表征的神秘的前
55 逻辑特点正是参与律，而不是科学思维典型的非矛盾律。他的著作常常为人所误读。为避免误解，我将大段引用他的原文：

> 让我们放弃将他们的［原始人的］心理活动视为我们心理活动的低级形式的看法。让我们就这些活动之间的关联本身来进行考察，看看它们是否取决于某个普遍的原则，拥有某个共同的基础……现在看来，此类关系中从来不乏一种元素。这些关系总是关涉构成集体表征一部分的人之间，或物之间的或多或少的不同形式的相互参与。因此，在缺乏更好的术语的状况下，我将此“原始”思维特有的规律称为……**参与律**。
>
> 如果我们特别考虑表征的内容的话，这些表征可称得上是神秘的了——而如果我们将表征之间的联系视为首要的，则可视其为前逻辑的（prelogical）。虽称其为前逻辑，但并不意味着我们视此种心理为逻辑思维出现之前的某个阶段。是否曾有过某个人类或前人类群体，其集体表征并不遵循逻辑规律？我们无从得知。但无论如何，看来并无可能。至少，因为缺乏更好的术语而被我称为前逻辑的这些未发展的（undeveloped）人们的心理并不具有此性质。它既不是反逻辑的，也不是非逻辑的。我称其为“前逻辑”仅仅是希望表明，它并不屈从于避免矛盾的原则，而首先并主要遵循参与原则。（Lévy-Bruhl，1910/1985：76－78）

在以上叙述中，通过解释具体的运作逻辑，列维-布留尔阐明了前逻辑心理的构念：参与而不是无冲突（non-contradiction）。这意味着，这世界上存在一些群体，他们认为存在不同的相互交汇的世界。巴西的波洛洛（Bororo）印第安人宣称“波洛洛人是红金刚鹦鹉”正是受此信念的驱使。在相信世界的不同领域是相互联系并交汇的集体中，这是毫无问题的合理宣称。这一为参与律所支配的逻辑也解释了在西方世界普遍存在的大部分整体性补充医疗。实际上，参与律虽然最初被用以描述“蛮荒思维”，但在工业化的当今世界也同样盛行。列维-布留尔熟知这一点。他很清楚

“逻辑思维不会完全取代前逻辑心理”。因为逻辑思维不能满足非逻辑功能，所以前逻辑思维将部分存续。

> 思考者的理性，被哲学家视为理所当然。但这只是梦寐以求之物 56
> (*desideratum*)，而非既存事实（fact)。即使是在我们的社会，也不乏由参与律所支配的想法，以及基于参与律构造的观点之间的联系。这些想法与联系几乎都独立存在，多少都残缺不全，但却根深蒂固，无法根除，与那些受理性规律支配的想法与联系共存。理解——用一个准确的词——会趋向逻辑统一并宣称其必要性；但实际上，心理活动既是理性的也是非理性的。前逻辑和神秘与逻辑并存。(Lévy-Bruhl，1910/1985：386)

《土著如何思考》一书结尾是列维-布留尔极具原创力的思考：他以原始思维本身，而不诉诸进化论框架，去尝试理解原始思维。他并不视其为不发达（underdeveloped）阶段或需抛弃的阶段。尤为重要的是，他并不认为这是传统社会中的“原始”人专属的思维模式。任何人在任何时候任何地方都可能会表现出参与逻辑；这可能在所有人的心智中都可觅得踪迹。这是列维-布留尔思想的核心，也是他从未改变的想法。

众所周知，在生命的最后阶段，列维-布留尔屈服于其批评者，放弃了他在1910—1938年对原始思维所做的概括。但仔细阅读他的《原始思维札记》会发现，他并没有转变关于心理具有神秘主义倾向与前逻辑性的看法；他所放弃的观点其实是，原始思维是一种独特的思维形式，而神秘主义与前逻辑是原始思维所独有的特征。他并未改变其极具原创性的立场：“相比我们的社会，神秘主义心理在‘原始人’中更明显可见，但神秘主义存在于每个人的心中。”（Lévy-Bruhl，1975：101）在这最后的交锋中，列维-布留尔实际上重申了他1910年的书的主要观点：思维会发生质的变化（此点源于皮亚杰与维果茨基），以及人类思维无论是在文化内或是在个体内均是多元的（莫斯科维奇受此观点启发，构造了认知多相性的概念)。如同图尔韦斯特（Tul'viste，1987）所指出的，这些观点正是列维-布留尔的最大贡献。他推动我们从“我们”与“他们”对立的逻辑，迈向尝试理解“我们的”和“他们的”文化中存在的多元思维的逻辑。由此去发现我们与他们之间不仅有差异，还有共同之处。

毫无疑问，相比涂尔干，列维-布留尔对莫斯科维奇有更大的理智触动，极大影响了他理解社会表征的动态变化，以及科学（在他的研究中是精神分析）是如何被其不同的使用者所改变与重构的。莫斯科维奇并不认
57 为精神分析的社会表征是对专业知识的庸常化与扭曲，反而尝试去“解读理解”（understanding of understandings），将日常生活中构建的表征视为自成一体的思维形式。他认为社会表征不能化约为其他的思维形式。其背后的理性遵循不同的原则，行使不同的功能，需以其自身而非任何绝对标准判断其合理性。① 所缺的则是一个能解释其发生和其在社会生活中的变化的理论。

列维-布留尔为此理论的构建提供了极有价值的洞见。他促使我们理解差异并接受差异本身。他挑战了学者与进化论者的假设，即认为知识的自然发展就是与最初构成知识的那些社会情绪纽带的逐渐断裂。他承认不同逻辑都有其自身的价值，比如参与律，也雄辩地为这些思维形式进行辩护，揭示无论何种形式的思维都是有助于维持人类生活与其生存环境之间的根本统一的。他使我们明白，过度追求理性会失去什么，积极面对不单纯受工具理性支配的其他生存面向又可能会带来什么。他让我们认识到，发展不仅仅只是获得也有失去。低估不同的思维形式和认识形式的价值会危及生存。正是这些思维形式和认识形式赋予了构建于传统社会与童年早期的那些表征以感性的、社会的与充满趣味的特征。此外，他还坚持，同一社会其实同时存在多元的认识形式，由此驳斥了将原始和前逻辑、发达与逻辑相对应的观点。列维-布留尔对逻辑思维非连续性以及多元理性共存的判断启发了莫斯科维奇。基于此，他评估了社会表征的生产、其作为知识类型的不可化约性、其在社会生活中所发挥的功能，以及其与其他知

① 这当然并不预先排除建立比较框架来拓展我们对于不同思维模式的理解的可能性。相反，如果想要理解知识在沟通和社会互动过程中是如何发生变化的，此类框架就是必要的。但比较并不需要落脚于基于等级性论调的那些标准。我将在第四章中检视这些议题。

识类型的关系。

让·皮亚杰与表征的建构本质

在马尔科娃对莫斯科维奇近期的访谈中，莫斯科维奇提及，直到接触了皮亚杰的儿童心理学后，他才“对社会心理学到底可能是什么有了初步的印象……即一种关于发展与变迁，而非对固化环境的反应的科学”（Moscovici，2000a：250－251）。皮亚杰对莫斯科维奇的学术思考影响深远。正是通过他，莫斯科维奇接触了涂尔干和列维-布留尔的研究，他在皮亚杰的研究里发现了表征这个发展充分的理论概念。通过研究社会表征来研究常识，类似皮亚杰对儿童的世界概念的研究。由此视之，莫斯科维奇的社会心理学要义是基于皮亚杰的心理学之上的，包括表征的构念、对常识的研究，以及对变迁与发展的关注。杜维恩（Duveen，2001a：170） 58
对皮亚杰与莫斯科维奇的学术联系做过精辟的分析。如他所指：“莫斯科维奇并非简单地照搬了皮亚杰的心理学，而是发现了一些可资研究（或驳斥）的概念与理论元素或观点。”

皮亚杰对人类儿童表征思维的发展的研究，确立了表征作为特定的心理学术语的地位，阐明了动作（感觉运动图式）是表征思维得以发展的关键，揭示了符号表征的生成与变化过程。尤为重要的是，他发现儿童的认知世界与成人的认知世界之间存在着结构性差异。与涂尔干相反，皮亚杰强调表征的创新性。他认为，对世界形成表征知识的过程是儿童再造既存世界的过程。他构造了这样一个复杂的理论框架以解释表征的本体发生与社会发生。基于此，莫斯科维奇构造了他的知识社会心理学（a social psychology of knowledge）。

皮亚杰的《儿童的世界概念》一书尤为重要。在此书中，皮亚杰（Piaget，1929）研究了儿童所构建的关于思考、命名与梦、生命、太阳与月亮的起源、天空、云、对于黑夜的解释、冰、雪、河流、湖泊与海、树的起源、山和大地的理论，由此讨论了儿童世界的具体内容及其背后的逻辑。该书至今仍被视为皮亚杰最引人入胜的著作之一，它既属于心理学，又涉及人类学。皮亚杰尝试进入儿童的世界，解读儿童世界的密码（运作），并从儿童的视角看世界、感受世界。实际上，这是对儿童集体表征的一次探索，是皮亚杰著作中最具涂尔干色彩的作品。莫斯科维奇正是经由此书接触到了涂尔干的思想：“不难将皮亚杰早期的研究视为通过儿童话语，以及在儿童中所收集的与民间传说、常识和知识相关的材料而对我们的文化所做的一次探索。”（Moscovici，1998：411）

皮亚杰的另一个研究方向也是社会表征论的核心，即知识的变化问题。如同上文所指出的，社会表征论是关于知识生产与变化的理论；莫斯科维奇对于知识从一种结构形式传播到另一种结构形式时会如何发生变化的理论想象，在皮亚杰那里找到了共鸣。皮亚杰在解释结构主义时对结构有明确的定义：结构是变化体系，随着知识的吸收与调适对儿童与世界之间关系的调节而不断变化。从很多方面来看，这一构念在社会表征论中有
59 迹可循。社会表征是演化的知识场域，在沟通过程中，它们通过初始化与客体化使得不熟悉的变得熟悉。经过传播，知识场域在社会生活中会如何发生变化是社会心理学家要解决的问题；皮亚杰描述了此过程是如何在儿童身上发生的。受列维-布留尔的影响，皮亚杰清楚地揭示，发展并非量变而是质变。儿童与成人的思维有实质性的差异。这些差异不能仅仅被认为是量的积累的问题，因为发展过程中质的飞跃意味着完全重组先在的结构。

但莫斯科维奇与皮亚杰在一个重要的面向上分歧很大，就是他对于发展与变化的看法上。皮亚杰认为发展是阶段性的进化，是复杂形式取代基础形式的过程。儿童思维的发展是从最初基本的感觉运动图式系列向复杂的形式运算的进化。杜维恩指出：“作为认知主体的儿童，其心理可能有特殊性。但这种心理被识别、定义和理解为另一种心理，即成人心理的前期阶段。”（Duveen，2001a：171）发展是从一端到另一端进化的观点，是皮亚杰心理学的重要部分。他的《社会学研究》论文集中的众多文章都明确表达了这一观点。在此论文集中，他讨论了逻辑的社会性，以及发展理性思维所需的社会条件（Piaget，1995d）。

皮亚杰对逻辑的定义既有社会性又有进化论意涵，跟涂尔干类似，认为“逻辑是……一种‘易变的’、可逆的均衡状态，是发展终极阶段的特

征，而非与生俱来的内在机制”（Piaget，1995c：140）。对于逻辑如何被构建的问题，他认为，需要把握逻辑形成的过程，并了解这些过程是如何最终达到均衡的。为此，须理解两个基本概念：“发展的功能连续性，即趋向均衡的进化；结构序列的异质性，异质性标志着达到最终均衡状态的不同步骤。”（Piaget，1995c：140）这个构念化“逻辑”清楚表明：皮亚杰保留了涂尔干的进化论思想，同时也借鉴了列维-布留尔关于思维结构异质性的观点。首先，他提出，逻辑不是内在的而是社会的。其次，他将逻辑定义为处于“发展终极阶段”状态的特征，暗示之前的那些阶段是前逻辑的；而发展会有一个终极阶段，该阶段是一种均衡状态。这由始至终都是皮亚杰思想的重要观点。再次，发展具有功能连续性，是一种进步性的变化。最后，构成发展的结构序列具有异质性。这些观点回应了涂尔干（前三点）和列维-布留尔（最后一点）的思想：思维结构既有进化论特点，各阶段结构之间又有本质性差异。此中矛盾见证了皮亚杰整体研究的暧昧之处，他的研究可被视为是半理智半幻想的，既致力于揭示逻辑的大致结 60
构，又着迷于逻辑的“人性的，太人性的”自相矛盾。

总体而言，皮亚杰理论的进化论色彩使其原本绝妙的逻辑发展社会理论失色不少。他揭示了逻辑的社会根源，以及由社会情境引发的知识体系的理性多变性。这两个洞见至今仍很经典，由此皮亚杰推动涂尔干的观点发展至分析与解读的更高层次。他并不将社会视为某个限制逻辑发展的笼统条件（涂尔干一定程度上就是如此认为的），而是追问其中所关涉的到底是哪些社会关系。因为于他，社会并非抽象物而是演化出社会秩序的个体间的系列关系。这些关系有质量和状态之别，需被一一剖析。

不同的关系对于理性形成的影响是千差万别的，并非“所有‘社会’对个体所施加的行为都有助于形成理智”（Piaget，1995c：136）。皮亚杰甄别了两种与逻辑思维有结构性关联的社会关系：社会性限制与合作。前者在以权威、特权和森严的等级制度为人际关系特点的社会中尤为典型；后者则见于公共领域奉行平等原则的社会。社会化，或曰儿童对社会规范的内化，是逻辑思维发展的必要条件，但不是所有社会化都能产生集体层面上的逻辑思维。因此，皮亚杰所研究的问题便是：“什么样的社会化、什么样的社会会产生逻辑思维？”

对此，他的回答十分明确：合作而非社会性限制会产生逻辑思维。这个答案与他的两个颇令人侧目的观点有所冲突，即认为理性具有超然地位，以及理性生于以互惠与互相承认为基础的民主生活形式。只有当个性化和论辩成为主流社会氛围时，理性才能充分发展。原始社会，其社会中心主义（sociocentrism）堪比童年早期的自我中心主义（egocentrism）。因此，社会既能赋予人以理性也能将其夺走。传统社会缺乏产生理性思维的条件。其集体表征所表现出的中心主义倾向与童年早期并无二致，导致无法区分主体与客体世界。儿童思维与“原始人”思维表现出的自我中心主义与社会性限制是失衡的两个原因，阻碍个体发展至逻辑思维阶段。此两者产生特定的思维结构，需就其自身对其进行分析，并承认其不同于逻辑思维的地位。但皮亚杰认为此二者为非逻辑的（Piaget，1995a，1995b）。

61 莫斯科维奇正是在此点上与皮亚杰分道扬镳。与皮亚杰不同，他并不热衷于“纯粹理性”工程，不认为“纯粹理性”能从现代社会中分离出来，不认同“理性教育”能产生“纯粹理性”。他对进步连续统（progressive continuum）的想法也不以为然，当然也不同意皮亚杰的理性发展理论背后的进化观念。他对列维-布留尔对理性多元性的承认与分析深以为然。如今，我们可以抛弃表征的原始形态如何能达到发达状态的问题，转而关注当今世界更为真实有趣的问题：不同的表征与逻辑如何在社会领域相遇并相互竞争。以此问题为核心，有可能发展一种关于知识遭遇的社会心理学，也能评估知识体系之间的交流会产生何种后果（我将在第五章集中讨论这一问题）。

维果茨基与理性的非连续性

确切地说，维果茨基并非社会表征论的理智先驱。莫斯科维奇读到他的著作的时间是在社会表征论已经被相当完善地建构之后（Moscovici，1998）。但维果茨基的研究立时就影响了莫斯科维奇的思想，并一直启发社会表征的研究至今。原因可能在于维果茨基的心理学和皮亚杰的心理学有同样的理智渊源，即法国人类学派，尤其是涂尔干和列维-布留尔的研究。维果茨基的社会文化发展心理学，使得社会表征论能够摆脱涂尔干和皮亚杰的单线进化论，对变化进行合理的理论解释。和列维-布留尔一样，维果茨基认为，知识类型之间的转变，不是连续的而是非连续的，是共存的而非替换的。虽然明显参考了黑格尔和马克思（儿童发展只是其中一种），但他的发展概念并不同于对历史的弥赛亚式解释，而是将内在的认识结构重新与认识对象的在场，以及个体所处的情境联系起来。

维果茨基心理学的核心思想是：随社会变迁而来的是思维过程的根本性变化。他和鲁利亚在 1917 年俄国革命之后的大部分研究都受此思想指导。实际上，维果茨基的理论研究充分表明，苏联心理学家的研究有一个基本的假设，即人类高级心理机能的发展，需被理解为社会历史发展的整体理论的一部分。正如维果茨基的众多学生和西方评论者所指出的，这也正是他最重要的理论贡献。他提出：文化与社会发展形塑了心理机能的发展（Cole，1985，1996；Scibner，1985；Wertsch，1985a，1985b；Van der Veer and Valsiner，1991，1994）。

上述论断是在他对发展是什么这一问题进行了长期思考之后做出的。62
在《行为历史的研究：猿、原始人和儿童》这本较少为人所知的书中，维果茨基和鲁利亚（Vygotsky and Luria，1993）力图建立关于文化的人（cultural man）（用他们的话来说）的三条发展的理论线路。[①] 通过对类人猿的工具使用、原始人的思维形式与儿童的个体发展的分析，他们开始建构一种融合进化、历史和个体的发展构念。沃施在该书的前言中指出，这是理解维果茨基思想最重要的文本之一。与典型的发展观念不同，他们认为发展不只发生在儿童和成人阶段：

> 对发生的彻底分析必须讨论的一个问题是，有关三个发生领域的知识是如何影响行为与心理运作的。因此，除了追问特定形式的心理

---

① 重要的是要注意，我们不能将维果茨基的“原始”（primary）一词原意挪到我们当下的语境之中使用。在 20 世纪初期的几十年，与原始意象相关的是大量积极的意涵。这一意象被视为与教化的扭曲相对的“自然”和“本真”。正如简·考科斯（Jane Cox）在该书的引言中所指出的，这一观点尤其是在马雅可夫斯基《未来主义宣言》（*Futurist Manifesto*）的助推之下得到极大发展，弘扬原始的纯洁性。

功能到底需经历何种个体发生转型（ontogenetic transitions）之外，还须考虑形塑它的种系发生（phylogenesis）和社会文化历史。（Wertsch，1993：x）

维果茨基和鲁利亚清楚知道，要想理解行为演化的复杂性，需全面分析行为的社会文化史。单是种系发生并不能对此做出充分的解释。受过教化的人与原始人的对比分析表明，两者皆是充分发展的人，只是分属不同的类别。此外，所有人类社群，不论是受过教化的还是原始的，都具备言说的能力；都有语言，因而也有语义意识（Scribner，1985；Vygotsky and Luria，1993）。因此，能解释行为与思维多元性的是社会文化过程。苏联心理学家在乌兹别克斯坦和吉尔吉斯斯坦偏远地区所做的实证研究正是致力于此，其影响深远（Luria，1931，1976，1979）。紧随列维-布留尔的理智洞见，维果茨基和鲁利亚着手研究革命必然引发的剧烈文化社会转型是否会影响人类思维的基本形式和内容。正如鲁利亚在《科学》杂志上所介绍的，此研究是“为了检视生活在原始经济社会环境中的人的思维和其他心理过程的变化，并记录随着经济生活的进化和复杂化以及整体文化水平的提高而发生的那些变化”（Luria，1931：383）。

研究发现一目了然：思维的结构和内容随社会文化过程的变化而变化：“社会历史转型不仅给人类心理世界增添了新内容，也创造了新的行动形式和新的认知运作结构。这些转型推动人类意识发展至新高度。”
63 （Luria，1976：163）鲁利亚对他们的研究的内容描述透露了他本人的信念，即教育、经济的现代化，以及解除宗教与传统社会方式的束缚能促进发展。这种想法并没有摆脱他所处的那个时代的主流色彩。人类进步、从原始到现代的发展、科学能摧毁宗教和落后信念，这些观点充斥于20世纪上半叶，与现代化整体工程比肩而立，见诸社会主义的核心想象。但真正发人深省的是，该研究为列维-布留尔关于思维质变受社会文化条件制约的论点提供了实证支持。

与维果茨基认为发展非连续的观点一起，这一洞见为一种知识社会心理学的构建搭建了理论框架。这种知识社会心理学一方面能够理论化知识体系多样性与社会文化情境多样性之间的对应，另一方面也能对知识转型这一复杂过程做出非单线进化论的解释。总体而言，无论是维果茨基还是皮亚杰，都认为变化是质变。这点最先是由列维-布留尔提出的。但不同于皮亚杰和涂尔干，维果茨基与列维-布留尔认为变化的方向是非连续的：早期阶段并不会完全被后续阶段所取代。各阶段作为不同的思维层次同时并存，会发生变化、进行重构和调适，由此调节人与环境之间的关系。

莫斯科维奇指出（Moscovici，1998），对于发展是连续还是非连续的看法是“理解这两位伟大的心理学家各自理论的关键”。因此，维果茨基与列维-布留尔的发展观有众多平行之处。在知识转型是非连续的，而各认识形式间不是替换关系而是**共存**关系这一基本观点上，他们不谋而合（Vygotsky and Luria，1993）。他们并不认为发展和知识转型是先进类型取代落后类型的线性进化，而认为所有知识类型皆有其正当性。不同类型的知识相互关联但非线性进化关系。

弗洛伊德与无意识

莫斯科维奇借鉴弗洛伊德理论，试图探究形塑社会知识生产与一种不惧将心理特质纳入其中的认识观点背后的无意识过程。他曾说《论儿童的性理论》（Freud，1908）是其知识社会心理学的主要理智来源。弗洛伊德在此书中讨论了儿童构建的性理论，并揭示了这些理论的根源在于文化环境、童话与传说。他讨论了儿童对知识的渴望，以及这种渴望是如何与求 64
知的人和藏知的人所行的仪式之间产生关联的。弗洛伊德以一个情节阐明他的观点，该情节无论是对我们与未知的关系来说还是对文化传播内在的两难困境来说都是典型的。他从儿童时期入手讨论这一观点，具体而言，幼童开始对自己由何处来发生兴趣并产生疑问时，也会开始问诸如“我从哪里来”，或者是当有弟弟妹妹出生时问“这个‘入侵者’从哪里来”这样的问题。所有文化中的人都会问此类问题。这些问题是阶段性标志，说明儿童开始被父母性生活的未知空间、被诞生和生命的谜团所困扰。与儿童的好奇心相应的是成人的抗拒与犹豫。家庭作为初级场所与文化制度，成为这些尴尬恼人的对话发生的舞台。在此，年轻观众迫切地提问，而成人演员不遗余力地哄骗，努力隐瞒游戏规则。

在交织着爱与敌意、允许与禁止的相关交流中，儿童开始产生关于诞生和生命与性欲的起源的“理论”。这些理论由儿童世界与成人世界之间的关系所衍生，具有文化传递的重要意义，体现文化规定、文化许可与文化禁忌。弗洛伊德突出了内化的运作，即表征从所有人的生活到一个人的生活，从意识层面到无意识层面的传播过程。基于充满矛盾关系的交流的内化，使得童年早期表征具有强烈的、社会的、充满激情的特点，由此儿童也认识到知识必然涵括渴望与斗争。基于这些证据也可以看到，幼年时期的最初斗争，使得文化语法强势地进入知识的本体论，进而进入知识对象的本体论。

弗洛伊德揭示，这些斗争从未完全从自我发展的后续阶段中、从对世界的理解中退场。心理生活有多个层次，并始终如此，曾在生命历程中具有重要意义的那些层次永远也不会被磨灭。我们的历史以升华的或矫饰的形式永远与我们同在，当心理感觉需要唤醒其中的一些时，就会再次浮现。它会出现在梦里，出现在恍惚之间，出现在白日梦之中，出现在玩笑里，出现在奇幻及其与已知和熟悉事物的联系里。弗洛伊德将此过程类比为被掩埋但未消失的古文明废墟。他的心理发展观与列维-布留尔的多元逻辑并存的理论互通互融，使我们能理解心理和社会建构的深层本质。虽然对“纯粹”理性的追求力图祛除这些心理与社会建构的暧昧不清、自相矛盾的特征，但从未真正成功过。

在弗洛伊德的理论中也能发现他对心理建构的现实的肯定：心理建构如同姿态和真实事件一般，有实质性的重要力量与影响。在对歇斯底里症的研究中，弗洛伊德表达了他的激进观点：想象的（the imagined）或热望（the desired）的同实在的（the actual）一样真实。心理建构，无论是奇特
65 的还是怪异的都有其自身的真实性与逻辑，需被承认。明白此点是研究情境中的知识的关键，也是构建一个能够界定知识与世界观的理性的对话性理论的关键。

那些缺乏互主效度（intersubjective validity）的心理建构，不应被简单无视，认定其非理性。哈贝马斯正是遵循此原则提出，“对自己的系统性自欺是非理性的行为”；也是基于此原则，他将他的理性理论与一种论辩

理论相结合（Habermas，1991）。观点的交流使正当性宣称向他人的批判开放、向学习与修正敞开。这种观点的交流预设，存在一个对话各方都认可的共享区域。但此点并不能被视为是理所当然的，在某些情况下确实缺乏这样的共识，比如精神病人、激进的文化取代和童年等等，其主体在传统上一直被认为缺乏理性。哈贝马斯没能完全把握弗洛伊德的激进之处，即任何系统性自欺的人都表现出一种需被理解而不是指为非理性的理性。

没能理解人类行为的多重逻辑、自欺和幻想背后的理性以及与之相伴的悲伤和希望，让哈贝马斯对人类欲望背后的复杂理性无动于衷，也使对两种不同的真相（truth）进行区分成为必需。一种真相关涉对于经验主体而言总是真实的观点；另一种真相围绕经过协商努力后获得的共识，即多种真实的人类经验之间艰难沟通并尝试合一的努力结果。这种努力具有至高重要性，但却不应遮蔽对有关个体的真相予以承认的重要性。后者围绕独一无二的个体世界和即使与所有现实格格不入也有被承认的个体权利。这种承认，即使是对犯罪与极端错误的容纳也是人类激情的来源，是对激进他者予以承认的道德律令。

承认迥然不同的逻辑而进行的沟通努力，必然是以道德维度的存在为前提的。缺此维度，社会科学就会沦为价值审判。世上存在特殊的观点与特殊的体验方式。承认其逻辑与此真相是弗洛伊德留给我们的最重要的理智洞见。对此的承认并不意味着对所有声明的无批判接受，或是对互主空间的否认。在此空间中，所有的主张最终要么存续要么消失，但该空间的存在要求有与他者独特性进行接触并交流，以及不对他者独特性进行粗暴的预先解读与干预的态度和意愿。此洞见是精神分析和临床路径对社会科学方法的最重要的贡献之一。鲍尔和加斯克尔（Bauer and Gaskell，1999）在展望社会表征研究的近期论文中称之为“忧郁的态度”（melancholic attitude）。

探讨涂尔干、列维-布留尔、皮亚杰、维果茨基和弗洛伊德对社会表征论的建构的影响，有助于保持社会心理学与形塑整个社会科学的更一般性的问题和理论之间的联系。莫斯科维奇批判性地继承了他们的观点，构建了自己的社会心理学，远超传统社会心理的范畴。拓宽的学科视域表明，社会科学共享一系列超越学科边界的研究兴趣和理论概念；达成这样 66

的共识极其重要。与此同时，由莫斯科维奇所构建的知识社会心理学融合了不同学科的理论资源，将心理和个体与社会的联系视为社会科学的核心。心理学，连带社会心理学的地位持续饱受争议。争论焦点集中于心理学的本质，以及该学科到底应归属自然科学还是社会科学。我认为，将对心理过程的研究完全交托给神经科学是靠不住的，最终会危及学科本身。社会科学不能放弃对意识的结构和对知识的社会认知基础的研究，因为相关研究能提供独特的经验证据，从另一侧面再次确证心智的社会历史本质、思维与语言的文化基础，以及人类意识无法还原为大脑的生理构造的事实。

❖ 迈向更为明智的理性：认知多相性与理智的多元性

上文讨论了社会表征论对研究语境中的知识的意义，强调了其主要论点，其所隶属的理智传统，以及其与多元理智资源的复杂关系。以长篇幅来回顾莫斯科维奇思想的理论先驱，是为了展现社会表征论开启了一个双重对话：一是与社会心理学的对话；二是与社会科学领域普遍关注的议题的对话。本章的最后将对前文讨论过的几位社会理论家的主要思想进行系统化梳理，指出他们的思想困境，并以认知多相性的概念尝试进一步发展对在同一语境之中，甚至在同一个体内的多重逻辑的思考。

从前文可知，每一种社会知识类型都具有多重逻辑，是与一系列基本的社会关系相对应的，而尝试确立这种观点正是社会表征论的理论先驱们的最主要工作。这其中包括心理学家皮亚杰、维果茨基和弗洛伊德，以及社会学家/人类学家涂尔干、莫斯和列维-布留尔。他们都尝试处理情境及其与认识之间关系的难题。他们从不同的角度揭示，理解我们如何在不同的情境与情况下思考与认识是理解知识与思想本身是什么的关键。涂尔干
67 和列维-布留尔专注于社会发生，检视所谓的原始社会的集体表征。皮亚杰和维果茨基关注个体发生，研究儿童的知识发展，以及儿童思想在何种程度上可以与原始人思想相提并论。他们的研究大量借鉴了涂尔干和列维-布留尔的思想。弗洛伊德在临床工作中关注个体发生，在文化、社会、

艺术与宗教研究中关注社会发生。他们对知识发展是社会性的，以及知识体系的逻辑根源在于社会的看法不谋而合。他们都采用了涂尔干提出的集体表征概念，以此理解人类社群是如何建构特定的心理，形成围绕日常生活的世界观与实践的。他们认为，这些心理的构建有助于理解思维和认识的本质，以及社会本身的本质。

至此，接受社会关系影响知识的构成的观点，需以接受知识形式的多变性观点为前提。从知识依从于社群/社会情境的命题可得出，知识会发生变化。存在着一系列不同的社会构成，它们会衍生不同形式的社会知识。这才是关键问题。承认社会知识的多变性与差异性并非结束，反而是开始。真正的问题不在于明白心理与认知结构会随社会条件的变化而变化，而是现代性这个老问题：追随笛卡尔的步伐，伴随着知识的个体化过程，对启蒙理性的追求成为进步与发展需求的主题。在摆脱了颇具污染性的文化、习俗、传统和情绪的束缚之后，独立自主的个体自然会获得理性知识。他们的问题由此就变为理解“人类如何变成理性存在，如何掌控自己的行为，以及如何将自身从对环境和传统的依赖中摆脱出来”（Moscovici，2000a：209）。对这一现代性核心问题的不同回答，表明了皮亚杰和维果茨基、涂尔干和列维-布留尔之间的差异，也揭示了莫斯科维奇所采用的路径（Moscovici，1976a，1998，2000a）。

认识形式的多变性提出了以下问题，即如何理解这种变化性以及采用何种解释框架去理解变化性内在的差异。在此，我们再次回到本章开头提出的那些问题。不同知识间如何进行比较？一种知识如何会变成另一种知识？变化的轨迹又是怎样的？是否存在一个渐进的体系，其框架能解释所有知识类型从低级/原始/简单的形式向高级/文明/复杂的形式进化？换言之，儿童的知识是不是成人知识的初级形式？或者说文化他者的知识是不 68
是西方文明社会基本逻辑的初始形式？

涂尔干和皮亚杰认为，这是一个过程，成人和“文明”人的高级认识形式必定会取代儿童与“原始人”的低级认识形式（Durkheim，1973）。他们一致的观点是，斩断社会和情绪纽带会使理智从基本形式进化到完全发展的形式。被社会性和情绪遮蔽的思维与知识是不理性的，随着儿童的成长和原始社会的进化，两者最终都会到达理性阶段。皮亚杰指出，涂尔干“完全没有从理智源于社会的事实推导出心理具有多元性，而是认为社会变体仅仅预示着思维共性。逻辑是单数形式的、是永恒的、是普世的，因为在所有形态的文明（civilisations）背后都有文明（civilization）”（Piaget，1995c：135）。

虽然列维-布留尔和维果茨基认为这一看法是有问题的，但他们也没能完全摆脱进步这一观念。知识会朝着对客观世界全面把握的方向发展，而对客观世界的全面把握则需要基于完全摒弃神话、信仰和迷信的逻辑思考。列维-布留尔虽然倒置了议题的方向，但也没有对进步观点完全免疫。在研究前逻辑心理的运作时，他提出，逻辑是思想自由的必要条件，是“其进步不可或缺的工具”。维果茨基的研究议题不像皮亚杰那么明确，但关注点非常类似。社会主义的终极想象是构建一个科学的、无神话的、无迷信的、无信仰的和常识的社会。将被视为非理性、观念落后的中亚农民的知识与新型社会主义社会生产的理性新主体的知识进行比较，是为了展示特定的社会工程如何能生产出理性。以上几位先驱的思想有一个内在的隐含假设，即基于论辩、科学和弱化的传统的公共领域，是所有可能类型的理性的绝佳孵化场所。公共领域本身就会生产一种特定的知识。基于完全摒弃神话、信仰和迷信的逻辑思考，这种知识会朝着对客观世界全面掌握的方向进化。

然而，虽然列维-布留尔和维果茨基可能相当重视逻辑的发展和理性的进步，他们的思想中仍有一些会引发强烈批判及重构努力的元素。列维-布留尔的心理多元性构念与维果茨基的发展观挑战了单线进化的假设，后者以从低级向高级阶段发展的理论为基础。他们建立了一个思考不同阶段之间与不同逻辑之间关系的框架，解构了发展是进步的观点，因为阶段并不以发达与否而是以自身的结构为评判。发展的非连续性以及差异的共
69 存阐明了两个过程，即知识变化的过程，以及将理智内在结构向产生它的世界敞开并与之对话的过程。这样的对话将自我、社会和文化重新纳入知识建构之中，消减了冰冷的、无视人类经验表现出的多重理性背后的规划和激情的理性观。

这些洞见深刻影响了莫斯科维奇（Moscovici，1998，2000a，2000b）。认知多相性的概念，回应的是一场稍早前开始的持续论战，这一次论战的阵地在社会心理学领域，而列维-布留尔是这场论战最重要的理智来源。认知多相性是莫斯科维奇在对精神分析的原创性研究中提出的一个假设，他以此概念描述其观察到的表征领域的社会认知异质性。他很谨慎地将这一概念认定为假设，但他的研究数据清楚地表明，社会表征的建构涉及不同的理性类型。在讨论集体思维是巴别塔（Babel）还是井然有序的多元性时，他讨论了同一个体或群体内共存的不同认知形态问题：

> 认知体系的共存应该是惯常而非例外……同一群体，或者同一个体在与截然不同的观点、信息和价值发生关联时，有能力运用不同的逻辑体系。……大体而言，可以说不同知识类型的动态共存，不论是有所冲突还是各自为政，是与人与其社会情境的特殊关系相对应的。这种共存就是认知多相状态。（Moscovici，1976a：285－286）

他提出，不同知识类型依存于生产它的情境，指向不同的目标。另外，与那些对认知现象的固有解读相反，不同的认知形式并不存在于不同的群体或者情境之中；相反，这些形式能够在同一情境中、同一群体中或同一个体内比肩共存。人们能根据所处的特定环境，根据自身在特定时间和地点的特定利益，援引某一种或另一种知识。因此，认知多相性，就是指包含不同类型的理性的不同类型知识在同一个体或集体中共存的状态。

认知多相性概念背后的核心理论主张，是将认识的社会心理学（social psychology of knowing）置于社会互动和文化情境的动态变化之中。该概念的提出能重塑知识的问题：认识是一种表征/再现行为（an act of representation）；只有与社会关系相联系才能对此有真正的理解，社会关系衍生了 70
认识的逻辑和理性。知识因此必须被视为是多元可塑的、动态的，会表现出与催生人类经验的无限多元的文化社会情境相对应的无限多元理性。如前所述，表征过程，在理论概念层面上，澄清了知识的多元性与多变性，使得认知多相状态成为可能。人们到底会援引某一种还是另一种认识形式，取决于社会背景的要求，以及某一领域的社会心理构造。这些不同的形式能够共存而不是相互排斥。人类社群一直以来都借助不同来源获得知识，而不是一味地排斥被社会视为落后的、原始的或幼稚的认识形式。除了对社会表征的经典研究外，最近的研究也提供了强有力的证据，可以佐证这一事实。相关研究发现，儿童的知识发展与人类社群的知识是由多种知识类型组成的，包括科学、街头知识、信念、宗教、意识形态等等（Nunes et al.，1993；Gervais and Jovchelovitch，1998；Halldén，1999；Jovchelovitch and Gervais，1999；Wagner et al.，1999，2000；Haldén et al.，2002）。我将在第五章和第六章深入讨论这一问题。

知识的单线进化观点，本质上与现代性工程深入其髓的两个观点背道而驰：自我封闭的个体的理性取代文化、社会和情绪而成为知识的唯一来源；存在一个超验标准，该标准是所有其他标准的参数。但是，正如列维-布留尔所指出的，这更可以称为愿望而非现实。理智从未成功挣脱人类情境的束缚，远不是超验的。基于西方工业社会典型的社会关系，能轻易辨识被认为处于发展链顶端的那类知识。

检视经典理论家的思想可发现另一讽刺之处：虽然他们提供了可资利用的工具用以理解知识的可塑性本质，虽然他们也指出理性知识的巅峰其实是去中心化，但他们自己没能实现视角去中心化，其思想没能完全摆脱自身视角的限制。他们似乎无法获得他们认为对于认识理性至关重要的一点，即不仅能解释他人立场也能就事论事地解释自身立场的概念图式。此外，明白多元世界观之中包含多元的逻辑，以及最重要的，明白不同的理性存在于同一群体之中，不仅能消除中心化建构（centric constructions）的诸多扭曲性后果，也能扩展理性的智慧，产生一种能与其不同的其他知识类型沟通而非否认它们的存在的理性。

第三章
知识、社群与公共领域

我们生长并生活在社群之中。社群构建了我们的学习经验，教会我们生活的真谛，并教会我们如何生活。不像家庭成员或我们所隶属的形形色色的小群体一样亲近，也不像规制和建构社会的一般性行为规矩与准则一样疏远，社群是为我们提供符号和物质资源的中间地带。个人主体与社会世界的日常辩证法在此上演并展开。我们需要成为社群成员方能成为自己，成长为有能力的社会行动者，并学会说话。因为隶属于某一社群，所以我们才能学会解读并理解身边的人的行为方式以及他们与我们的联系。社群赋予我们以一个框架，在此框架之下或在反抗此框架的斗争之中，会出现我们独一无二的自我感。成为一个无社群的人，即使不是不可能，也是极其困难的。

但为自我的出现提供基础不是社群的唯一任务。社群是个体人出现的核心条件，对发展和建立源于人们所说的**抱团**（together）的那些人类生活特征也同样重要。和睦（togetherness）的条件，有某些独一无二之处，即在人类社群的演化和发展过程中，总会出现众多不同的事件，而这些事件是不同个体的行动与视角相互协调的结果。和睦并非既存的、先在的，或是会现成出现在社会生活中，而是需要经过长期的不断努力才能被建构，它是一项人类**成就**。当人们生活在一起并尝试共同行动时，就出现了沟通并达成相互理解的需求，出现了创建语言、形成群体并分配任务、认识他人并向他人展现自己的需求。因此，社群的关键在于互主空间的建构。互主空间不仅建构自身，也建构一整套协调的相互关系，基于后者会衍生出一系列现象，包括沟通和对话、社会认同、社会记忆、公共生活，以及与以上均有关联的社会知识，等等。

72 在本章，我将社群及其与知识的关系置于一个社会心理学的框架之下，深入探讨社会知识与社会情境之间的关系。我已在上文指出，一旦我们慎重考虑心理现象与社会情境之间的关系，就需要理论化社会情境，理解其构成及其主要特征。历史、经济、社会、政治和文化维度构成情境，但若不能清楚了解情境背后的社会心理，就无法完全理解任何情境。吊诡的是，我们的学科对此任务不屑一顾，因为社会心理学长久以来关注的是私人化的个体（private individual；Farr，1991，1996）。这种关注最终形塑了整个研究领域，对态度、情绪、认知过程等的分析仅在个体层面进行。即使是那些被认为产生于社会空间的现象，也都以个体理性思考加以解释。多数时候，社会领域与政治领域被认为是社会心理学理论和方法整体发展的“变量”。然而，社会政治情境远非抽象体，或社会心理学研究项目中的附加变量。实际上，实质性社会心理学的关键在于，理解社会情境因何成形，是什么使得一种情境不同于另一种，这些差异又如何会产生多种社会心理现象。

在此，我将在社群层面讨论情境的社会心理特征。当然，群体、组织、制度、国家都可被合理地视为有社会心理卷入的情境。社会生活中确实有很多情境，一一列举不太可能。但是，我选择社群作为分析单位是因为这是一个中介概念，能轻易取替所有其他情境。我们可以将组织视为社群，甚至可以将国家视为社群。社群是一个依据行动者视角定义的社会空间，能灵活延展。只要其他情境被**感觉**并**体验**为社群，社群作为一个概念就能与这些情境交融合并。因此，社群的社会心理学也适用于其他情境，能被很好地应用于众多情境之中。

❖ 社群

很多学科都有社群研究。目前，针对该概念以及该概念的复兴，社会科学的邻近学科已开展了大量的工作（Cohen，1995；Putnam，2000；Bau-

man，2001）。面对现代社会人们感知到的日益增长的孤立感、失范与个体主义，学者、政治家和政策制定者纷纷重提此概念及其潜力。撒切尔夫人曾宣告："没有社会这种东西。"这一臭名昭著的宣称如今已日暮西山。在
经历了物质价值观和个体力量主导社会政治事件的时代之后，似乎出现了 73
一种新的认识趋势：仅凭个体主义不足成事。社群不仅对发展资源至关重要，有助于解决紧迫的社会问题，而且为促进公共参与提供了一个新的调节场所。促进公共参与是发展和保持民主，以及重新激发民主活力的关键。在健康、政治、教育、犯罪与越轨等领域，社群已成为一个重要的分析水平。理解认同、社会归属、反叛和国际冲突需要理解社群。而理解社群的最重要的一个方面就是研究社群如何思考、同属一个社群的共识如何形成、社群知识如何产生，以及社群知识如何与其他领域的知识协调并关联。在此语境下，构建社群理论的需求重新凸显了社会心理学家的重要性。

近年来，社会研究者已经展现了社群生活翻天覆地的变化。众多学者，比如鲍曼（Bauman，2001）就曾指出，以共性（commonality）定义社群是值得商榷的。社群间日益增长的接触与相互渗透削弱了共性，而共性曾经是社群生活中相对同质、习以为常的部分。随着个人失去旧日的参照框架，获得探索新生活方式的自由，社群这个众所周知的安全网的根基也被动摇了。与此过程相伴的是技术和通信媒体领域的深刻变革，传统的互动模式和知识生产，包括社群知识与个体认同由此被颠覆（Thompson，1995）。这些相关议题冲击了以场所（locale）为核心的传统社群定义。与场所对应的是相对狭小的地理空间。在此空间中，人们相互熟知，不仅对人类同胞感觉亲密，还深深依恋着乡土——那个地理空间及那里的自然环境。

虽然这些发展本身很重要，但仍需将其放置于历史视角之下进行检视。变化确实动摇了共同性与如今的沟通方式，但以历史视角观之，这并不完全算得上是新鲜之事。历史研究和现代性与全球化社会学均已清楚证明，我们目前所经历的全球现象与本土现象之间的新对话，其实只是在现代伊始就已开始的过程的极端化（Thompson，1995）。实际上，社群之间文化互鉴历史悠久，可追溯到现代性出现之前，甚至是独特的人类生活方式形成之始。人类社群一直都在与他者相逢，并发展出与他者沟通的策

略。当下的新情况其实是频繁的社群相逢，这种频繁的相逢使得我们/他
74 们之间的界限变得模糊，并出现了应对这些争议的新方式。全球化作为文化心理过程允许各种新的虚拟社群同时被创建，旧的社群认同和社群阵地也能被重新组织。全球化允许挑战的出现，偶尔也允许取消传统社群、建构全球新工程和全球性团结。这些新变化给社群生活和生存提出了新问题，但并不能消除人类对社群的基本心理需求。世界的全球化又矛盾地重新唤起了本土认同的回潮，如今，人们仍旧追寻团结和共性的纽带，而这些纽带是社群生活的基本面向。

在此意义上，社群和个体性之间、归属与脱离之间的持久困境，仍呈现出一副激动人心但悬而未决的远景，激励着社会心理学研究。这一困境通常被视为二元对立，其完整语法困扰了几代学者，是持续困扰整个社会科学领域的唯一议题。个体主义与集体主义的应对策略是尝试构建特定的世界观，以否认去消除张力，即在个体-社会等式中选择一头，抛弃另一头，权当另一头根本不存在。但就心理与经验而言，这一冲突是客观存在的，并不会消失。我们需要直面，并视其为有益的冲突，而这种冲突是我们生存条件的一部分，在很大程度上形塑了我们的经验和我们所构建的生活形式。每当社群处理异见、少数人、陌生人和越轨问题时，这种冲突就会现身。这一冲突也存在于从婴儿到青少年，再到成年和老年的人类个体发展的所有阶段，在此过程中，成长的任务在对外部世界发起冲突并予以妥协的同时，也将冲突与妥协强加于外部世界。社群的社会心理学研究启发我将人类自由建立在向社群寻求庇护，与此同时又要克服社群所提供的安全之上。原因在于社群本身就是由共同与差异、自我与他人之间的关系构成的，下文将详细讨论。社群既非同质性整体，也非游牧个体的集合。社群是张力和关联的场域，是未完成的整体，总是向内部或外部驱动的变化开放。

理论化社群

弗洛伊德在《文明及其不满》(Freud，1930/2002）一书中提供了关于如何理论化社群的洞见。这一任务令人生畏，但又因此让人信心十足。他

认为，只有个体力量和攻击冲动被认同和爱的纽带所驯服，社群才能形成。这些纽带使得团结和共性的出现成为可能。他提出，这是长期战斗， 75
随着每个人类生命的诞生而重启，并不断为历史教训所重塑。生欲（Eros）与死欲（Thanatos）的斗争，是我们的基本生存条件。人类文明并不是既定的，而只是一种可能性。文明至多算是一种危险重重、充满不确定性的成就。之所以能获得这一成就，无非因为我们内在的自我毁灭和攻击性力量被爱欲的黏合性能量所暂时控制。下面的引文一定程度上能反映他的总体观点：

> 社群生活成为可能的必要条件是：多数人团结在一起，其力量超越所有个体，并同心协力对抗所有个体。社群的力量以“权力”的名义，与被谴责为“粗暴力量”的个体力量对抗。个体力量为社群力量所取代是迈向文明的关键一步。（Freud，1930/2002：33）

至此，如果想以社会心理学视角理论化社群，需要考虑到弗洛伊德精细描绘的张力。虽然将社群想象成一个舒适安逸的概念极具诱惑力，但社群的形成与脉脉温情毫不相干（Bauman，2001）。人类集合（groupings）努力建构集体所关涉的问题预设了相似与差异，也即共同与相异之间的互动，这种互动同时充满了认同与异议、承认与排斥。但正视张力不应让我们停止尝试理解那些虽然充满异议与排斥，但仍有认同与承认可能性的现象。个体为何以及如何将自己捆绑在不止一个人的实体中，至今仍是社会心理学的核心问题。这一问题又与一系列现象直接关联，包括集体的形成、社会凝聚力与社会团结、社会行动和思维的起源、社群的知识与实践等等。

因此，构建社群的社会心理学需要在理论上处理社群形成、维系和最终转型过程中涉及的社会心理过程。这些过程也可用于理论化介于小群体和大社会之间的所有社会情境。下文将首先讨论边界（boundary）概念，以及其在理论化社群中的关键影响。边界可以形式多样，但社会心理学路径致力于揭示边界被行动者表征并进行符号定义的过程。为了理解边界是如何被行动者所符号化，因而社群才得以出现的，我将一一讨论以下问

题：（1）生活世界的构建所基建的社会知识与归属之间的关系；（2）社会
76 记忆在社群维系与认同建构中的作用；（3）社群与讲故事之间的关系。所有这些维度都影响着社群边界的建立，统合这些维度所形成的概念框架可为社群的社会心理学所用。①

社群边界的形成

通过关系性行动，社群生产了边界。边界可有不同形式，从地理性、物理性和行政性到语言性、宗教性、族群性、社会性与文化性。理解社群的一种传统思维方式是参考地理边界；比如想象一下地图绘制，地图绘制到底是具备了什么样的力量才能成就或消解国家和族群。在此，定义边界明显是政治行动，与权力的行使以及多种权力交锋于其中的更大的历史环境联系密切。我们也可以语言边界思考社群，比如法语社群、英语社群等。即使居住在不同的地方，说同一种语言也可以极大地增进人们的团结。什么能将生活在莫桑比克、巴西和葡萄牙的人联系在一起？无疑他们居于不同的洲域、属于不同的族群、处于不同的地理位置，但却拥有极大的共通性。这三国人民都说一种语言，以及共享伴随语言而生的认同、表征、情绪与文化实践。在此情况下，葡萄牙语是公分母，以此为基础可衍生出说葡萄牙语的社群，将其与其他语言社群区分开来。

以上的例子表明，边界的建构并不仅仅取决于社群的内部定义。边界总是社群之间关系的衍生物，是内部与外部共同建构的。第一，社群由自我认同为社群成员的人们所建构。在建构文化认同中，通过感知并赋予边

① 无疑，这些过程的大多数也能在群体的建构中看到。由此，我们很容易就会提出这一问题，即社群是如何有别于其他类型的群体的。社会心理学的一大块研究领域确实是处理群体和群际关系问题的。在此，我不赘述。社群与群体有所区别，原因有二：其一，也可能是较不重要的，那就是等级的问题。社群是群体之上的中间结构。社群比群体的规模要大，其在社会生活中的目标和目的也不是群体可比拟的。其二，我想要避免小群体心理学的局限，尤其是避免小群体心理学以实验室人为创设的群体为研究对象，将群体形成的社会、心理和历史发生排除在分析之外的倾向。同样，社会心理学的众多研究也将社群还原为小群体，并且常常是人为创设的小群体。哈贝马斯在批判社会心理学抹杀了公意这一概念时，就曾极其雄辩地展现，社群无法还原为小群体（Habermas，1989a）。既然社群无法还原为小群体，那么这种操作就需要被克服。

界以意义，这些社群成员进行符号运作，生产物质资源用以维系、再生产和更新社群生活。他们习得并世代传递社群仪式与叙事。通过讲故事、制度化的实践以及对未来的规划，社群成员将先辈的世界与当下世界和未来世界串联（Schutz，1967a）在一个互主性与互客性网络里，使得社会记忆、社会表征和社会认同、历史和文化之间的社会心理关联能够历时存在并延续。社群成员通过参与不同类型的关系和沟通，定义公共空间样态和 77
独属于特定社群的社会知识，我将在本章的后面部分对此进行深入讨论。

第二，与第一点同样重要的是，地理边界之外的他者也建构社群。这些多元他者与社群在亲近性与权力关系上存在差异，参与不同层面的社群生活。他者以特定的方式评价社群，围绕这一特定社群形成一整套表征和相应的态度，并发展出特定的实践与预期，他们对社群建构的影响与内群成员一样深远。理解一个社群如何为他社群所表征是理解该社群生活方式和社会心理的必需。

这很重要，因为无论是符号还是物质边界，既能被行动者定义，也可能被强加。文化借鉴与文化对话能对边界进行协商，而极权主义与孤立，或者外部势力的侵犯可以维持边界。社群有时被对外封锁的极权体制所辖制。极权体制在此并不必然涉及国家或民族。诸如避难所这样的制度设置，或者符合戈夫曼（Goffman，1968）的全控机构（total institution）概念的其他类型组织，就与封闭社群模式完全吻合。这类社群制定内部规则，禁止与外部世界发生接触。在这种情况下，社群边界的建立是一个复杂的过程，这一过程与符号对话行动，以及权力与统治关系交织在一起，在社群内部与外部展开。所有这些建立边界的不同形式，都深刻影响着社群认同和生活方式的建立和历时演化。

可以从不同的角度研究社群。而社会心理学对社群的研究则致力于理解社群如何形成对自身的构想，如何建构有关自己、生活世界中的他者和客体的社会知识，如何感知界定社群的边界并赋予边界以意义。我们感兴趣的是：克服社群空间和个体空间之间冲突的行动者的视角。与上文提到的中介三角极其类似，行动者是社会心理分析和表征构建的基本单位，而行动者与表征之间的区域能解释构成社群的现象是如何出现的。下文会对这些现象进行更详细的讨论。

归属与生活世界

社群生产了经久不衰的共同知识库，为社群成员提供参照，为个体理解身居其中的世界设定参数，并将个体叙事与社群生活更宏大的叙事联系
78 在一起。社群生产的共同知识是社群成员之间的联系节点，归属体验由此而生。个体叙事与社群叙事相互交织，个人生活故事的讲述总是与社群的历史、事件、文化形式以及行为方式相伴随。反过来，回顾、讨论或者挑战对社群有重大意义的事件与故事时，个体总能产生共鸣，辨识出自己在其中所扮演的角色，产生认同或者决意疏远，热切支持或反对争议之处。这种联系的体验会产生归属心理，即适应某一文化环境、理解那些被视为理所应当之事物，以及能心照不宣默契沟通的感觉。

社群的共同知识对于理解社群的本质至关重要。共同知识、常识、民间知识、惯习、惯常思维（thinking-as-usual）、集体表征，这些术语被用于哲学、心理学和社会学框架之中，以处理社会生活何以可能的问题（Durkheim，1898/1996；Schutz，1944，1967b；Heider，1958；Gadamer，1975；Bourdieu，1994）。现象学家将其称为背景假设、“惯常思维”（thinking as usual）、构成社群生活世界的知识。舒茨（Schutz，1944）对陌生人社会心理的经典研究就借助“惯常思维”概念来解释陌生人何以为陌生人。个体获得新社群的“惯常思维”与抛弃原社群的“惯常思维”之间的距离，决定了陌生人到底有多“陌生”。陌生人要想解读寄居社群的基本行为准则，以及未系统化的思想与行动模式是极其困难的。另外，社群成员则觉得陌生人尽问尴尬的问题，行为出挑。缺乏将陌生人与社群联系起来的常识这一点，极精准地表明，共享的常识性知识对于将个体与社群生活连接在一起，以及使个体产生归属的体验，发挥了根本性的社会心理作用。

虽然社群的常识性知识在日常生活中看似是给定的，是社群成员习得规范、行为规则与方式的既有意义资源库，但该知识也随着生活经验而被

日常性建构。生活世界的概念极好地捕捉了社群日常生活的这种双重特征：一方面是既存的，是社群的基础和根本；另一方面同时也在不断被社会行动者所生产、更新。在哈贝马斯的沟通行动理论里，生活世界概念对于定义社群情境和沟通的所有可能条件都至关重要。他认为生活世界是一个让人们通过沟通达成谅解的场所，在此过程中，对世界的**共同理解**中的那些相互承认的元素得以建构并夯实。生活世界在语言和沟通中成形，以 79
“理所当然的事物和坚定信念的存储库［的面貌呈现］，社群参与者在解读的合作性过程中以此为凭借”（Habermas，1992：124）。它指无问题的知识，此类知识补充沟通行动的情境，随情境而生，甚至还为沟通行动提供情境，包括：规制日常生活的传统、自然语言、预设与假设。为寻求理解，行动者参与永不会消亡的沟通过程，但在成为生活世界实体的意义与理解的符号结构中被固化。

因此，社群的常识性知识，或曰生活世界，为个体理解自己身处的世界、发展应对日常事务的理论与实践能力、建立能产生团结与合作的纽带以及归属体验的沟通关系提供了参照、参数和资源。生活世界既产生于沟通，又生产沟通，通过努力创造具有互主性特点的事物，在距离之间、在多元视角之间搭建桥梁。社群为社会行动提供可能性和助力；建立并更新人际关系，为发展中的儿童提供自我感；赋予行动者以认同和归属的框架，是生活世界构建和重构个体、社会和文化的专门场所。身处其中，个体能将自己的生活经历编进自洽的个人传记之中，并将此传记安置于更一般性的历史长河之中。从参与者视角观之，具有互主性特征的共享生活世界就是社群。从观察者角度视之，这一具有互主性特征的共享生活世界是社群通过社会记忆、社会表征和社会认同将过去、现在与未来联系在一起的空间。

社会记忆

至此，我已阐述了共同性与差异性之间的互动在社群的常识性知识、归属体验和生活世界的建构之中的表现，而这种互动界定了社群到底为何。这些具有互主性特征的共享理解使社群能获得一定程度的共同性；而共同性与差异性一样，能为社群和个体发展关于自身和他人的知识提供资源。社群也能据此辨识世代传承的、赋予个体以自我认同的历史，即将事件、行动、人、感觉和观点以情节串联在一起的逻辑自洽的叙事。

现在的问题是：社群如何能维持相对的共同性，同时还能处理时不时在各处涌现的差异性新观点？为了回答这一问题，我将讨论社会记忆对社
80 群生活及其与社会表征和社会认同之间的关系的影响。下文将逐渐展示，社会记忆能使社群保持连续感与永恒感，也能让社群感受到历时发展与变化。通过理解和阐述过去，从而在历史与现在之间建立起联系，社群的记忆能力打开了未来。我要借鉴阿尔布瓦克斯（Halbwachs，1992，1997）和巴特利特（Bartlett，1932）的著作来讨论这些过程，他们详细研究了记忆的社会框架。两位学者都细致展现了当下是如何通过对过往事物的记忆而展开的，它们之间的依赖性极强，可以说记忆关乎现在与未来的程度，与关乎过去的程度不相上下。对过去、现在与未来之间的联系的社会心理解释激发了记忆过程。他们强烈主张，这些过程究其本质是社会的，寓于社群类型与社群知识之中。

虽然社会心理学家更熟悉弗雷德里克·巴特利特，但首开对记忆的社会框架的研究传统的却是阿尔布瓦克斯（Halbwachs，1992，1997）。巴特利特在写作《记忆》（*Remembering*）时已阅读过阿尔布瓦克斯的著作，并对此赞赏不已。阿尔布瓦克斯是法国涂尔干学派的社会学家，他对记忆的研究既是对记忆的经典解释的一种反应，也是将对记忆的分析从个体层面向社会层面转换的一种尝试。阿尔布瓦克斯关注主体和被记忆的事物之间的关系到底是如何建立的。他认为，此类关系的建立并不局限于个体世界（像身体与心智的关系），而需要在社会制度的互联互依的现实中进行审视。个体的记忆取决于其与家庭、社会阶级、学校、教会、职业之间的关系，简而言之，取决于烙印于个体经验之中的社群框架。

通过强调社群作为框架形塑个人主体的重要作用，阿尔布瓦克斯将心智会保全过去的完整性与自主性这一原则置于情境与争议之中。记忆不能重现过去，也不能还原历史。正相反，阿尔布瓦克斯发现，现在（the present）才掌握着触发记忆轨迹的主动权。曾发生过的在人类记忆中不

会被完整无缺地保存，因为回忆过去之时的立场与事件发生之时的立场
截然不同。我们回忆是因为他人和当下的情境让我们去回忆。回忆是一
个过程，由我们现在所掌握的流通于表征库中的表征、人以及社群的当
下生活所建构。不管过去的记忆有多清晰，记忆永远都无法完全复原我
们当时的经历，比如童年。因为我们已不再是当时的那个人了，已经变
了，我们的观点、价值观和对现实的判断已发生了变化。我们在当下回
忆过去这个简单的事实，其实排除了我们曾有的意象和现在所持有的意 81
象之间具有同一性的可能，并提醒人类社群和社会主体的经验应有时间
和历史维度。

回忆想要完全保留过去，使其在当下得到还原，除非社会主体能让当时的表征系统、习惯和关系保持完全不变。但即便是环境中最微小的变化也会影响记忆的结构。阿尔布瓦克斯就是通过此种方式将个人记忆与群体记忆，将群体记忆与更宏观层面的、被他视为社会的集体记忆的传统联系在一起的。阿尔布瓦克斯对记忆能力的社会解释极为激进。他不以外在力量对内在过程的影响去解释，不将社会框架与记忆中的意象并置进行概念化。他超越内外关系，认为记忆的根本、其结构的核心是由社群语言和仪式所承载的信念、表征和制度性实践。

社会心理学也直面记忆问题及其与表征、信仰和社群的关系。巴特利特所著的《记忆》（Bartlett，1932）至今仍是本领域的经典之作，在很多方面与阿尔布瓦克斯的作品不谋而合。如前文所述，巴特利特本人深知这一点。巴特利特的目的是展现回忆的过程和内容都极大地受到社会的影响。在感知、想象和精确回忆过程中，“搭建舞台并导演行动”的是文化、利益、社会习俗、制度性实践和社群认同。巴特利特将这种社群认同称为群体偏向（group bias）：

> 所有社会群体都是由某些特定的心理倾向或某组倾向所组织和凝聚在一起的，这使得群体在处理外部环境时总有一种偏向。这种偏向建构了群体文化特殊而持久的特征、群体的技术和宗教实践、其物质艺术、其传统和制度。以上这些，一旦建立就会变成直接引发群体内个体反应的刺激。（Bartlett，1932：255）

在巴特利特的研究中，我们发现了一个核心概念，可用以理解社群、其在特定历史时期内的文化过程和记忆的运作之间的关系，这个概念就是惯例化（conventionalisation）。惯例化研究文化体系从一个群体向另一个群体传播，发生变化，最终到达某个群体变成相对固定和被接受的形式，其间到底遵循什么原则。这是一个过程，在此过程中，内群接受了来自外部的意象和观点，这些观点和意象根据接收群体的技术文化传统被重构为一
82 种新的表现形式。巴特利特将空间上不同的文化系统之间的交流类比为社群在不同历史时期出现的不同观点之间的交流。现在之镜（the lenses of the present）惯例化过去的方式，与社群吸收来自别处的知识和认同的方式极其类似。巴特利特就是在此意义上提出，回忆的最本质部分并不出现在言说者纯粹的言语之中，而总是被个体当下所隶属的群体的文化和意识形态视角所处理和形塑。

阿尔布瓦克斯和巴特利特强调社会框架、社会传统和表征在引发回忆的过程中所发挥的作用。他们关注的是，社群通过运用作为社会表征和文化认同库的社会记忆，使得社群生活同时具有连续性和变化性的问题。通过揭示过去和现在之间的相互渗透，回忆变成了以当下的视角重构过去的积极行动。过去的经历被赋予新的意义，随着现在的经历和对未来的规划而发生改变。先辈们搭建框架，让我们能在其基础上发展现在的知识，展开我们的社群体验。我们从过去借鉴习俗、传统和实践的框架，这些框架构成了日常表征体系，引导个体经历、指导对事件的解释，并影响用以理解当下的自我和他人的图式。通过理解社会记忆是如何运作的，我们也能理解当下可用的知识库、社会信念库和符号意义库的建构，以上三者通常被组织为社群的文化认同和社会表征。

讲故事

通过讲故事，社会知识得以成形，对过去的表征以及认同的表征也随之而生。通过讲故事，社群回忆起曾经发生过的事（社会记忆），将经历组织成序列（人性化时间），寻找对过往事件的理解（意义理解），并操弄形塑个体和社会生活的事件链（创造未来）。讲故事会带动互主性现实场

域、认知场域和承认的浮现。讲故事并不只是个体行为，个体叙事会发展成流通于公共广场、街道、城市和乡村这些开放性空间，流传于不同社会群体、不同世代和时代的话语（Bartlett，1923）。

叙事与社群生活之间存在根本性的联系。叙事能促进社会凝聚力，能将事件串联成连贯的历史，并能将这些事件编织进任何一个社群的社会认同之中。神话、传奇和传说的生产，可能是在回应某些需求，包括起源 83
（从哪儿来?）、道德困境（故事不仅娱乐大众，也教导我们如何行事）、冲突的解决，以及未来的创建。故事将过去、现在和未来联系在一起，因此既与社群的建构和社群的延续相关，也与生活世界和群体共享知识的生产，以及克服和反思社群生活的本质相互交织。叙事使我们了解我们赖以生存的故事和隐喻，同时也为我们提供了反思、质疑和批判我们历史遗产的工具。

叙事是最基本的一种媒介；通过讲故事，社群理解了自己的过去和现在，并将自身的目标投射于未来。弗洛伊德有一个非常著名的论断，即不理解自己历史的群体注定会重蹈覆辙。能改变我们的是被反思过并被直面过的经历，也只有此类经历才能使我们重获历史的本质。当经历被具象化，并如经典弗洛伊德式创伤那样因为被从意识层面所驱除而无法被言说时，我们会对历史——一段可能包含过多忧伤和苦痛的历史——感到恐惧。但是这种遗忘，这种以驱逐和消除为目的的遗忘的陷阱是，我们力图去避免的痛苦其实**已经**对我们产生了伤害。记忆有详细阐明过去、让人面对过去的力量，使社群能够反思、理解、修正，以及如果需要的话，能更新其认同、实践和历史。记忆的这种能力使社群能保持延续性。与此同时，如果社群不想就此凝固，不想强迫性地重复历史，这种能力也能保证社群进行所需的更新。过去如果被冻结在社群的记忆里，那么人类生活就会屈从于“过去不会过去”的暴力之下。从当下的视角理解并阐述过去，让社群可能拥有一个不被完全创伤性的记忆链阻碍的未来。前行与记忆同样重要，记忆能力与遗忘（宽恕）能力的辩证法，很大程度上反映了社群的健康问题。

但这与自由叙述的可能性，与语言和符号意义经由沟通而得以自由流通的可能性相关，也以此两者为前提。社群阐述与社群生活中变得不可言说之事物之间的斗争，取决于群体公开讨论问题、使问题变得为人所知的自由，取决于群体质疑并检视社群生活中被认为需要思考的那些方面的自由。这不是一个应被视为理所当然的过程，因为很多社群并不具有践行这些行动的条件。这是我在本章下半部分要回答的问题，我将讨论社群的公共空间，以及公共空间概念如何有助于理解社群生活的不同形式，及其与不同知识生产模式之间的联系。

84

公共空间

社群生活的一个最重要面向是创造了公共空间，即社群成员共享的空间，在此空间中，社群生活变得瞩目，为整个社群所知。公共空间是会面的地点，也即联结和沟通的场所，其主要特点是产生可见性（visibility），由此共同关注的问题才能浮现，构成社群的多元视角才能被处理和解决。在此意义上，社群的公共空间是一个潜能空间（Winnicott，1971；Jovchelovitch，1995，2000），对自我和世界的多元理解能在此呈现，不同的计划能在此协商并实施，社会行动者能在此进行具有开放性和不可预知性的实验，而开放性与不可预知性源于日常遭遇的众多独特视角。公共空间是沟通和对话的场所，是自我和他人相遇、探索各自的认同、建构知识和表达情绪的地方。这样的公共空间是社群的**创造物**：当社群生产沟通和互动模式、建立仪式和典礼的表现形式，并对参与和在共享的公共集会场所发声的可能性和限制性做出规定时，公共空间就被建构了。我在另一篇文章中曾提出，公共空间可被定义为具有以下特征的空间：（1）为社群所有成员所共享；（2）为与社群共同生活相关的议题的辩论和上演提供场所（Jovchelovitch，2001）。但不同社群的公共空间并非完全一样，会呈现不同的形式；理解社群创造的公共空间形式，对于理解社群本身来说，是一个重要的诊断工具。

我将首先回顾阿伦特和哈贝马斯提出的有关公共空间的观点，由此展开对公共空间的社会心理学的讨论。我将从完全忠于两位理论家的本意的角度讨论此概念，探索其社会心理维度，并提供一种超越哈贝马斯的严格定义的解释。哈贝马斯将公共空间的起源限定在西方自由主义民主社会。下文将逐渐展现，我的定义借鉴了阿伦特相关讨论的重要面向，而无论是阿伦特还是我都吸收也排除了哈贝马斯相关论述的某些方面。我们都采用并详细阐述了视角和多元性这两个相互关联的概念。此两者都内在于社群经验，作为制造了公共空间的因素而被强调。对导致社群多元性的多元视角的不同处理和反应方式，形塑了社群公共空间的本质，并在很大程度上决定了社群经验如何为个体成员所体验，以及社群如何生产知识。

视角与多元性

在《人的条件》一书中，汉娜·阿伦特构建了一个公共生活理论，该理论与多元性有根本性联系，也与“人，而不是某个人，生活在地球上，居于世间这一事实”（Arendt，1958：7）有根本性联系。她的论述将多元 *85* 性这一人的条件设立为公共领域的基础，并引入了通过人类独有的作为生活基础的言说和行动弥合不同视角的观点。人类行动具有在公众之中、在由众多个体故事的多元线索构成的空间中，面对并处理视角的差异、构建共享理解并全面发展协调行动的潜能。

阿伦特认为，公共（public）一词意味着两个相互关联但不完全一样的现象（Arendt，1958）。首先，该词意味着，出现在公众视野里的所有事物都能为所有人所见、所闻。其次，公共意味着属于所有人的共同世界与居于其中的私人空间相区分。阿伦特认为，公共领域的首要意义与我们的感觉和现实感相关。这一观点具有深刻的反笛卡尔主义意涵，因为其将见我所见、闻我所闻的他人的在场，视为理解世界的现实和我们自己的现实的条件。公共领域的第二重意义与分享相关，与辨识人与人之间的联结点相关，这些联结点具有普适性，但又不与任何特定个体的私人联结重合。公共空间超越每个个体的私人领域，是所有个体共享的空间。

但共享一个空间，以及通过社会陪伴将每个人凝聚在一起，并不是人类与其他动物之间的区别。仅共享这一点并不足以被视为人的一个根本条件。与他人一起生活，并不足以使人成为人。实际上，与他人共同生活反而是迫于生活的生物循环压力而出现的人的必需。这一生活的生物循环包括我们与其他物种共享的所有方面：吃、睡、繁殖等。以人的方式生活在人群里预设了脱离单纯的需求域去建构不同的领域，即公共社会领域的能力。在此领域，人们可以实现言说和行动的能力。

至此能看到，言说和行动的条件正是人的多元性。人的多元性指平等与区别，或曰共同性与差异性。因为人与人不同（但又一样），行动和言说成为必需；如果我们一模一样，就没有沟通和对变化的共同性施加影响的必要了；如果我们没有任何共通之处，言说过程就失去了其基础，行动也就没有必要了。因此，使每个个人的生活与众不同、独一无二的是由公开的行动和言论所建构的共同生活的纽带。阿伦特写道："我们以语言和行动将自身嵌入人类世界，这种嵌入行动如同第二次生命的开始，我们确认并接受我们原初是躯体外形这一赤裸裸的事实。"（Arendt，1958：176－177）行动是开始，是主动开展新的实践；一定程度上，"这种令人惊诧的
86 非预期性内在于所有的开始和起源"。阿伦特认为，行动者总是在行动中自我袒露，"人在行动与言说中表现自我，积极展现独特的个人认同"（Arendt，1958：179）。

在多元性这一人的条件中能发现公共领域的最根本性意义。阿伦特的哲学将多元的经验以及不同视角的多元层次认定为秉持独特个人认同、能行动和言说的主动的个体行动者自我袒露的必要条件。因为构成公共空间多元性的人类关系网是由不同主动行为者个人独特的视角汇集编织而成的，所以沟通行动，无论是语言的还是行为的，在其中都起着最主要的中介作用。通过沟通行动，社群的公共空间能在故事、纪念碑、叙事和人工制品中得到客体化；而故事、纪念碑、叙事和人工制品能经受住时间的自然破坏，并且将先辈、同辈和后继者联结在"我们关系"（we-relation）之中（Schutz，1967b）。这是公共生活的会面场所，不仅为发现当下的公共忧虑提供了条件，也为辨识当下与过去的关联，以及对未来的期许提供了条件。如果人们都被隔离在自己的私人空间中，那么无论是历史还是政治生活都根本不可能出现。

我们能在阿伦特的公共生活理论中发现与米德的社会心理学相对应的

哲学观点（G. H. Mead，1934）。米德的理论提出，沟通行动是心智的根源，是理解人类生活的基本分析单位。沟通是与他人相遇，承认他人的视角，考虑他人的处境，并随时准备设身处地地换位思考的过程。这一过程不是为了揭示视角间的差异，而是通过创造性的对话行动链，连接、联系并生产米德所说的社群的泛化他人（the generalised other）、表现认同的共享理解，以及群体的文化和生活方式。可以说，泛化他人客体化对话行动链，而对话行动链则是社群形成的基础，构成了公共空间。这一概念表现了形塑社群公共生活的规范、实践和规则。内化和使用泛化他人视角的能力，对于个体化和社会化发展过程来说必不可少。通过与泛化他人建立互惠的关系，个体在人类社群中扎根，在自己所隶属并获得识别与被识别的意义框架的社群的发展轨迹和个体自身的发展轨迹之间建立联系。

阿伦特的公共生活理论所具有的规范性力量使我们能在其框架之中反思当代社群生活的形式。诸如多元性、行动、言说、多样性、围绕普遍关注议题的对话和共识这些概念，在社群情境中前所未有地得到凸显，成为社群的社会心理学的基本议题。所有这些概念源于公共空间，同时又保持 *87*
着与心理生活的基本相关性。实际上，此类范畴本身就是社会与心理的辩证综合。

对话与论证

如果说视角与多元性问题是阿伦特公共空间理论的核心，那么哈贝马斯强调的就是，对话和论证作为**过程**是如何影响视角和多元性的。承认多元性和视角是公共生活的基础产生了一个问题，即对内嵌于这些基础的差异性的处理。如果社群成员要建构内聚性、要行动协调一致，就需要处理差异性的看法与视角。哈贝马斯对此问题的讨论具有开创性的深远影响。他开拓性的著作《公共空间的结构转型：论资产阶级社会的类型》（*The Structural Transformation of the Public Sphere*：*An Inquiry into a Category of Bourgeois Society*）已成经典，并仍是此领域的主要参考书。围绕该问题的争论开始于20世纪90年代初，其时，当代公共领域的限制与可能问题在社会科学研究中变得突出。虽然该书主要被视为对资产阶级公共领域的历史社会学研究，但本书无疑也是社会心理学研究，确切而尖锐地描述了新兴社会阶级的主体性与心理转型。这一新兴社会阶级力图在社会中谋取一席之地，并全面改变欧洲各国的社会图景。深究哈贝马斯的公共生活理论其实还能发现另一个理论，这一理论关涉沟通和自我-他者的可能对话，关涉视角、互惠和社会生活中的角色扮演，关涉合理化、合法化相对于对话者的位置。在哈贝马斯的历史解释背后，有一个关于对话和责任的原则的规范性建议，这些原则极大程度上依赖于自我-他者关系的社会心理学。相关问题在沟通行动理论中又被进一步讨论，极好地反映了哈贝马斯从独白式的意识哲学转向沟通范式建构的尝试。实际上，脱离他的沟通行动理论，就无法理解他的公共空间理论。

大体而言，资产阶级公共空间是一种现象，源于欧洲 17、18 世纪时期资本主义与国家之间的关系。资产阶级的公共空间被定义为聚集在一起形成一个公众群体，或谈论公共关注的问题的“私人个体”（private persons）集群，以及所有人都能进入的公民会面与交谈的场所。促使这一投入批判性政治讨论的新公众成形的元素，于现代资本主义发轫之始发展，并在政
88 治权力的制度性安排中发生变化。由在市场中自由碰面的商品私人拥有者提供的经济独立性，在咖啡厅、沙龙和酒馆盛行的公共讨论，独立出版社的产生，由信件与小说培养的批判性思考，是促使公共空间形成的一些主要因素。哈贝马斯发现，法国的沙龙、德国的圆桌社团与英国的咖啡馆，在 17 和 18 世纪之交蔚然成风。在 18 世纪第一个十年结束之前，仅伦敦就有 3 000 家咖啡馆，每家咖啡馆都有固定客源。这种社会环境就是安德森（Anderson，1991）所说的创造了欧洲民族国家的想象的共同体。他指出，资本主义的兴起、印刷术的发展以及语言的多元化，一起造就了一个“虚拟读者社群”（virtual community of readers），这些人不能看见彼此，但能通过阅读想象彼此。

这一新的读者群带来了两个创新，即责任原则和论辩性对话，它们改变了政治参与和国家与社会的关系。通过论辩性对话或理性谈话，这一新公众利用公共关注促使国家为社会负责，寻求以调节国家与社会关系为目的的政治参与。责任（accountability）首先意味着，有关国家行动的信息

须由公众审视，须经公共讨论；也意味着，通过诸如法律保障的自由言论、自由出版和集会自由等制度渠道，社会的一般性利益被转移至国家的代理人那里。在此情境下，媒体的发展与转型就成为巩固公共领域的重要因素。识字率的提升与新闻行业的兴起，使文化圈内开始出现激烈的论辩，此两者很快就让位给了全面发展的出版业。公共空间由此包含了制度性机制，这些机制通过迫使国家对公民负责，力图使政治生活理性化。与此同时，论辩性对话变成了公共领域的核心过程，而论辩性对话由一些理想特征所指导：

1. 公共论辩必须对所有人公开、开放。
2. 讨论的议题必须是公众关注的议题，不允许讨论单纯的私人利益攸关议题。
3. 地位不平等需放置一旁。
4. 参与人应被视为是平等的。

公共对话的结果会成为合意，被视为经由对公共生活的自由论辩达成的共识。公共领域及其理想原则生产了一个社会空间。在此，论辩与理性
对话是解决视角差异的切入点；是否认可参与者依据的是言说的质量，而 *89*
非与社会地位相对应的权威和财富。因而，以论辩与理智引导公共辩论是自由主义公共空间模型的另一项实质性创新之处。由此，社会作为一个整体，可创造自己的知识。

❖ 对公共空间的批判

哈贝马斯的公共空间理论受到了广泛批判，原因主要在于该理论浓厚的理想主义色彩（Landes，1988；Fraser，1990；Eley，1992；Thompson，1995）。批判的核心是，资产阶级公共空间从来不具有那些理想化特征，其深具乌托邦性质的政治潜力从未完全实现。虽然可及性（accessibility）与公共性（publicity）是公共空间的根本原则，但公共空间实际上有赖于一系列重要的排斥（exclusions），其中最重要的是性别与阶级排斥。另外，

也有学者批评，哈贝马斯未能承认并检视自由主义资产阶级公共空间形成时期存在的其他类型的公共行动。弗雷泽（Fraser，1990）曾指出，存在多元的公共领域，与资产阶级公共空间形成竞争关系；这些不同类型的公共领域总是相互冲突。

哈贝马斯（Habermas，1992）在对这些批评进行深刻思考之后，坦然承认他早期思想的缺陷。但无论是哈贝马斯还是批评他的很多理论家都不会否认，公共领域作为具有指导意义的规范性概念具有重要意义。显然，有关公共空间的那些假设从未完全实现，但仅仅依靠对现实的描述性理论是十分危险的。未实现的原则未必是不能实现的原则，规范性理想的重要性正在于其引导和规制行动与历史变迁的功能。公共空间的理想原则虽然从未实现，但具有必须保留的乌托邦式潜能。时至今日，我们仍在努力维护与更新当代的公共空间。因此，公共空间仍是一个范式观念，可用以思考社群生活的本质、对话的公共空间的限制性与可能性，以及建立激进民主的政治工程（Calhoun，1992）。

哈贝马斯的公共空间概念作为规范性理想，其原则很重要，应予以重视，但认识到有些公共空间不符合这些原则也很重要。对于其他类型的公共空间也需予以承认。只依据哈贝马斯提议的那些基本未实现的原则去判断是不是公共空间是不准确的。比如，可以想想传统社会的市场，或者诸如嘉年华和其他类型的宗教庆典等的仪式化典礼。如前文所议，只要这些
90 空间是社群所有成员共享的，与社群共同生活相关的议题能在此讨论，那它们就是公共空间。它们会催生并凸显社群共同生活，并充当社群成员卷入和参与共同生活的场所。组织对此空间的分享以及身在其中的人们的位置所遵循的原则，并不限于自由主义公共空间模型所倡导的那些原则，但这并不减损空间的公共性。它们只是不同于西方主流的自由主义模型。

对西方和非西方社会的公共空间进行比较显示，需要考虑几点重要的差别：法律的非个人性（impersonality）和原则的普适性在公共空间能被更好地接受、实行，因为公共空间的显著特点之一是其相对不受个人问题和亲属关系的纷扰。在西方自由主义公共空间，沟通模式较少等级化，知识

的生产与流通较少依附于权威来源。但无视传统社会的公共空间是极其轻率的，因为这些社会的公共空间充斥着情绪性关系与个人关系，其规则与程序为传统权威所引导。需要承认西方和非西方的公共空间之间存在差异，并认可这些差异本身。基于某一特定的因此也是理想的公共生活模型构建公共空间理论并不可取。我们需要的是一个能将不同人类社群所构建的多元公众类型纳入其中的、更兼容并包的理论。这样的理论也需对社会心理与社群文化足够敏感。

任何公共空间都无法逃离其社会心理。社会、历史和经济过程与主观维度相互交织，社群心理对公共空间的构成与诞生也同样重要。理解社群是如何构建关于自身和世界的表征、自己的沟通模式，以及支配其内外关系的仪式与实践的，对于任何公共生活理论来说都是必要的。此种理论也会巩固社会对于知识生产的理解，因为其提供了关于公共空间转型与社会知识转型之间的联系的宝贵洞识，而如第二章所指出的，该问题自社会表征论诞生伊始就是该理论的核心关注点。理解与社会情境相关的知识转型是社会表征论的另外一面。实际上，社会表征本身就是知识形式，依赖于特定类型的公共空间，又反过来形塑与巩固此空间。下文将讨论这一问题。

❖ 知识与公共空间

莫斯科维奇把集体表征这一社会学概念转换成社会表征这一社会心理
学概念之时，也提供了可以捕捉社群生产的符号知识如何随公共领域中更 91
宏大的变革而变化的工具。他发现，在当代公共领域中，表征饱受争议并接受监督，表征有不同的权威来源，需要以论辩作为其合法性根源。仅诉诸某些被认可的权威中心来维持知识是不可能的，因为社会领域存在新的争议形式。比如，积极的少数人挑战相对同质性的主导性观点，由此引发大量创新。很大程度上，莫斯科维奇的积极的少数人理论，与他的社会表征论有深层的关联。但从集体表征到社会表征的转变，暴露了莫斯科维奇的一个更深层的忧虑。这一忧虑可见于他对涂尔干和韦伯的思想，以及他们的思想背后所隐含的社会心理学的雄辩分析；不仅在社会表征论的核心内，而且在他所有的文本中，都能发现其踪迹，即对社会创新，或者说对如何打破并改变事物秩序的忧虑。正是这种忧虑使莫斯科维奇转向韦伯的研究。社会表征论对韦伯思想的借鉴与对涂尔干思想的借鉴在程度上不相上下。虽然评论家认为社会表征论的灵感来源是涂尔干，但韦伯对莫斯科维奇的社会心理学的影响同样深远。可以说，在涂尔干和韦伯思想的对比之中，在涂尔干完美的社会依从理论与韦伯的创新和少数人理论的争斗中，社会表征论应运而生（Moscovici，1993）。实际上，促使莫斯科维奇将集体表征转变为社会表征的那些议题，正是韦伯的社会学所讨论的问题：创新、个体的重要性，以及积极的少数人能引发的对公共空间的形状与本质的变革。

集体表征：公共领域的依从与传统

涂尔干的所有著作都有一个核心议题，即对社会整合的分析。将社群凝聚在一起的是什么，社会团结又是什么？集体表征的概念应对的正是这一问题。集体表征变成了一个生成性概念，能用以了解知识在社群形成中的作用。如本章的前面部分所述，集体表征属于一系列指向社群所持有的习以为常的、被视为理所当然的、同质性的共享信念、情感与观点的概念。集体表征被涂尔干认定为社群的“集体意识”，与劳动分工一起作为社会团结的来源。对社会演化过程中变化的社会团结进行分析意味着，需要理解集体表征和劳动分工的变化。涂尔干的集体表征概念有一些值得思
92 考的特征，尤其是因为这些特征阐明了集体表征如何同莫斯科维奇的社会表征概念既有重合又有所区别。这些特征也清楚显示了集体表征与其所处的社群的公共空间之间的关联。

集体表征可以被定义为社群共享的、同质性的思考与行动的框架。它们构成个体所执行或持有但又无力控制的思维、情绪、仪式与习俗。集体表征被涂尔干视为社会事实，对个体而言是一种有强制力的外部力量；它们固着于社会制度的思想与仪式之中，抵制变化与社会审查。集体表征存在于传统、权威和制度中，也借此传世。而传统、权威和制度作为合法性

的中心，规定了已知与未知、可接受与不可接受、社群的本质、社群弃儿与异己。集体表征通过规定社会纽带以及共同性的社群空间，保证内聚性与同质性。它们防止社群受到内部与外部差异的侵害，为保护和维持认同和生活方式提供资源。在所有整合和保护整体、防止其碎片化和分化的力量与机制中，可能确实没有其他现象像集体表征一样有力量。集体表征是知识、情绪和行动的社会体系，不受质疑，并为所有社群成员所共享。在此，集体表征和公共空间的依从之间的关联一目了然。集体表征形塑着公共空间，反过来也被公共空间所形塑。在公共空间中，传统权力和社会纽带的情绪成分占主导地位，人们很难提出异议和代替性的观点。地位的极端不平等，组织并规制观点和世界观的展现，一小撮神圣的人的权威规定了他人是否能获取知识以及哪些世界观具有合法性。对话者之间的森严等级，决定着知识的传播和扩散。

在这种传统公共空间类型中，集体表征以一种人人共享的日常知识的形式出现，发挥全面凝聚的力量：它们在参与者严重不对等的条件下被生产出来；它们与仪式紧密关联并严重依赖仪式；而使它们发生变化的条件则微乎其微。集体表征是一种抵制经验、论辩和逻辑证据的知识，很大程度上依赖社会纽带及其主观价值，虽然不仅仅有赖于此。它们具有涂尔干社会事实意义上的力量，发挥社会整合和社会再生产的功能，保证共享集体表征的人们能紧密团结在一起。在此，社会知识被社群建构成集体表征的形式，与此同时又在所有的意义上，为群体成员建构了所有的现实。形塑并限定一切的是社会世界，而有着独特等级的社群则是权 93
威的根本来源。在此类社群中，社会纽带，以及由此衍生的忠诚与服从感，比实际发生的要重要，几乎没有个体差异存在的空间。由此，我们可以理解，为何涂尔干会因为视社会为同质性统一体的倾向而受到批判（Giddens，1971；Moscovici，1988）。他的社会概念过度整体化（over-totalising），本质上具有明显的幽闭特征。他的社会学可以说缺乏这样一种社会观，即社会可概念化为一个系统，处于其中的不同群体之间存在张力与冲突（Giddens，1978）。

至此可明显看出，对于表征以及与之相对应的公共空间的此种注解，已经再无力反映当今大部分社群的复杂性了。虽然假设集体表征和传统社群已在当代视野消失显然是错误的，但不可否认的是，当下，仅仅依赖本土集体表征而生活的社群寥寥无几。我们知道目前仍有几个亚马孙原始部落与世隔绝；但这只是极个别例外。当今世界，新的沟通和交流模式已赋予了知识生产以新的意义，并重塑了社群理解自身与整个世界的方式。如本章前文指出的，全球化动力重新定义了人类社群相互交流的本质，改变了变革以及从遥远的他处引进新事物、新思想的速度。在此背景下，传统无法固若金汤，而会被审视、修改或激烈地争论。也正是在此过程中，传统丧失了其不可动摇、无可指责的原初形式。这被称为去传统化（Beck et al.，1994；Heelas et al.，1996），是一个迫使社群的公共空间向争议、论辩和辩论敞开的过程。在这种去传统化的公共空间中，集体表征无法保持原封不动，而是会经历转型。它们会成为众多知识类型中的一种。

社会表征：公共空间的创新与去传统化

如第二章所述，在阐述社会表征概念时，莫斯科维奇批判性地继承了涂尔干的思想。在涂尔干那里，他了解到表征所具有的形塑环境的力量、表征之于社会行动者的外在强制力，以及表征作为社会事实的影响。但莫斯科维奇是通过皮亚杰开始了解涂尔干的，受皮亚杰的启发，他对社会心理学可能是什么样的做了这样的构想：社会心理学是关于发展和变化的科
94 学，而远不只是对固化环境的反应。因此，我们能在社会表征中发现传统与创新、依从与积极的少数人的反叛之间的斗争。他近期写道：

> 当新的科学知识侵入公共空间、社会的文化生活时，就会发生一场真正的类似德国政府与天主教会围绕教育与教职任命的文化战争（*Kulturkampf*），会出现系列的文化斗争、理智争议和不同思想类型之间的对立……在知识的转型过程中上演了一场戏剧，新的社会表征在此诞生。（Moscovici，2000a：229）

莫斯科维奇如同众多其他现代性理论家一样，细致关注着这出戏。这

出戏涉及传统的认识和行为模式的逝去，以及伴随新的认识和行为模式的出现而出现的痛苦与获得。这出戏预设了历时性的社会学过程，也同样预设了社会心理过程。社会是如何从传统主导的生活方式向日趋开放的现代社会沟通模式转变的？这出戏后来被冠以广为人知的“世界的祛魅”（disenchantment）之名，韦伯以此术语指称社群将自身从与上天，以及其下世间神圣的等级秩序的紧密纽带中松绑的过程。人类社群停止了仰望上苍（的确，帕斯卡尔曾有过以下著名的评论：上苍只以沉默回应的世界是如此枯燥无味），转而在自己的遗产与资源中，在自己沟通和行动的能力中，在社群每个成员机智多变、充满创意的特质中，找寻对自身需求和灵感的回应。

世界的祛魅这一工程有现代世界的完整配方，这是一个没有神话、对审查和人类理性日趋开放的世界。此工程特别适合做社会心理分析，因为祛魅具有微妙的双重含义：一方面，祛魅指魔力的消失；另一方面也指信仰、乌托邦和希望的丧失。祛魅是指不给超验的、具有治愈性的神秘力量留有余地，意味着失去等级制、权威和信念所带来的本体性安全。与这种失去对应的是自主性经验的产生，以及个体对自己做决定和实施行动的力量的觉知。

韦伯关于世界祛魅的观点无疑是悲观的，因为他在魔力的尽头看到的是随之而来的工具主义与官僚主义的高涨，以及一个无力在旧迷信消亡之后，代之以生活意义和统一的现代世界。但莫斯科维奇对韦伯的社会学解读有理论修补的意义。他在韦伯对现代化的解释中辨析出三个特征，此三
者也可作为社会表征的基础：创新问题、个体重要性和积极的少数人。此 95
外，他认定沟通过程是表征及表征变化的根源，由此社会表征论被植入沟通与对话的范式之中。在此，现代性被视为矛盾的过程，向乌托邦式的潜力敞开，而这种乌托邦式的潜力衍生自沟通、创新和个体动力所开创的可能性。

现在，这种补救性的现代性图景是哈贝马斯计划的核心，在他的沟通行动理论里有深入的讨论。哈贝马斯也关注发生在传统与创新和社会团结的变化之间的戏剧。如果传统和集体表征不再像从前那样，能保证社会团

结或者说社群，那么社会团结或者说社群是否会消失？又或者，我们能否找到其他的社会团结动力？与韦伯相反，哈贝马斯竭力展现沟通可以成为社会团结的来源。在一个默认的知识和规则变得需要接受审查，并可以接受质疑的世界中，社会行动者在尝试理解时，会建构内嵌于言语行动结构的对话桥梁。理论上，哈贝马斯的理智进程和莫斯科维奇将集体表征概念转化为社会表征概念的过程惊人地相似：他从米德和涂尔干出发，视两者为沟通转折（a communicative turn）的先驱；对于米德的“泛化他人”被批评为起源不明，哈贝马斯进行了反驳，提出集体意识/集体表征正是其来源。换言之，泛化他人现象的根源，就是作为社群集体认同古老核心的集体表征。

但集体表征已发生变化，因此现代社群的泛化他人也经历了转型。哈贝马斯将此转型称为“生活世界的语言化”（linguistification of the life-world），这是一个相当晦涩的术语，也可能是因为英语翻译无法完全表达出德文原义。虽然术语本身不免晦涩，但其所指代的过程广为人知：生活世界的语言化与韦伯的世界的祛魅并无实质性区别，即是一个从宗教符号主义与神圣仪式逐渐转向沟通实践的过程，而沟通实践则确立了对话和对正当性宣称的批判的规范性地位。换言之，社群不再毫无疑问地接受社会秩序，继而通过神圣仪式再生产这些秩序，转向依托以公共空间的平等原则为支撑的对话性沟通。哈贝马斯与韦伯的不同之处在于：他强调沟通与语言在世界的祛魅过程中的生成性功能；生活世界的语言化并不仅仅有丧失和官僚化，还包含弥补性的沟通过程。他在语言行动的结构中发现了学习过程，这一过程使得社群对传统生活世界世代相传的规则和规范的依赖
96 日趋下降。原因在于对话各方需自我解释，并对彼此负责，确保沟通过程中重要的是论点而非权威。论点反过来意味着对言论的检视与质疑；论点拓展了解读空间，增加了合理化的必要。个体自主性空间与个体认同的分化，随着传统生活世界先在影响的降低而增长。

因此，我们在世界的祛魅和生活世界的语言化中看到了更宏大的情境转型。随着转型所带来的社群日常生活的变化，沟通过程与社群中流通的表征体系也发生了改变。几乎没有任何社群能在这一宏大转型中独善其

身，维持涂尔干意义上的那种传统社群的性质。如今，去传统化公共空间的原则渗透在大部分社群中。理想上或者是原则上，在此类公共空间中，社群成员以平等身份会面，在平等的条件下讨论并做决定，所有人都能自由进入该空间；程序是透明的，一项提议的合法性及由此衍生的权威性由论点与对话所确定。社会表征作为一种社会知识，源于社会群体的流动性与多元性，以及来自不同传统的多个会面者对反思性的妥协，因此在去传统化的公共空间中会取代集体表征。在去传统化的社会中，表征变得具有社会性，因为社群现在必须应对生活视域的多元现实，并找寻新的符号策略对其进行解读。多数社群已从无疑义的历史秩序中逃离，对先在事物秩序的信仰在逐渐衰退，或者至少是失去了部分的权威性。权威的声音自身都开始去中心化，变得多元化，或者转而基于不同的观点，又或者像大部分西方工业化社会那样仅基于自身（Jovchelovitch and Gervais，1999；Wagner et al.，1999，2000）。在这些社群里，意义以一种超越长久以来传统所施加的束缚的方式，被获取、维持并改造。如今，流通于社群的多元世界观，更新了表征系统的符号内容，使得多元性表达及其引发的现象成为焦点。由此可清楚看到，社会表征既是共享的、共意性的，也是冲突的、未解决的符码。

此点在社会表征论中尤为重要性。莫斯科维奇弃“集体”而取“社会”是考虑到多元性问题，以及沟通在现代社会中重获的重要地位。身处现代社会，世界观与实践被争论与协商，而同质性、无异议的单一世界观几无生存空间。他在1988年写道：

> 看来，从任何角度来说，认为表征是同质性的，并为整个社会所共享都是异常的。抛弃集体一词的原因是，我们希望强调表征的多样
> 性，以及表征在同一群体中的多样态。……实际上，我们所构想的是 97
> 一种一直处于生成状态的（in the making）表征，这种表征存在于自身也一直处于生成状态的相互关系和行动的情境之中。（Moscovici，1988：219）

在《精神分析：其意象及其大众》一书出版约25年后，莫斯科维奇

重新回到了他原初的锐利观察。这一观察之所以成为可能，是因为它是建立在他于 20 世纪 70 年代所建构的积极的少数人理论，以及 80 年代对涂尔干和韦伯的精彩研究基础之上的。由此，我们回到将莫斯科维奇不同时期的研究串联在一起的那条线索，即社群如何变化，以及这种变化又是如何被整合进支撑我们的关系和生活的社会表征之中的。

第四章 知识的形式和功能

知识何以成知识？柏拉图在《泰阿泰德篇》中讨论过此问题。在这一对话集中，苏格拉底运用他的“助产术”(midwifery)①，向泰阿泰德追问并挖掘知识的本质特征。虽然柏拉图在对话中极清楚地展现了自己寻求知识、建构他的认识论所使用的方法，即产科学（maieutics），但他从未给知识做过完整的定义。关于自己的无知，苏格拉底说过这样的名言：我不拥有我所追寻的东西，“我无智慧”(I myself am barren of wisdom)。当我们挣扎于知识到底该如何定义，谁又心安理得地宣称自己拥有知识的时候，会发现苏格拉底的观点仍有时代共鸣。从柏拉图至笛卡尔，知识何以成知识的问题仍困扰我们，未有定论。如同哈贝马斯在《知识与人类旨趣》开篇所言：

> 假如我们把现代哲学讨论假象为一场法律听证会，那么这场听证会决定的就只有一个问题，即可靠的知识（*Erkenntnis*）何以可能。知

---

① 从希腊文 *maieutiké* 而来，指助产士的技艺，帮助生育的技艺。助产术是苏格拉底教授知识和追寻知识的方法。这一方法基于老师与学生的对话，在《泰阿泰德篇》中表现得淋漓尽致。也是在此书中，苏格拉底宣布自己并不具有知识，发表了如下著名宣言：

> 除了我是在男人而非女人身上施展，并且指导的是他们的心智而非身体的努力之外，我的助产术具备助产术的所有标准特征。而**我的**技术中最重要的一点是，我无法用所有可以想象的测检去测试年轻人的心智产物是幻觉和错误，还是可行并真实的。但我与助产士共享**这一**特征，即我自己并不具有智慧。

苏格拉底的助产术是精神分析治疗中治疗关系的基础，也是保罗·弗莱雷的对话教育学的基础。我将在第六章再述此点。

> 识理论或者说认识论这一术语直到19世纪才出现；但该术语回应的历史主题却是现代哲学，至少是直到18和19世纪之交现代哲学仍普遍关注的议题。(Habermas，1987：3)

哈贝马斯以法律寓言类比足以表明，此段历史争议颇多。但有一些主题长盛不衰，其中有一个主题对社会心理学而言具有重大意义，那就是对很多人来说，建构真知的秘诀似乎是，内在的认识结构逐级脱离赋予知识以实质与存在目的的主体、社群和文化。虽然我们知道这种逐渐脱离的过程并不是没有遭遇过反对意见，但是在我们与知识的关系中仍存在这样一个悖论：一方面是知识，客观的、理性的、认知性的知识；另一方面是生活，主观的、情绪性的、时不时是非理性的生活。

只有一种“真正的”知识的观点正是从这一悖论中脱胎而出的。这样
99 一种“真正的”知识的获得需要个体与社会经年的发展与学习，并屏蔽情感与亲密关系的干扰。在当代社会，这样一种“真正的”知识，一种能够描述和理解世界真实面貌的柏拉图/笛卡尔式的知识，会被认为是科学的特性，并通常与日常生活情境相脱离。如果你是一个家庭主妇、一个五岁的孩子，或者是一个居住在秘鲁安第斯山区乡村的农民，那么你有的大概只是常人信念、意识形态、神话或迷信，而不会有知识。本土知识的概念是个例外。这一概念最近才出现，用以指称社群和本地人的知识。但如同我后续所讨论的，为何这一概念还需要加上“本土”这一形容词？事实是，时至今日仍然只有科学才能宣称具有真知的权威性和影响力。

这种观点当然是有问题的。一旦我们开始将知识作为一种实践进行研究，剥离生活内容的“真正的”知识这种理想就会轰然崩塌。诸如动机、情绪、无意识情感以及社会利益等通常被视为造成知识缺陷的因素，就会无法避免地侵入知识实践，并显示，在追寻客观性的背后，还有与主观世界、互主世界和文化世界相关的其他意义层。这些意义层并不是病态的或是系统中的杂音，实际上反而是日常现象，需要被看作是知识形成所不可或缺的部分去理解与分析。知识与生活的分割经不起知识实践的实证检验，用列维-布留尔恰如其分的话形容，仍是一种可望而不可即（desideratum），而非事实。

在本章中，我致力于发展一个框架，用以理解社会生活中知识的不同形式与功能，以此反驳知识与生活的分离。我的出发点是：知识是一种多元可塑的现象；要想理解其发生与变化，需与认识情境的社会心理学，以及由此导致的表征过程的多变性相联系。对表征形式的分析表明，表征结构有赖于互主与互客三角（自我-他者-客体），这一三角互动在社会生活中的实现赋予了社群表征以结构与形式。就其最基础的形式而言，互主与互客三角构成认识的情境；这些情境在各个拥有不同类型公共空间的社群中各不相同，会产生不同的表征过程。因此，知识情境的社会心理学在很大程度上能反映流通于社会生活的知识的多样形式。

虽然自我-他者-客体关系构成社会表征与社群的结构，但表征才是所有知识的结构。我们的现实没有通往知识的平坦直道——必须经由表征与语言沟通。表征、语言与沟通是获得知识的唯一途径。知识体系的表征资源、语言资源和沟通资源之间具有内在联系，并相互交织。这表明，无论
个体如何努力，认识行动都无法完全脱离其人类根源。我们关于世界的知 100
识取决于表征过程；作为连接主体世界与客体世界的调节结构，表征过程深刻影响着知识的结构。在此意义上，知识既非世界的拓本，也非世界本身，而只是存在于世界之中。知识体系是关于世界的提案，实际上就是表征。如果我们想要理解其在社会生活中的复杂性与多变性，就需要理解和解剖其建构过程。

探索知识体系的多变性并将知识体系定义为关于世界的提案并不必然意味着，所有认识形式是同等的，或者是无法欣赏知识体系之间的差异，以及各知识体系反映客体世界的能力。我要再次申明，将情境带回知识的研究并叩问其与人、社群和文化之间的关系并不与散漫的相对主义同义。在后者那里，所有的知识体系都被接受、都重要。我在此提议：为了理解在我们看来貌似“唯一的理想型”的知识只是众多知识类型中的一种这个观点，我们需要积极承认知识体系的多元性。通过辨析不同的人与社群在不同的情况下所采用的认识方式，以及不同的人与社群对发现自身的心理、社会与文化环境的依赖方式，我在此建议视角的去中心化。这当然并不妨碍对不同知识体系持有批判的能力，批判使得比较成为可能，由此有

希望产生建设性的对话，改变并拓展认识体系的边界。对多元性的承认并不意味着盲目接受所有知识体系，但确实暗含一种承认他者并与他人的提议进行对话的伦理承诺，即便最终无法接受他人的提议。

为了回答这些问题，我将从表征过程的不同维度入手，即表征“谁”（who）、“如何”（how）表征、“为何”（why）表征、表征“什么”（what）以及表征“何为”（what for），由此开始探讨认识情境的社会心理学。我将深入讨论这些维度，将这些维度回置于表征系统的三维结构——主体性、关联性与客体性之中。接着，我将讨论知识体系在社会生活中所行使的不同功能，即表征“何为”，探寻认同、社会记忆、社群、未来的创造/设想以及意识形态。而后，我会进一步阐述集体社会心理学和社会表征，将表征的上述不同表现形式与不同的认识形式相联系。以上谈论皆是为了阐明知识形式的变化问题，主要方式包括：（1）使用情境社会心理学的分析范畴确定认识的不同形式；（2）通过分析其表征目的，或者说回答“这种知识类型想要表征什么”的问题，讨论知识形式的目的。

101 ❖ 表征的维度：“谁”“如何”“为何”“什么”以及“何为”

为了讨论知识的不同形式与功能，我们先讨论认识情境的社会心理学，及其是如何与表征的不同形态相联系的。在接受表征/再现形塑知识的观点的基础上，我们还应该超越这种宽泛的构想，并追问知识体系在何种特定的表征情境中被生产与维持。为此，我们需要一个框架，以解释表征/再现实际上是如何在社会生活中实现的，换言之，自我-他者-客体关系的何种特殊结构导致了不同表征过程的出现。自我-他者-客体关系并不总是一样的，决定互动各方在与客体世界互动时如何接受他人观点的沟通类型也不总是一样的。需要考虑一系列议题，包括互动各方的地位和定位、他们的情绪纽带，以及他们是如何在对话中建立对称和不对称的。所有这些都是表征过程中的社会、情绪和沟通元素，建立了社群的社会心理特质的结构，并最终决定了知识体系的形式。如同在第三章中所指出的，这些也与社群的公共空间类型相关。

我借助罗米特维特在语言和沟通研究中提出的“互主性结构”概念来检视构成表征的自我-他者-客体关系的结构（Rommetveit，1974，1984）。罗米特维特清楚揭示，在言说的建议性内容之外还有一个社会心理维度：一个互主性结构。这一结构最终决定言说在社会生活中的意义和形式。语言行动的外显、客观内容取决于对话者在特定的互动社会心理情境中使用的沟通策略。言说所沟通的不只是内容。言说有音高和语调的讲究，内嵌于固有的社会关系之中。身处这些社会关系之中，如果言说的是儿童、老师、父母或长者就有重要意义。罗米特维特的分析富有启发性地解释了微观层面的互主性关系是如何与宏观层面的语言结构相互交织的。他揭示，互主性与由互主性衍生的关系的特定形式构成了沟通与语言的结构。我们需剖析前者才能理解后者。他的分析尤其契合我此处的讨论目的，与表征是三维结构的理解相符。他还呼吁对表征的三个维度进行分析，与互动者情感纽带对应的情感或个体维度，与互动者地位与位置以及所建立的对话的本质相对应的互主维度，还有与客体世界建构相对应 102
的客体维度。

下文，我对表征过程及构成其基本架构的互主-互客三角的元素提出疑问，在此基础上所发展的框架则力图解释表征是如何在社会生活中得以实现的。这些问题围绕行动者、沟通实践、客体、表征的原因及功能，或者用我的话来说就是认识情境的“谁”“如何”“什么”“为何”和“何为”的问题。在此框架中，表征并非单纯的关于客体的内容，也非单纯的认知心理行动。表征是复杂丰富的社会心理过程，关涉社会行动者。这些社会行动者禀赋认同，拥有情绪生活（情绪生活切切实实是在表征行为中建构的），处于与他人的关系之中（这些关系的本质决定他们认识世界的内容以及方式），行事有自己的理由，并且据此行事时也践行了自己的行动目标。在此，表征是一种实践，意味着关系与沟通。由此，知识的核心印刻了与最初构成知识的关系与沟通结构一样的结构。在辨析认识情境的“谁”“如何”“为何”“什么”以及“何为”时，我们不仅能发现表征过程的动态成分，也能发现核心的社会心理范畴：认同和互主结构；沟通和实践；归因、合理化和功能。正是这种过程的多元性解释了为何知识具有多元性，过程的多元性也有助于我们理解知识体系背后所隐含的不同的“进行表征的渴望”。

认同与表征的“谁”的问题

表征谁，以及表征在与哪些重要他者的互动中产生的问题对于界定知识体系的可表征性条件至关重要。有关知识的“谁”的议题将我们带回认同问题，以及行动者在进行认识行动时表征自身与他人的过程（Jovchelovitch，1996；Duveen，2001b）。这不仅与个体和社会认同相关，也与主体在社会场域中的位置和地位有关。表征总是由与他人发生关联的人所建构（Jodelet，1989，1991），这一动态过程完全体现在表征的产物之中。每一个表征都与人和社群表征**自身**的努力相关。即便这种主体性的表征竭力淡化主体本身，也仍是如此，比如科学。表征将群体的认同、文化和历史联系在一起。它们将自身镌刻于社会记忆和叙事之中，形塑有助于群体成员再次确认其在人类空间中的位置的归属感。没有任何认识过程不
103 投射认识者的认同和计划。这种投射就构成了认识情境的关键社会心理维度。

正是在此意义上，我们能看到知识也在尝试表征拥有表征的人，并力图将之运用于实际生活中。理解某一知识体系到底有多渴望达成此目的，是辨析手头的知识到底是何种类型的知识的一个关键指标。一些知识体系严重依赖认识者的认同，其最渴求的目标是将这种认同投射于社会场域。在此情况下，主要的表征目的与认同相关，认识行动背后的欲求是对相关的人或社群进行表征。表征有时与表征者本身有更大的关系，而非被表征的客体。在这种情况下，表征“谁”优先于表征“什么”。

诸如神话和集体表征这些传统知识体系便是绝佳的例子。绝大多数时候，这些认识体系想要做的是通过认同之镜（lenses of identity）表征客体世界。如此，社群的认同才能得以投射、维系，并在表征过程的动态变化中被再次肯定。就这些情况而言，重要的是保证传统和“我们是谁”的知识能够延续；这是主观性力量主宰的逻辑。

相反，其他知识体系则极力悬置认识者的认同，竭力生产能够超越对情境及认识者主观性依赖的客观世界的表征。这种认识类型最明显的例子便是科学。科学的操作方法完全醉心于在认识过程中将认识者与知识分离，或者如巴什拉所言，挣脱人的最初的、即时的经验的影响（Bachelard，1938）。尽管一直失败，科学知识仍孜孜以去除主观性，虽然知识本身便源于主观性（Knorr-Cetina and Mulkay，1983；Latour，1987；Latour and Woolgar，1996）。虽然对科学的社会研究已令人信服地表明，科学家远非他们想要的（或装作的）那样是非激情的操作者，但他们仍有那样一种渴望，即为剥离会泄露主观性的认同而付出系统性的努力。在科学想要达成的理想与其真正达成的现实之间有一道明显的鸿沟。但无疑，为了让主观世界与客观世界更吻合，主体与客观世界之间的疏离化过程是科学事业的核心。

因此，通过分析行动者在表征过程中的位置，以及他们是如何进行表征的，能够比较并理解不同认识系统的肌理，以及在知识建构过程中主观维度的权重。这也表明，研究具有情绪维度的知识和认识者的认同并不必然取消知识体系的合法性。研究此两者，只不过是在展现知识的情绪维度和认识者的认同具有重要性的同时，让其在社会生活中发挥不同功能、达成不同目的。事实上，知识体系与情感和认同发生关联时，就通常发挥了 104
维持认同、促进整合、合作和文化再生产的功能。

沟通和表征的“如何”的问题

就像研究表征的“谁”的问题能加深我们理解知识体系到底要在社会生活中达成什么样的目的一样，探究表征的“如何”的问题有助于阐明行动者经由沟通与互动产生相关表征的不同方式。沟通与互动因此也即是表征过程的“如何”的问题；表征总是在沟通行动中产生，所以分析沟通是对表征的模式和知识体系的形式与功能进行界定的关键。在莫斯科维奇的原初构想中，研究社会表征就是探究不同的沟通策略是如何形塑有关精神分析的社会表征的；扩散、传播和宣传是他在研究表征结果时归纳出的沟通类型（Moscovici，1961，1976b）。可以说没有沟通就没有表征，表征过程是沟通的一项成就。将表征行动认定为研究表征形式的关键分析单位是连接知识与情境，并解释其社会心理基础的一个重要理论步骤。与此同时，对在表征的生成三角中发挥协调作用的沟通所进行的分析已清楚表明，认识具有可塑性，并依从于互动过程。

与表征的“如何”的问题相关的议题已经被关注知识体系之间差异的人类学家、社会学家和心理学家细致讨论过。如前所述，此问题建立在对“原始与文明”“成人与儿童”“个体与群体”“理智与癫狂”的研究的基础之上，这些不同的学科在20世纪初曾对该问题持极其一致的看法。如今我们能看到上述这些比较常态化地成对出现，而这些比较想要回应的理论问题至今仍有重要意义，是我在本书中所发展的路径的核心，即沟通和互动类型能形塑特定的关于世界的想象和知识。因此，要想理解儿童所建构的知识的形态和发展轨迹，我们需要理解儿童的地位，以及儿童分别与同辈和成人进行沟通与互动的模式（Doise et al.，1975；Preet-Clermont，1980；Doise and Mugny，1984；Piaget，1995a）。同样，我们是否能在癫狂的病原中确定一种特定的互动和沟通类型呢？弗洛伊德认为是可以的。那么，到底是什么样的互主性结构存在于群体之中，使群体成为知识生产的独一无二的场所（即便其生产的是所谓的“非理性的”知识）？如同第二
105 章所指出的，在研究这些范例性案例时，社会科学家认为他们可以阐明，知识体系、其背后的表征类型，以及产生表征的特定的自我-他者关系是相互交织的。人与人之间如何交谈，在何种情境中交谈，又具有何种效力？对话是对称的还是非对称的，是轮流发言、涉及对不同视角的认可还是某一种声音压倒了另一种？从对话的相互性到非对称性，从日常生活环境中面对面的沟通到宏大的沟通系统，从社会限制到社会合作，从宣传到说服与扩散，不同的沟通风格形塑着表征的结果和知识体系的形式。

对于沟通和社会互动形塑表征这一观点虽仍有些许疑虑，但相关讨论中真正的问题其实是，不同的社会互动类型是如何导致不同的表征结果的。什么样的社会互动才能产生那种能作为科学之基础的表征？而什么样的社会互动又能产生作为信念之基础的表征？皮亚杰曾详尽地讨论过两种

极端的社会互动类型，即社会限制与社会合作对于知识形成的影响。后续，杜维恩与其合作者对此议题有过系统的探讨，他们开展了多元的研究，从教室的结构化如何形塑儿童的课程知识，到儿童之间、成人与儿童之间的特定互动与沟通模式是如何规制童年时期的学习与知识生产的（Duveen，1997，2002a，2002b；Leman，1998，2002；Leman and Duveen，1999；Ivinson and Duveen，2005；Psaltis and Duveen，即版）。皮亚杰对这两种互动类型的分析将创造性知识的起源和自主人格的起源追溯至合作关系的建立，而合作关系的建立则是基于视角的互惠和可逆性的逐渐建构。换言之，儿童认识到，跟自己对话的人是一个独立的人；在互动过程中，规则与义务互惠性是作用于互动双方的，儿童只有在明白了这点之后才能真正开始进行认识。同样，只有当儿童认识到操作的可逆性，比方说，她有个兄弟，那么她的兄弟也就相应地有个姐妹时，她才开始理解所有事物的关系性本质，才能发展一种能摆脱模仿的限制的知识形式，以共创有待发现的世界。合作意味着对话中的相互性和视角的互惠性；而社会限制则意味着不对称、单向沟通和视角的强加，这可能与缺乏对他人位置的承认相关，也可能不相关。这就是皮亚杰为什么会雄辩地提出逻辑与理性本质上是社会的。

罗米特维特对自闭症患者和精神分裂症患者的思维的互主性结构有过详尽观察（Rommetveit，1974），研究结果是另一个能说明沟通和互动如何 106
形塑表征结果的例子，此点是马尔科娃和她的合作者在对话研究中所强调的（Marková and Foppa，1991；Marková et al.，1995）。罗米特维特的论点借鉴了家庭分析师的研究，比如贝特森（Gregory Bateson）和瓦茨拉维克（Paul Watzlawick），他们研究自闭症患者和精神分裂症患者的世界，并发现由模糊不清的互动所构成的社会性充斥在矛盾的我-你关系之中。他们将这些互动类型称为“双重约束”（double binds），其基本特征是同时给出相互矛盾并互斥的信息。围绕双重约束的互动的经典心理学例子是发生在母亲与孩子之间的互动，即在发出表达爱意的语言要求时没有辅以相应的身体姿势与面部表情。语言传递的信息是身体语言没有表现出来的。对话者，在此即孩子，进行反应注定会失败；假如孩子对其中的一种约束做出反应，就不能对另一种约束做出回应。这是一种否-否情境，让孩子毫无出路。这些互动塑造了对外部世界的可能设想，并解释了为何在此情况下，人与外部现实之间的联系会受损：从他者处得来的信息不能印证我的假设，反而让我困惑，使我对实际发生的每一步都心存疑虑。缺乏他人提供的本体安全感，有关自我的知识就会退缩至自己的世界，“他不再知道什么是真实的，因为互主性的基础似乎已四分五裂”（Rommetveit，1974：53）。

许对中医的不同认识形式进行了分析，这是另一个能说明知识的形式和内容如何与行动者在认识过程中与他人结成的关系直接相关的例子（Hsu，1999）。她辨析出至少三种不同的传播模式，即秘密的、个人的和程式化的，以此描述大师与医师及学徒之间的关系。每一种传播模式都各自产生了一套不同的行医实践和知识，这些共同构成了我们所熟知的中医。这些不同的模式表明，中医知识绝不是一个概念同质的领域，而是由不同的传播风格和模式组成，会随行医与教授的具体社会情境的变化而发生变化。她的研究强有力地证明，即使是在那些被认为是传统的知识体系中，也存在变化性和风格的多样性。

以上例子的共同之处是考虑到自我-他者对话中的对称性与非对称性，以及对称性与非对称性是如何引发不同的沟通模式，在互动过程中又是如何得到处理的。水平和垂直的沟通模式是思考自我-他者互动的典型形式。这样的锥形结构确实是经典的结构性隐喻，可用来类比非对称的、单向传播的知识的互主性情境。以非对称性为标志的沟通模式常被与社会限制，以及会引发知识“封闭”（closure）的表征模式相联系。信念、神话和意识形态虽然并不相同但都可归为此类知识。信仰体系会通过根
107 深蒂固的文化实践而得以传递，其可塑性极低，也几乎不容许有任何变化，并强烈排斥视角多元性会带来的变化。神话在经历时空变迁时，虽然允许有微小的变化（Blumenberg，1985），但其核心是保持不变的。神话源于自我-他者关系中的不对称性，后者又是从对社会纽带和忠于传统的承认中衍生而来的，这种承认决定了自我与他者之间的不平等地位，其基础可能是性别，可能是年龄，也可能是众口交赞的智慧，又或者是

其他。在此，非对称性并不必然与弄权、暴力或者统治相关，而是一种被社会纽带力量所认可的、合法化的不对称，一些社会行动者因此拥有支配他人的权威。这种不对称为所有行动者所内化，并转投于自我与他者之间的关系之中。

意识形态是另一种严重依赖对非对称性的系统性使用的知识形式。但在意识形态例子里，各对话者的权力的系统性不对称是被用来统治的，统治框定并决定了自我与他者之间的关系。汤普森在对意识形态这一概念进行重估时提出，意识形态研究关注意义与权力关系之间的联系，尤其是意义如何被用以建立并维持统治关系（Thompson，1990）。意识形态是一种将知识屈就压迫者视角的认识形式，经由某种为权力所系统性扭曲的沟通（错误沟通）风格（Habermas，1992），它会（通过超表征）用立法、掩饰、联合、具象化和碎片化这些策略，歪曲客观世界。意识形态叙事，比如"007"电影中的那些意识形态叙事，据艾柯分析它们是具有娱乐性的，与此同时还传递了对世界的一种确切解读；"007"电影世界的维系借助了一些演员相对于另一些演员的权力，而真实世界也是如此（Eco，1966）。"007"电影的意识形态本质有赖于这样一种叙事，即对歪曲的话语一再重复。其中有这样几个情节，邦德、M 夫人、坏人和女人遇见彼此、相互试探并挑战对方。这些情节发展都化解在几组简单的二元对立之中。邦德在消费和拯救女人的过程中被她诱惑。在面对坏人的挑战时他起初受挫，但总是以坏人被挫败而告终，而这个坏人总是逃脱了其政府的控制、口音阴沉而危险的外国人，并且有一群呆板的、随时待命的追随者。最后，世上所有正当建立的权力组织会联合起来，消除异议，恢复一种田园牧歌似的环境，在这恢复了秩序的世界里，邦德消费女人。虽然这些叙事可能很滑稽、很有娱乐性，但完全不似表面看来的那么清白无辜：它们表征了一些人对另一些人的权力，并借助意义使这样的状况固化。

在审视这些不同的可能性时，重要的是要明白，并非所有的不对称都关涉强迫和统治，真正对称的关系其实极少，在社会生活中很难找到。构 108
建水平的沟通模式通常是一种需要强烈决心的行动，要求悬置不对称。我们能在这种决心里再次发现一个议题，即对与我们不同的人的位置与视角予以承认的议题。在自我和他者的对话中的对称性与合作相关，互动各方均承认与之对话的他者的视角与位置。这种对称性会产生“打开”知识结构的表征类型，促使人们意识到差异性和替代性的存在。社会表征和科学就是这种类型的知识体系①；社会表征属于此类知识是因为，社会表征是一种由不同的认识类型构成的常识形式，这些不同的认识类型共存于多相性的表征场里，并且相互结合。科学属于此类知识是因为，科学能觉知到自身的缺陷，科学本身就是依靠质疑与印证建立其建议性的内容的。另外，沟通各方的对称意味着，对于世界并无单一的理解；如果互主性结构承认并考虑视角的多样性，那么这种多样性就会在所产生的知识中得到体现。

因此，互主性结构和其所涉及的沟通行动类型是认识情境的关键维度，对于理解表征是如何被形塑的至关重要。经由不同的沟通和互动风格，表征生产了不同的知识体系，自我与他者之间的沟通和互动便在这些知识形式中得以表现。对称性结构能打开知识体系，而非对称性结构则会使知识体系封闭，结构的对称与否决定了知识体系之于社会生活的内容与功能。

理智与表征的“为何”的问题

如前文所述，表征过程所表征的远不止客观世界。表征过程将包含主观和互主性维度的多效价结构投注于逻各斯/理性之中。在此意义上，表征的“为何”的问题所涉及的要远超认知功能领域，也包括符号功能及其围绕可表征性而衍生的所有其他方面：它代表了主体性与互主性逻辑；在此意义上，这一问题的答案就总是视无意识过程统治的动机与意图而定，

---

① 当然，社会表征并不只是对称现象；社会表征中充斥着非对称性，这些非对称性形塑了其形式，并决定了其内容。对于科学来说同样如此。但社会表征有被对称性关系所形塑的潜在可能，而这一可能性看来在表征的集体模式中比较少见。正如我后续所提出的，社会表征与集体表征两种模式都是理想型，不考虑形成表征场的两者之间的相互渗透就无法构思此两者。

也总是依据互动中各方的动态变化而变化。表征的“为何”的问题最终指向意义的理性，以及那意义中所投注①的渴望。此点我在第一章讨论到表征过程作为潜能空间时就曾提到过。表征的符号功能将知识向无意识逻辑以及与此相伴的凝缩与移置敞开。在此意义上，我们能讨论这样一种认识 109 驱力（epistemic drive）：认识的渴望是由个人的、情绪的逻辑所驱动的，这种逻辑在知识体系里可被依稀辨认。

让我们从这一角度来讨论一下科学，因为科学是一种通常被认为能够避免主观性的表征。对于愿望逻辑和无意识情感如何渗透于科学中理性的形成这一问题，巴什拉可能为我们提供了最好的概括（Bachelard，1938，1971，1987）。他揭示，认识结构的发展与科学的构建不能与构成心智生活并产生科学创造力的情感、记忆和生存性基础截然分离。在技术与科学进步背后的深层动机中，有一份有待书写的对于科学发现的精神分析：我们有想飞、想探索禁地的愿望，我们想拥有对自然，实际上是对创造人类生活的控制感与全能感，当然还有毁灭和摧毁的阴暗愿望，这些都是在科学研究中得到了升华的情绪，而得到升华的情绪不止这些。虽然我们通常是在其他的表征类型中发现情绪元素在表征过程占主导地位，但对科学表征更深入的分析表明，科学也无法对情感与无意识渴望免疫。科学利用升华机制，使情绪屈从于对一种较疏离的知识的需求，但科学并没有完全逃离情绪的影响。实际上，在科学成就的背后潜伏着人类的渴望与逻辑，而此两者也是科学理性应该研究与理解的。

即使是科学逻辑也透露出符号过程所具有的潜在逻辑性。而在神话的逻辑中，符号过程更是一目了然，并常以戏剧化的方式揭示，无意识语法是社群与个体出现的基本条件。神话是关于世界的认识体系，能够解释家庭、社群和民族、公司与组织，以及个体生命历程的起源、发展与特点。神话并不在意说的是什么，它是一种最终取决于意图的认识形式（Bar-

① 我使用的“投注”（invest）一词对应的是弗洛伊德的投注（*Besetzung*）概念。正如福思（Furth，1987）所指出的，这是弗洛伊德思想中将知识与驱力联系在一起的最为清晰的一个概念。此概念指的是通过表征的符号运作，驱力的心理能量被投注于客体的过程。

thes，1973）。关于神话的“为什么”的问题，即生产神话的原因，指向的是一个意义系统的生产，这个系统能唤起并传授最初生产神话的动机。由此，神话扭曲甚至完全无视外部世界的现实。而这种扭曲或者无视不仅无损其力量，反而成为其影响力的主要来源。作为知识的神话，其力量在于能够提供一种视角，供人们理解并维持人类社会中的那些不易为其他认识体系以一种舒适、笃定并放下想象力的方式所理解的维度。对于五岁的孩子来说，“大爆炸”理论或者是精子与卵子的相遇并不能很好地解释地球的起源或者更急迫的“我从哪里来”的问题。而神话、传说和传奇则能满足一些对准确性没有要求的领域。

110 因此，表征的符号功能容纳了那些使不同知识体系具有独特理性的潜在理由与逻辑。在努力利用符号赋予意义的过程中，表征本身就承载了复杂的意义化过程动力，也涵括了在人与客观世界之间进行居中调节的意义化过程的必然产物。比如在科学研究中，符号与客体保持一种谨慎的关系；又比如在神话与宗教传统中，符号在客体上投注了过多的意义。但这两种情况的运作均将情感逻辑与渴望投入知识的建构之中。即使表征过程积极尝试将两者排除在外，也无可避免地留下了痕迹。这种理性并不总是完美地遵从认知准确性，也不能以其与论辩和质疑的内在关联对其进行评估。这是一种基于不同逻辑的理性，在忠于知识体系本身，与升华和通过无意识情感动力进行运作的需要之间变化。多数信仰体系就属于前种情况，尤其是神话与宗教体系。

承认符号表征背后的多重理性是在知识建构中投注想象的积极价值，以及潜能空间的有益影响。对于现实的过度遵从会打断创造性活动，并使知识发展的进程对那些未曾意识到的（not-yet-conscious）或者未曾形成的（not-yet-become）维度关闭（Bloch，1986，1988）。在梦中、戏剧里，以及艺术与叙事中蕴藏着人类知识未曾实现的潜能，以及需明白已知的事物也存在阴影和缺陷的要求。如若不将知识分析对知识的那些尚未实现但又在未来计划和规划中有所体现的维度敞开，我们就无法捕捉孕育于表征的预期性功能之中的人类灵感。我将在下文对此进行讨论。

客体与表征的“什么”的问题

表征的“什么”的问题是指对客体的建构、赋予客体的内容，以及符号环境的固化程度。毫无疑问，客体世界总是人类行动的产物，但这并不损害其客观性和“坚固性”。我们人类的现实源于社会性的建构不仅是因为我们想要如此，也是因为我们不得不如此：世界本身只不过是空洞的构想（ideation）。世界需要变得为我们而存在，并通过我们自身的努力改造和表征被**创造**，而后进入我们人类的现实。当然，世界被创造的事实并不损害其作为客观现实的事实。将客观世界的恒常性与现实是社会建构的观点对立实际上是没能认识到此两者并不是互斥的。伯格和卢克曼在40年前就曾雄辩地指出了这一点（Berger and Luckman，1966）。至少看来讽刺的
是，在20世纪90年代出现的社会建构主义的一些观点是与对客观世界的 111
否定捆绑在一起的，仿佛我们人类的建构就不可能是坚实的。但建构世界的坚实性是人类文化的一项主要任务。这一任务只有我们人类种群是全情投入的，是我们心理、社会和文化生活的伟大成就。

客体的坚固性将作为客观现实的世界的物质性引入表征过程中。这种客观现实在时空中形成虽然未尽但是稳定的坐标系，我们依据此并在其中行事。客体如无坚固性，表征就会沦为奇怪的能指游戏；意义的生产如果缺少作为被创建的现实的社会世界的检查与平衡，就会遭受破坏。这种情况就类似前客体的（pre-objectal）儿童，其行动被视为世界的唯一创造力量，而客体则被视为自身行为的功能。理解表征的“什么”的问题有助于理解我们所讨论的议题和我们尝试描绘的客体有历史传统和自身的发展轨迹，而前人与今人也做出过与我们类似的认识努力。这一历史构成一种环境，反过来又吸引了我们，并将社会事实的持久性投注于我们的自我解读之中。这表明，客体对于心理主体有事实性的力量；它将自身强加于心理主体又要求主体对其予以承认。所有知识体系都在处理客体的坚固性与历史性问题，虽然处理的方式不尽相同。

客体总在一定的条件下得以表征，即预设存在先在的表征库，因为社会世界中几乎没有什么客体不曾被表征过。知识的日常形式，比如社

会表征，通过初始化过程（anchoring）汲取已经确立的内容，这是一种将客体与过去及其意义相关联的尝试。初始化表现了某种提取和保留意义的倾向，因为初始化是回归某种熟悉的意义，使不熟悉的变得熟悉。对于艾滋病的最初表征将当时那种新现象定义为瘟疫，在单一的主题里透露了随此病而来的系列恐惧与实践。将艾滋病称为瘟疫，就将其与传染病的历史，与和传染病过程相关的实践、观念和情绪联系起来。表征是关于和平的还是艾滋病的，是关于族裔社群的还是统治群体的，是关于宇宙的还是自杀的，是关于友谊的还是巴以冲突的有极大的影响。这些客体中的每一个都内含一个有待探索的现实；这一现实由先在的知识、人和实践所构成，这些知识、人和实践在客体的本质与现实中逐渐固化自身。

客体的一项主要任务是表现客观世界的韧性，同时也作为平台生产和
112 想象新观点。不承认客体，就没有创新和激进的背离。在所有形式的表征中都有一场争夺战，这场战争在客体的历史和重新表述客体的意图之间进行，将既有的编织进全新的意义网络之中。客体当下的形态为表征过程提供了物质性实质，基于此，表征过程逐渐发展，构建规划和新的表征可能，也就是未知的世界。在这个客体的盲区中，存在着推动社会行动者去进行更多认识、发现更多未曾看到或理解有误的角度的动力。正是这个认识盲区驱动着科学表征，催生了想要捕捉完整的客体、“吞噬”（cannibalise）客体原型的渴望。也是这个盲区驱动着社会行动者试图使不熟悉的变得熟悉，进行社会表征的建构。

理解内容及其在知识体系的型构中的重要性是另一个与表征的“什么”的问题有关的维度。内容之所以重要是因为表征所表现的主题、观点和意义揭示了社会行动者所建立的符号连接，以及他们构想客体世界的资源。知识的“什么”的问题是符号性问题：它基于使用符号进行指示、传递意义的表征过程。对表征系统的理解重过程而轻内容的历史十分悠久，仿佛人们得说什么不及他们怎么说来得重要。实际上，“什么”的问题与“如何”的问题是相关的，需要将这两者结合起来进行理解。意义系统表现客体的内容，与意义的建构过程相互交织。

因此，理解客体对于理解表征过程，以及这些过程如何决定知识体系的特质至关重要。在表征的“什么”的问题中，能发现意义建构的两面性：一方面，表征过程积极建构客体世界，是创造客体的建设性力量；另一方面，表征过程又受这些过程的根源约束，即客体的历史性与坚固性，此两者体现于表征的制度化之中，也体现在特定意义流传并历时长存的能力之上。这两方面对于意义化过程都必不可少，并在表征内容中有所表现。制度化过程自身就与这种双重又常常矛盾的表征方式交织在一起：制度化既是建立制度的过程，也是被既定客体世界创建的过程。这些过程创造表征秩序，同时又使其稳定，“加固”并再生产符号世界。

使不熟悉的变得熟悉：表征的功能和“何为”的问题

所有表征的基本功能都是应对未知，并使不熟悉的变得熟悉。通过创造意义、工具与理解，表征在社会行动者与世界之间架起了桥梁；它们驯 113
化客体世界，使其为人所知。表征创造熟悉感，回应了人的古老的、深埋于心的、居世如居家的舒适感需求。可以说，对理性的强烈追求，即强烈的认识欲是受与回归、与使一个冷漠的世界再度变得温暖和安全相关的心理能量所驱动的。在以科学、信仰或神话等形式出现的所有的表征和所有的知识里，都存在想要捕捉、涵括以及理解不熟悉的世界的渴望。

这一渴望产生了一些更特定的表征过程的功能，回应了社会与个人世界的那些核心维度。作为知识与沟通工具，表征建构自我和现实本身。没有表征，我们既不能发展个体认同，也不能推动我们所居住的社会世界的发展。作为关于世界的共享理解体系，表征提供了认知和承认模式、倾向、方向和行为，使得社会环境之于个体行动者舒适如家，并使社会行动者能够知道游戏规则。表征在文化实践与制度中固化，为社会认同的建构，以及社会的再生产与更新提供资源。表征让我们认识到我们所说所做的是否有效，让人格和个体主动性得以发展的既存规则和角色的根源就是表征。表征的一般功能和特殊功能都是符号功能的结果，关涉命名、辨识和范畴化的力量。在建构对于一群人而言的真实时，表征秩序表现认同、框定思想与行动，使沟通和社会整合成为可能，创造社会群体的记忆，并制订计划。表征的一般性功能是对基本的社会心理问题进行回应，并使人类生活，如我们所知那样的人类生活成为可能。

表征的这些一般性功能会转化成构成认识情境的社会心理维度。这些维度与表征情境的其他维度直接相关。在每一个维度背后，我们都能发现一些迹象，它们会透露社会生活中不同认识类型的目的和目标，即知识体系想要达成什么。在此，我想要强调的维度是认同、社群、社会记忆、未来的创造/设想以及意识形态。① 如在前几章中所指出的，这些维度都存在于知识体系之中，因为没有任何认识体系不致力于表征认同、社群、过去与未来，也没有任何认识体系不力图掌控足够的力量以进行长期的自身建设。我在前几章已经比较详细地讨论过认同、社群和社会记忆维度。让我在此再就表征的创造未来和意识形态功能简单说几句。

表征力图对有关未来的知识进行认知、社会和情绪的建构。通过计划
114 的构建，表征对未来的知识进行认知建构，与之对应的是对将来事物的认知期待。通过乌托邦的构建，表征对未来的知识进行社会建构，与之对应的是对事物前景想象的投射。通过希望的经历，表征对未来的知识进行情绪建构，与之对应的是预期得以运作的情绪场。计划、乌托邦和希望是表征的预期性功能的组成成分，主要存在于对未来和未知开放的知识体系中。大量的知识构建是受后向能量（backward energies）所驱动的，这些能量与过去、与对当下仍有影响的轨迹相关，但表征过程中有一个维度是具有前瞻性的，可以处理未曾意识到的和未曾形成的。布洛赫在研究预期性意识时提出了这两个范畴（Bloch，1986）。瓦尔塞内尔对该功能有过深入研究（Valsiner，2003）。他的启动理论（theory of enablement）尝试精确描绘社会表征在调整现在与未来之间的交易中所发挥的作用。因为表征具有前瞻性，社会行动者就能行动，能以一种保持个人、社会和文化变迁的动力的方式重塑历史的限制。

---

① 我所提出的表征意识形态功能的研究路径遵循的是汤普森对这一概念的重新评估（Thompson，1990）。它指的是，符号形式和符号理论与使用符号形式实行支配之间的关联。支配与压迫是在不平等世界中表征的主要功能。我称其为意识形态概念。

当表征在表征场里横贯权力斗争时，其意识形态功能得以实现。有一点很清楚，那就是并非所有表征体系都拥有同样的影响力；社会行动者对表征的掌握程度不同，他们使用自己所拥有的不同程度的影响力试图施加影响，达成自己的目标。当系统使用影响力的不对称对他人进行统治时，我们就可以说表征体系变成了意识形态，表征的意识形态功能占据了上风。诸如种族主义等的表征体系就是此种情形。种族主义不关心其要表征的客体现实，因为其主要表征目标是隔离、排斥和诋毁他人。种族主义是为意识形态功能所主导的知识体系，在此意义上可被称为意识形态。所有表征体系都能为意识形态功能所占领、用以统治，但这并不意味着所有表征都具有意识形态性。当被用于歪曲与掩盖以达到统治的目的时，表征就会变成意识形态，但表征场里不只是统治与扭曲。

所有表征在使不熟悉的变得熟悉的过程中，都借助于认同、社群、记忆、预期性功能与意识形态功能。这些都是知识的内在特征，是符号功能本身的核心。它们表明，所有知识都由表征和表征的目的所构成。它们让我们能将通常被认为完全各自为政的认识形式相互关联起来，并明白没有任何知识形式能脱离符号功能的操纵、表达和蒙蔽。但这些功能如何被使用，以及各自在表征中所占的分量是有差异的。这是因为不同的表征模式
对符号形式的功能的使用不尽相同，我将在本章后文中对此进行更细致的 115
讨论。

❈ 表征模式与知识的形式和功能

在上文中，我引介了一个社会心理框架，用以分析认识情境的不同维度。这些维度与表征形式的结构相关，并涵括了认识情境的“谁”“如何”“为何”“什么”以及“何为”的问题。在讨论这些维度时，我以不同的表征，包括集体表征与社会表征作为例子，并提到了不同形式的知识，比如信仰、科学、神话和意识形态。引用这些不同的知识形式多少是有点任意的，是为了借助一种或另一种作为示例，以阐述认识情境的不同维度和不同的表征目的如何能形塑知识的形式。本书的意图并不在于构建一个详

尽的分类学，但我希望对表征的不同模式如何与不同的认识形式相关联，以及如何用我在上文所提的分析范畴去理解与剖析这些表征模式进行初步的系统化。

表征的模式由其被建构的方式所决定。我区分了两种表征模式，即集体表征与社会表征，并将此两者作为理想型。但在这两者之间有连续的不同层次的过渡，而这些过渡层次并不仅仅是理论意义上的。我将在下文进一步对这两种模式进行对比，并对这两种模式的一些主要标志性元素进行系统化归纳。这是为了说明，知识多元性的背后是表征形式的多样性，而后者的结构到底如何也取决于多样的表征实现过程。在提出表征形态的多样性后，我对不同形式的表征有一个初步的类型学建议，这些不同形式的表征是建立在不同表征模式的基础之上的。我要再次强调，在此我并不是要呈现一个完全成熟的社会知识类型学。我想要做的是辨析主要元素，勾勒出一个框架的可能轮廓。这一轮廓能经由对知识社会心理学的深入研究而得到发展并丰富。

表征的两种模式

在第三章中讨论到集体表征和社会表征之间的区别时，我回顾了社会表征的概念在莫斯科维奇的著作中的发展，以及社会表征与特定的公共空间类型之间的关系。我提出，社群和公共空间社会心理学与表征过程和表
116 征动力是分不开的。我也说明了这些相关性如何对经典理论家的研究产生基础性的影响，以及那些传统的公共空间和去传统化的公共空间中的典型社会互动又如何能解释集体表征与社会表征之间的差别。现在让我们对此进行更详细的探讨。

集体表征在传统的公共空间情境中形成。在此情境中，社群对个体成员施加强大的压力，社会纽带的力量很大程度上能决定人们如何开始形成并发展关于世界的知识。传统公共空间的社会心理强势介入自我-他者关系，影响其构成，而后又因这些关系在日常生活中的实现方式再度得以确认。但表征的集体模式并不是这类社群所独有的。它们也会产生于所有保有传统社群特征的互动中。在表征的集体模式中，个人维度、互主维度和

客体维度密切关联，互动者以情绪和社会纽带为先，并以此规制他们之间的互动。集体表征常常具有认知同质性，并有极强的共享性，因为生产集体表征的那种自我-他者互动以低区分度、高依从度为特征，而此两者通常借助社会位置与/或认知能力的非对称性而获得。这种类型的关系在所有社群类型中都很普遍，这使得表征的集体模式成为知识体系生产的一个恒常特征。同样，因其不平等性与非对称性，这也等同于将其视为统治或压迫关系。统治与压迫并非对社会生活中的非对称性的唯一可能反应。

在集体表征中，自我-他者关系可以说是以非对称性与社会限制为特征的。在社会限制中存在权威与服从，标志着自我-他者的互动和沟通是单向的，单向传播与模仿是社会限制的主要后果。在此我们能明白集体表征为何常常是知识的同质性场域：合作者之间的差异空间几无，这样的限制是由特定的结构支撑的。在此结构中，承认和顺从权威的传统至关重要。这种权力源自传统所承载的内容的力量，源于将合作者联系在一起的情绪纽带。自我遵从并跟随他人，因为这样做是承认集体表征所秉持的权威，还因为自我与他者之间存在强烈的情感纠缠。这一类型的表征只关注所关涉的关系的内部，对关系边界之外的其他可能通常不闻不问。自我-他者这一社会纽带所具有的力量如此之大，分化因之变得模糊，由此保持了全整性和坚固的社会整合，避免了与构成自我-他者互动的社会场域的疏远。这种表征模式倾向于闭合知识视域，将其圈定在已知与既存的范围之内。

虽然这种互主性结构明显预设大量非对称性的存在，并唤起压迫与统 117
治的意象，但认识其细微及模糊之处很重要。的确，在社会生活中，没有任何关系是完全对称的，社会限制是集体表征的基础，需要考虑社会限制也有的一些积极的潜力。其总体性与无所不包的特征孕育了一个有界限的生活世界，虽然外人看来可能觉得狭窄，但这个生活世界给居于其中的人提供生存性基础（existential grounding）与强烈的归属感。这种类型的关系与温尼科特所说的“抱持”（holding）类似，在这种关系中，一方的脆弱性和依赖性使得另一方全心全意关照依赖者的需求。互动中一方的相对弱小能主宰另一方的照看、理解和承认感；典范的例子就是母亲与婴儿的互动，我将在第五章中对此进行讨论。沟通双方不平等的另一些例子包括师生关系、成人与儿童的所有关系，以及治疗性的态度。以上这些至少在理想意义上都有沟通的潜在可能，这一可能性源自对他人脆弱性的承认以及照料的渴望。信任与生存性安全感正是由此类沟通衍生而来的。如果缺乏这种联系并表征世界的模式所提供的安全性基础，质疑、分化和保持距离的确都毫无可能。在知识的形成中，社会限制有弊也有利。仅从推崇分化与质疑的论辩与反思理性视角对其进行评判会有误导性。对表征的集体模式的讨论，需要联系其在社会和个人生活中所行使的功能：使认同、社群整合和社会凝聚长存。这些概念与社会和人密不可分。

在集体表征中，知识体系背后的表征结果通常将主体性维度与互主性维度置于客体性维度之上。在这种表征运作中，主体性功能在知识体系中占主导地位；这些概念通常会框定知识的内容与逻辑。因此，在表征的集体模式中，表征的主体完全投射于表征的内容之上；分析表征的内容是有可能确定表征的主体的。同样，分析合作者使用何种沟通策略构建互主性结构也能确定表征最终是如何形成的。

这些表征意欲何为？想要达成什么目标，解决什么问题？诸如神话、信仰和政治意识形态这些集体表征力图通过巩固并固化社群认同和记忆框
118 定思想和行动。既然这些认识体系尤其易于封闭世界观，它们也就可能在保证认识者的依从和忠诚的同时，获得很高程度的稳定与凝聚。与认同、社群和社会记忆相关的功能明显更重要，这些功能可以维持社会整合和社会场域的凝聚性。这些表征的预期性功能被用于再度确认现在和过去，而未来的构建则要无可救药地屈从于现在与过去。表征的集体形式得以生产是为了保持和联合、包容和涵括、避开不熟悉的，并使参与者对自己的世界观感到安心。这些功能深植于人类古老的对未知的恐惧，以及对新事物的消失与探索的焦虑之中。表征的集体模式提供舒适感与生存性安全感，这也就是此类知识不会消失的原因。尽管有那么一种取代假设的幻觉，即认定知识的演化是对神话和信仰的逐渐抛却，但这些认识形式中有一种本质上与人相关的逻辑。仅仅因为这个原因，它们得以留存并会长存。

社会表征形成于去传统化的公共空间情境之中。在此，社群面对世界

观和实践的多样性，被其视为理所当然的现实的结构时刻受到挑战，新事物由此成为日常生活的惯常特征。在此情境中，对以传统方式获取的知识的依赖性较低，社会行动者被推入一股以“不停息”（on the go）为设定的、开放的符号空间洪流之中。表征的社会模式会预设对替代性观点的觉知，以及社会场域的异质性。身处其中的不同社群与个体在公共空间里相互竞争，时有冲突。在此情境里，表征形式变得更具开放性和不稳定性，应和了最初构成社会表征的多元视角。存在于社会模式中的表征场通常混杂了不同的知识与传统，体现出认知多相状态。

在社会表征中，个人维度、互主维度与客体维度被区分，行动者通常都能意识到此三者的区别。通过给人们施加多元性与视角的意识，去传统化的公共空间的社会心理生产了一种互主结构。在这种结构中，合作者被视为独立的行动者，均有自己的计划与视角。回归阿伦特对于公共空间的意义的基本构想，正是视角的多元性将话语与行动形塑为一个具有开放可能的场域，因其开放性，表征结果也是开放的，对此类社群中灵活机动的互动敞开。在表征的社会模式中，对话者之间的情绪纽带会与行动者对另一种纽带的考虑公平竞争，尤其是对表征努力与客体世界之间的联系的评估。因此，透过强烈的情绪因素的滤镜而表征特定社会客体的知识也吸收其他元素，这些元素会改变情绪解读，并对正在发生的事物的表征进行改 119
造。相关的例子包括疾病的社会表征的发展，比如艾滋病，形塑其社会表征的恐惧与社会焦虑最终共存，甚至为其他知识所取代，这些知识来源于科学与由受此病影响最大的群体所发动的社会运动。表征过程暴露于社会生活的动力之下，从一开始就形塑了社会表征的形成。社会生活中充斥着多元解释，对艾滋病有不同程度的了解和接触的行动者不断相互遭遇。正是这种动力解释了艾滋病表征的发展和转型过程。

在表征的社会模式中，自我-他者互动往往基于合作，这是皮亚杰所说的另一种极端的人际关系类型。这种互动意味着平等与自主，以及截然不同的人格之间的互惠。合作开启了表征过程，产生了个人维度、互主维度和客体维度之间的分化。是合作使将他人建构为独立的个体成为可能，一个如同我一样的个体，其立场和观点需被承认为合法的个体。在合作中，行动是互惠的。通过互惠性的行动，行动者开始发展以自我（selves）为核心的关于自己和他人的知识。在此，自己开始被视为自我，而他人则是一个虽与我有关联，但与我有类似权力、可能有不同于我的需求的自主的自我。合作不仅建构关于自我与他者的知识，也建构其他的知识，包括自我与他者并不是完全一样的，以及自我与他人之间的差异需要经由程序进行处理。因为视角的多样性及其所必然导致的分化，合作往往在表征形成过程中产生较少的模仿和较多的创新。社会表征中的知识传递并不似在集体表征中那样封闭；在此，学习者较少依赖知识持有者的权威，而更倾向于探索自己的意义生产与意义理解能力。自主性的可能会设立自己的情绪体验范围，并会取代尊敬与遵从的感觉，而此两者是表征的集体模式的基础。

社会表征处理新事物，并意识到新事物的存在；它们通过初始化和客体化挪用新鲜事物（novelty），使其由此成为关涉其中的表征场的结构的一部分。社会表征往往开放认识体系，尤其与社会场中的创新与变化相关，无论这些创新与变化是在认同水平、在社群水平还是在社会记忆水平上发生。意识到并处理不熟悉的事物意味着要消耗大量的社会心理精力。不熟悉的事物会动摇认同与社群，挑战传统观点与被视为理所当然之事物。它能够提出激进的新的前进方式。不熟悉的事物会打开表征场，对其
120 的回应则能透露手头的表征到底是何种模式。社会表征的预期性功能被用于计划的建构之中，计划与过去和现在之间的关系接受公开的审视与评估，主要致力于未来本身。表征的社会模式被生产用以维持与改变，用以打开能经由调整和内部转型而得到控制和驯化的不熟悉的事物的空间。这些是与人类的发现和探索冲动、与个体行动者的推理、与虽被劝阻但仍要玩火的儿童的好奇心相关的目的。

对集体表征和社会表征的分析表明，它们一方面与社会限制和合作相关，另一方面又与传统的和去传统化的公共空间相关。这些同质性显示，对表征的研究如何就意味着需考虑其社会与心理起源，及其与微观和宏观分析的结构关联。社群的公共空间依赖产生一种特定类型的互主结构，这类互主结构又生产一种特定模式的表征。知识的模式因此是由社会模式所

设立的，而社会模式则形塑社群成员之间的相互关系，也决定他们如何建构关于自身和世界的知识。公共空间、自我-他者关系与表征具有基因似的相关性；这种在个体发生上清楚无误的相关性在社会发生上得以维系。

表 4.1 总结了表征的集体模式和社会模式之间的对比。此表显示，两种模式的表征的特征各自都能被归入表征过程的三维结构之中：客体、互主和主体。客体关涉社群的公共空间类型和知识场的认知结构；互主关涉自我与他者之间的互动和沟通的本质；而主体则关涉情绪与个人维度，包括一些行为模式。集体表征和社会表征由不同的表征方式所构成，表现了不同的表征承诺，而表征承诺是知识形成的基础。理解不同的表征承诺需要考虑在个体和社群在建构知识时所进行的表征努力的背后，其社会心理到底为何。

在区分这两种模式时，我并不认为所有表征过程都完全依从于此两种中的一种，或者说，表征的集体和社会模式穷尽了对结构开放的表征形式的所有可能。实际上正相反。大部分表征场包含两种表征模式的特征，并生产多面向的知识场——多面向的表征场表现了一种认知多相状态，具有糅杂性质。知识的社会心理研究暗示，根据莫斯科维奇的假设，大部分认识场即使不是由全部知识构成的，也是由大多数知识构成的。每一种知识 121
都表现不同的表征模式。科学、神话、社会表征和集体表征在当代世界的知识实践中表现出相互混合、纠葛至深的状态。在理解世界的过程中没有纯粹的形式，所有类型的知识都互相渗透与混合。图 4.1 力图描绘部分的动态过程。

表 4.1　　　　表征的模式

集体	社会
传统公共空间	**去传统化的公共空间**
没有意识到其他观点	意识到其他观点
封闭的倾向	开放的倾向
对权威的承认：高度中心化的合法化过程	权威的扩散：合法性的去中心化
主体-互主-客体	**主体-互主-客体**
低分化和整体性	高分化和个体性

续表

集体	社会
自我-他者关系	**自我-他者关系**
对话的非对称性	对话的对称性（积极建构）
非互惠性	互惠性及对他者的承认
等级性	非等级性
社会限制	合作
心理抱持（psychological holding）	**心理处理**（psychological handling）
共生、本体性安全及信任的来源	自我关联（ego relatedness）、缺席的引入与挫折
注意力集中于主体	注意力转向客体
知识的同质性	知识的异质性
他治（heteronomy）	自治
依从	创新
封闭	开放

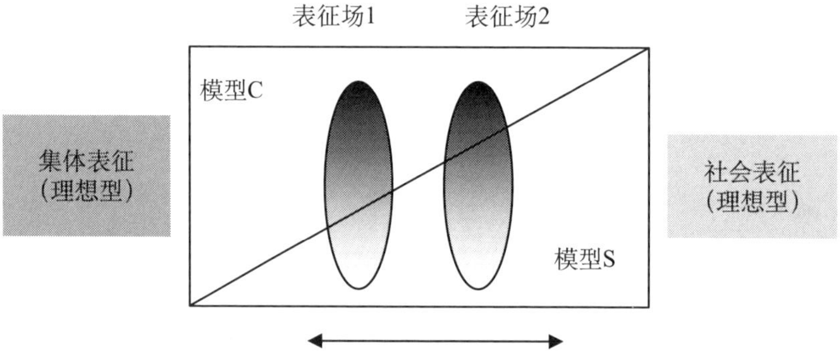

图 4.1　表征的相互渗透模式

122 ## 表征模式与认识形式

让我概述一下我在本章中提出的理论观点。我提出，知识是一种多元的、具有可塑性的形式，因为知识有赖于表征过程。对表征的分析表明，其结构与客体维度、互主维度以及主体维度相关，表现在表征过程的“谁”“如何”“为何”“什么”以及“何为”之上。我将这些维度称为认识的情境的社会心理。我已经探讨了这些维度如何变化并生产不同模式的表征——集体的以及社会的。现在我想将这些表征的不同模式与知识的不同形式联系起来。我提出的类型学建立在我讨论过的集体表征与社会表征的主要特征，以及这些认识情境的不同维度如何形塑知识体系的形式的基础之上。

表4.2显示了表征的不同模式是如何与知识的不同形式相关联的。神话、信仰和意识形态是典型的使用表征的集体模式的认识形式，而常识与科学则借助表征的社会模式。虽然这些不同的认识形式共享集体表征和社会表征的特征，但它们之间的差异能由各自在社会生活中的功能以及标志各自开展的细微之处得到辨析。对这些功能的分析能使知识体系的内在多元性，以及社群与个体将这些多元知识体系运用于实际的方式得到承认。认识情境的社会心理学并不使用一种理想的、超验的形式作为标准，以之对比与判断所有其他的形式，而是将构成知识并使其可塑、可变的多维度过程带入对知识的分析之中。

认同、社群、时间和意识形态这些议题贯穿知识体系，并影响知识所具有的形式的多元性。让我们来看看表征的集体模式。通过对意义与行动模式的切实保存，神话、信仰和意识形态行使认同、社群和社会记忆的功能。它们力图保存和再生产其保有的传统，并为此借助过去。然而，我们能够识别出能解释它们之间如何会不同的差别，这些差别与对时间和权力的运用相关。神话和信仰指向过去，但神话在对未来的设想中有强烈的影响，并允许表征有些微的变化，这些往往是信仰所抵制的。意识形态同样能挑战社会记忆，并会根据其想要设立的计划对未来开放自身。为了倡导一种未来而肆意摆弄过去是所有政治意识形态的典型操作。当然，没有任何知识能完整保存过去，正如巴特利特曾指出的，这是不可能的。但信仰系统努力保存过去，更强调过去而非未来（Blumenberg，1985）。神话和信 124
仰从承认而不是系统性的统治中汲取力量；神话和信仰具有强大的力量是因为两者被社群和个体所承认。但当神话和信仰被动员用以实现统治功能时，它们就极易为意识形态功能所侵占。神话与信仰系统中的意识形态功能是不确定的；对于这些知识形式而言，其功能远远不止是统治。相反，意识形态是一种致力于通过统治的使用施加影响并寻求计划的达成的知识体系。

表 4.2　　知识的形式与功能　　123

模型形式（modelform）	集体表征（同质性）			社会表征（异质性）	
功能	神话	信仰	政治意识形态	常识	科学
认同	现在——往往恒常	现在——往往恒常	现在——往往恒常	现在——流动的	尝试抽离
社群	现在（往往恒常）	现在（往往恒常）	现在（往往恒常）	现在——流动的	尝试抽离
记忆	保持	保持	保持或操纵	解决	解决
预期	过去/未来取向	过去取向	未来取向	过去/未来取向	未来取向
意识形态	取决于现在	取决于现在	现在	取决于现在	尝试抽离

常识和科学是与表征的社会模式相关联的知识形式。与所有的表征一样，常识和科学行使认同、社群、记忆、预期和意识形态的功能。但作为开放的异质性场域，此两者将这些维度向改变和创新敞开。常识包含交杂的认识场，其内在结构将相互冲突和挑战的意义模式和行为模式放在一起。因此，内在多元性引发转型和流动，以及未来取向。而科学是一个特例，因为这种知识体系积极尝试克服其“表征的”状态，并努力与“是什么”（what is）建立一种直接的联系（Latour，1993）。在所有形式的知识中，科学是唯一积极尝试从其惯常操作中抽离认同、社群和意识形态的知识（modus operandi）。它是通过对方法论的追寻达成的。科学的方法论包括：一种悬置表征体系的主体和互主维度以更好地理解客体的态度，以及相应的工具和程序。① 这两种知识形式均可能为意识形态所侵占并用以统治。这在当今的科学中十分清楚。

最后，我要提一下，在评估知识形式时，谨记一种既定的认识形式所想要的和其所想获得的之间是存在区别的，这很重要。没有任何意图能完全、完美地实现。知识背后的表征渴望与表征的达成结果之间的差距是知识构成的一部分；在认识的不完美、错失、错误和未实现的潜能背后是关于所有人类努力和人类学习可能性的有误的历史。那就是将知识作为行动、作为认识实践，而不是作为已完成的闭合现象进行分析，能对知识实际上必然会引发什么产生更丰富、更完善的理解的原因。

❈ 从一到多：复数形式的知识

上文阐述的分析框架当然并不复杂，追踪表征运作在当今世界的运动模式，仍需进行大量的工作。我尝试提供的是一种启发式思维，用以思考

---

① 在我看来，科学想要悬置主体维度和互主维度的态度无可厚非。只要是有严肃的理解他者的意愿，就需要有这种态度；这一态度存在于倾听行为之中，也是所有真正的教育学的基础。承认主体在知识中无可避免会存在并不意味着只有主体在统治知识，也不意味着认识必然等同于完全的情感外露。在研究过程中良好控制研究者的主体性是最佳策略。这点能通过训练达成。

125 知识实践背后的社会心理，以及知识实践是如何与人的和社群的情境相关联的。符号性商品的主导以及大众传媒的广泛普及重新定义了符号形式的生产，并给对符号形式如何在个体和社会界面运作感兴趣的社会心理学家提出了新的挑战。如果说我所提的框架有什么价值的话，那么价值就在于其分析潜力，以及这一框架能激发进一步的研究，增进对社会生活中认识的不同方式的认同和理解。

由此视角观之，知识是符号表征体系，与情境的社会心理学存在有机联系，并富有成效地卷入生活方式及与其相应的文化之中；知识总是被社群所拥有，由此必须以复数的形式对之加以理解。没有单一的认识形式，认识形式总是形态万千。其变化对应的是构成知识与社群的社会关联（social relating）形式的变化：认识是一种行动，取决于认识谁、在哪里和什么时候认识、认识什么、为什么和为达成什么目的而认识，以及处于与哪个重要他者的关系中进行认识。知识因此是一种异质性的可塑形式，其理性与逻辑并不是一种超验的规范所能描绘的，对其的评估必须要将其与社群的社会、心理和文化情境相关联起来进行。从实证层面上来看，对知识的探究的重点从明显的最终产物转向构成知识形成“之间”(the between)的根本性关系。这些关系及其作为社群/情境的实证实现变成研究焦点。研究当代公共空间中表征的多样性时，作为社会心理学家的我们想要揭示，不同的情境与社群是如何生产关于他们自己和其他人的知识，以及与他们的生活方式相关的议题的知识的。核心的关注是理解本土知识是如何为社群所生产、维持和维护的，以及这些过程又是如何与关键的社会心理范畴相互交织的，比如认同、社群、依从、抵制与创新、社会记忆与对未来、对话和群际关系的建构。

我相信，对多元性和所有知识的根本位置的承认已经是这一特定研究潮流的一个主要结果。这种承认有一些后果，它们重塑了知识问题，并将理论和实证努力从对线性进化的假设和一种知识形式为另一种知识形式所取代的关注上转移开。首先，这种承认表明，与自我、情绪和文化相关的认识形式并没有，也不会如同启蒙运动的宏大叙事所梦想的那样消失。认识形式所行使的功能和解决的问题仍是人类经验的一部分，这也正是其存续的保证。知识的不同形式在社会生活中共存。其次，这种承认使得所谓的本土知识与其他经常被视为错误、迷信和无知的认识形式的恢复成为可能。这些知识并不必然是非理性的，也不必然是错误的；它们各不相同，需要以各自在社会生活中所表达的意向和所取得的结果加以理解。再次，126
这种承认有助于挑战知识的等级性构念，这种构念贬低一些知识、抬高另一些，将一些知识贬为本土性的，而将另一些知识抬高至普世性的地位并赋予其以合法性。最后，这种承认有助于阐明不同认识形式之间的关系，以及知识体系之间进行沟通所蕴含的可能。承认知识是有差异的并不意味着盲目接受所有的知识，浪漫地评价一些知识，并神话另一些。所有知识都关涉表征，所有知识都时而会出错。科学对于化解心灵忧伤毫无建树，而单纯的信仰对于公共卫生策略的改善也几无助益。但是否认此两者可能对这两个问题的解决会有帮助是愚蠢的。理解知识的不同形式和功能，而不是将其置于一个等级框架之内能阐明知识多元性的足智多谋。正是在不同知识之间的对话和沟通之中，存在着判断对错、真伪、可接受或不可接受的可能，以及拓宽所有知识边界的可能。

第五章
遭遇他者的知识

当我们遭遇他者的知识，也即遭遇他人的理性时会危及什么？萨特曾说过，他人即地狱。西方文明的动荡历史很大程度上印证了他悲观无望的本体论评价。承认他者是一个棘手的议题，简单回顾我们与他性（otherness）的关系的历史就会发现，承认他者会引发恐惧和隔离、支配，以及排斥和暴力。在社会实践中，在日常生活中，在媒体里，在制度中，我们负面建构他人的倾向如此之明显，以至于其中的一些负面描述之所以会出现仅仅是为了隔离和规训他人：想想我们与疯子、与越轨者、与遥远的他者之间的关系；想想极端的群际冲突的本质、对美洲人的征服以及殖民经历。在所有这些例子背后，我们都能发现一整套的长久以来无视他人视角的表征、态度和实践；对于那些没能与我们保持一致的人，我们往往嗤之以鼻，对他们贬低打压甚至去人化。这种状态不仅透露出自我对不同的他者所抱持的知识中有诸多的负面评价，也揭示出自我如何以同样的方式贬低、拒绝，甚至在极端情况下致力于毁灭他者的知识。

然而，尽管有强有力的实证证据表明，自我和他者之间的社会关系长期以来一直有破坏性倾向，但自我发展的与他者的关系是自我（selfhood）、知识和社会生活的基础。没有他人就没有真正意义上的人类生活，在与重要他人的关系中能发现我们之所以能成为我们的本体资源和社会资源。知识本身就是一个构念，需要他者，并且需要将人的发展和儿童认知结构的出现概念化为取决于自我和他者之间的关系的绝大多数心理系统。群体、制度和社群本质上是与他人打交道和共同生活。缺乏合作与沟通，人类生活就没有任何可能。合作与沟通预设了对他人的承认，以及学习如何从他人所提出的心理、生活和历史事实中去考虑他人的视角。

我们与他人的关系的双重本质一直也永远会提醒我们，自我和他人的沟通过程是如何错综复杂。一方面，互主性和社会性是自我构成和知识形成的核心。另一方面，自我与他者，尤其是与激进他者之间的关系充斥着悲剧性的失败历史。这一历史表明，向他人靠近并不是自然平顺的，也不是选择的问题，而是我们的生理和社会构成的必需。这种必需为爱和破坏性能量所驱动，其背后充满了努力保存自我的全能性及自恋工程的心理力量。这种模棱两可之处存在于我们心理生活的开始阶段，在个体水平和社会水平上得到证明和表达，促进了一些可能性的出现与发展，包括从尝试沟通、理解和考虑他人的视角和身体，到对他人的视角和身体的范畴化、排斥以及极端情况下的单纯灭绝的所有可能。 128

在本章中，我想回到自我-他者关系的社会心理学，以讨论知识体系之间的沟通过程。我在前几章主要专注于阐明知识是一种可塑的多元形式，源于其力图表征的主体、互主和客体的世界。在证明了知识具有多种形式之后，现在我想细致讨论不同的表征及其所引发的不同知识体系是如何在公共空间相遇并沟通的。当科学家与常人，或者医生与病人谈话时会发生什么？当在发展中国家工作的技术专家与本地人相遇时又会发生什么？当政策制定者讨论如何教育儿童、如何对待精神病患、如何接受移民社群的诉求时，可能会危及什么？全球化公司如何设立能克服跨文化、跨民族、跨生活世界分歧的普遍实践？以上种种情况都关涉自我知识与他者知识，关涉竞争性表征、实践和世界观之间的交锋。这些交锋不仅重塑了自我与他者之间的沟通动力，也突出了自我对他者知识的主宰性表征的本质。潜藏在知识遭遇背后的社会心理因此是一个双重的、互相关联的问题：与他者的沟通，以及对他者的表征。

与以往任何时候相比，当下该问题更具重要性。自我遇到他者知识并与他者知识进行沟通的机会远大于以往。虽然知识体系之间的相互沟通并不是什么新鲜事了，但假定这一过程在当今世界仍如以往是具有误导性的。在过去二十年左右的时间里涌现了新的自我-他者遭遇的例子，它们充满戏剧性，表现在多元文化主义的斗争、寻求避难者的困境，以及新移民社群在民族国家的安置之中（例见 Honnig，1991；Taylor，1994；Benhabib，1999，2002，2004；Chryssochoou，2000a，2000b）。我们的世界是社会表
120 征的世界，而不是集体表征的世界。在此，他者的知识摆脱了地理与时间、阶级与文化所施加的传统束缚，相对自由地流传，以相对顺畅的方式传播至与其有遥远的心理和地理距离的地方。

无论是在间接的或是面对面的互动中（Thompson，1995），想象的他者，无论那是谁，与我们的距离都比想象中的要近，并以直接、切实的方式表现其力量，呈现其现实。这个他者进入日常生活的诸多领域，从工作、学校与家庭、消费、艺术与休闲活动，到资源与政策的协商；他对实际到底如何做出不同的解释与解读，重新定义个体和民族认同，并撼动我们对真实的边界，以及知识到底为何进行明确界定的能力。差异丧失了某种理想化与抽象的特征，变得真实，需要被处理，动摇了自我理解的惯常参数以及社会实践的演出。差异将自我、个体与集体投入不确定的方向，为认同工程提供了新模式，同时又以同样的方式强化了防御性与自恋倾向。

在文化社群内部以及之间，这种对他性的新型管理加剧了知识体系之间的遭遇，并为了体验与自我和他者交锋相关的竞争和冲突，将社会领域转换为检测并直面文化实践及其所承载的知识体系的场所。由此提出以下问题：关于完全不同的人之间进行沟通和对话所具有的潜力的问题，以及这种沟通与对话努力可能面临的阻碍的本质的问题。而视角与多元性的议题也浮出水面，此两者对于社群的形成以及公共空间的社会心理至关重要。对他性的新型管理敏锐地佐证了我们对社会生活中各个知识体系的评估和评价，以及其知识、文化和生活方式并不统摄地位和承认的社群的诉求与苦难。也正是这一点将此类社群与更为权力取向的地方区别开来。对他性的新型管理重塑了一个老问题，即知识在从一个情境传播到另一个情境中时是如何变化的，以及社群公共空间的转型又是如何与知识转型关联在一起的。

在本章，我想要提出一种社会心理框架，用以检视不同知识体系之间

的遭遇及其可能的后果，以此处理这些议题。我将知识遭遇（knowledge encounter）定义为两个或两个以上的表征体系的彼此遇见，它们表现出不同的主体、互主和客体世界。我想要发展的路径借鉴了自我-他者关系心理学的两个核心又相关的概念。两者均是复杂的社会心理成就，均取决于自我与他者之间充满矛盾的沟通，以及产生对他者的特定表征和围绕他者的特定实践的社会背景。将视角承担或换位思考（perspective-taking）与承认置于社会情境之中是重要的，因为自我和他者是切切实实的社会行动 130
者，处于社会场域的不同位置，由此获得他们需被承认的地位、资源和权力。两种过程一直以来都充斥着社会对特定他者所持有的主宰性表征和实践。这些主宰性表征和实践在确定知识体系之间是否能进行沟通的问题上发挥着核心作用。

我将首先考虑不同知识体系之间的沟通问题，并讨论承认和换位思考背后模棱两可的社会心理动力。我认为，这些过程是理解不同形式的认识相遇时是否具有对话可能的主要切入点。而后，我会讨论充斥于认同过程之中的主宰性知识表征，再述在第二章中提出的论辩。我认为知识是等级性的这一表征透露出的是一种与自我全能感和换位思考的艰难性相关的幻觉。这一表征存在于知识与知识发展的经典理论模型之中。然后，我将概括对话性和非对话性遭遇的特征，并考虑两种遭遇的一些可能后果：取替与共存，隔离/破坏与杂糅。在本章的最后部分，我将基于保罗·弗莱雷的扫盲法来探讨这些议题。在本章结尾我将提出，不同认识形式之间的对话其实是个体和社群的资源。

差异与沟通

知识体系之间的对话与沟通是复杂而困难的任务。完全可能出现某些疑虑。尼达姆对于信仰、语言和经验的绝妙研究（Needham，1972），可能是关于世界观之间的不可沟通性的最具洞察力的研究之一。他很大程度上借鉴了维特根斯坦和列维-布留尔的思想，其专著特意致敬维特根斯坦和列维-布留尔。他提出，鉴于表征的永恒变化性，为人类社会建立普遍参

数的尝试是徒劳无益的。试图辨析出一种可理解的、能涵括很多特定秩序的整体秩序是无望的。有的只是“多变的相对性”，因为

> 在语法、分类概念和思维风格中，意义的集体形式所具有的莫测的多样态化（phantasmagoric variegation）反映了所有有关意义的观点，以及所有与人类经验的决定因素有关的观点都具有根本的相对性。……一旦身处一种既有的生活形式之外，人们就会在“形式的荒原”中迷失。（Needham，1972：244）

尼达姆并非唯一一个认为一旦我们走出自己的表征、语言和文化，所
131 剩的无非是无意义的形式的人。他的立场类似于有共通假设的系列理论观点，此类观点假设自我与他者的分歧无法逾越。但这一共通假设常常不被承认。哈贝马斯的追随者和福柯的追随者之间对此有过激烈辩论。这场论辩始于20世纪90年代，一定程度上持续至今（回顾性论述见Ashenden and Owen，1999），大致上反映了在对与他者进行沟通的可能性的问题上所存在的对立立场。哈贝马斯专注于使真正沟通成为可能的条件，而福柯则强调对历史的综合解释，借此自我挣扎着保持同一性（sameness），并开始归类、隔离和排斥他者。哈贝马斯的沟通行动论一直以来都被指责为理想主义色彩过浓。哈贝马斯宣称，达成理解是沟通的普遍基础，但相关批评却将达成理解视为仿佛是不可能实现的目标（见Thompson and Held，1982；对相关批判的回顾见Calhoun，1992）。一些定性研究理论家似乎也同样被自我与他者无法沟通、不能彼此理解的观点所激励，即使是无意识的：他们提议，当与人类参与者共事时，研究者应在性别、族群背景和其他可能的特质上进行匹配，仿佛研究者与被研究对象之间的差异违反了同一性的伦理要求（对此辩论的上佳解读见Smith，1999）。

虽然这些立场在很多方面都具有指示性，并时常足够真实，但在我看来仍然片面，因为这些立场都不能回溯至他者在个体发生中的影响，并没能理解自我-他者关系的双重、矛盾的本质。自我-他者关系的心理学表明，自我和他者之间的沟通虽然是一个困难的过程，饱含矛盾的破坏性能量，但这种沟通也包含了一种积极性，若没有这种积极性便完全不可能有

人。承认他者，与他者所提议的将其视为独立的个体的他异性（alterity）建立一种关系，以及学习如何换位思考并不只是儿童发展的核心过程；实际上，如果儿童想要成为人，这些是绝对的必需。尼达姆的观点虽然很大程度上借鉴了维果茨基的思想，但存在偏误，问题不在于其观点所关涉的，而在于该观点所忽略的。他的观点未成现实，因为他并未考虑到，在不止一种意义上，意义的形式本身就是外在于我们刚开始的生活形式的。成为人也正是我们开始承认、认识并理解世界所呈现出的形式荒原的过程。儿童降生于世，对于这个世界而言本就是外来者。他或她必须进入这个世界，在成长中建构资源以将自己与世界关联起来，经历并一再尝试，学习如何接受挫折，并最终通过建构承认符号、行为准则和视角的多样性。这种多样性构成了行动者参照并建构的意义秩序。尽管基础结构允许不守成的儿童摸索自己所降生的世界，但由婴儿视角观之，心理动力却切实指向形式与运动的莫测的多样态化（形式只是逐渐才会稳定，而 132
运动也只是逐渐才会变成可识别的行动）。莫测的多样态化这一观点实际上是一个绝佳的心理学隐喻，喻指伴随不得不在最初的混乱中共建秩序的过程而来的焦虑。这是一项令人生畏的任务，但儿童在完成此项任务中并不是孤军作战的。

儿童与世界的相遇从一开始就是基于互主性的二人关系（dyad），这种二人关系给予婴儿以根基和本体性安全，婴儿进而能投注于外在的陌生事物——如同温尼科特所说，没有婴儿这回事，有的只是婴儿和照料者。从婴儿的视角观之，混乱的感觉足够真实，但这种混乱实际上是回应性的混乱：当母亲抱着她的新生儿喂食时，她与很多其他人都会成为婴儿漫长的迷茫旅程中的旅客。儿童会依赖那些承认并抚慰其需求的他人所提供的情绪支持。他人就**在那里**，儿童如果足够幸运的话，这个他人能够给予并爱他。

我用个体发生的论据说明，儿童成为人的过程关涉给一种一开始完全陌生的生活形式建立坐标。人类经验的个体发生实则是与他者的遭遇和沟通，在这种遭遇中胜出是人类生活的巅峰。向他人靠近就像呼吸与饮食一样是儿童生存的内在本质；这不是选择的问题而是必需的问题。为了生存，发展中的婴儿不仅仅需要他人扮演抱持者和照料者的角色，也需要他人能作为一个心理场，让他能在此投射，能玩变成一个自我的游戏（见 Spitz，1945，1959；Stern，1974，1985）。我们都被以不止一种的方式很好地训练去与他人的荒原、与人类知识和文化的莫测的多样态化打交道，因为与我们自己的生活方式相关，我们最初都不得不如此行事。

然而，我们**能**也**需要**如此行事，并不决定我们**如何**行事。与他者建立关系的方式，以及如果可能进行对话沟通的方式是开放性的。互主性关系在社会世界中是实证事件，取决于一些心理、社会、文化、经济和政治考量。并非所有自我与他人的遭遇都能建立沟通，相互承认的对话关系则更少；在个体历史和社会历史中均是如此。如我先前所说，自我和他者的关系并无任何舒适可言；这是一个由爱欲和破坏性能量构成的冲突性过程，两者均可能影响关系的形态与后果。在此意义上，自我与他者的遭遇可能产生不同的后果，后果如何取决于对话者之间是否能进行沟通，并能在互动中互相承认他人是合法的伙伴。除自我-他者关系潜在的冲突可能之外，自我与他者的沟通与对话性，以及支配与随之而来的潜在破坏性，也都具
133 有永恒的可能性。此两种后果，尽管差异巨大，但在存在于断言和承认之间、贯穿自我的发展和同时发生的认识他人的过程的关键冲突中有一个共同的根源。两种过程都在米德的社会心理学和温尼科特的精神分析中被详细讨论过。我会对此两者一一进行阐述，以此讨论发生在不同知识体系遭遇的动态过程中的换位思考与承认。

❖ 换位思考与承认

换位思考与承认是我在本书中尝试发展的路径的关键过程，因为此两者均指处于自我和他者之间的区域，是对话性社会心理学的核心（Marková，2003；Jovchelovitch，2004）。理解承认的作用及其错综复杂和实现的不平衡性，是评估知识遭遇的社会心理，尤其是判断此类遭遇是否具有对话性的关键切入点。为此，肯定承认在人的构成和社会现实的构成中的基础性作用，以及肯定承认过程和被他人承认的过程所关涉的深层心

理具有双重性至关重要。前者在米德的社会心理学中（Mead，1934），后者在温尼科特的精神分析（Winnicott，1965c）中有详尽阐述。米德的社会心理学的独到之处在于，他将自我发展和自我意识的出现追溯至自我能经由换位思考而承认自身的时刻（Farr and Rommetweit，1995）。缺乏透过去中心化视角，即他者的视角了解自身的能力，自我就不能构想自身的位置。温尼科特的发展理论同样是对话性的，并为理解贯穿在承认与互主性的建立过程中的情绪挣扎提供了理智资源。两者均逆转以自身为中心的独白式的自我心理学，并将首要性赋予“之间”（the between）的地方，这正是承认与互主性的所在之地。两者均强调，承认是与对具有独立性的他人视角的完全认可相互交织的；对具有独立性的他人视角的完全认可即是明白，理解视角的多元性是内在于自我的形成的。自我并非独自一人，而是在社会生活中诸多与自己一样具有合法的不同视角和位置的成员中的一员。

在米德看来，换位思考以及承认他人视角的独特性是心智、自我和社群的基础。承认和换位思考具有内在的相关性：承认是承认视角，承认说话的人处于不同的位置、有不同的立场。随着儿童从与有限的重要他人的玩耍，到要求更高的承认游戏规则并内化社群，或曰米德所说的泛化他人的视角，视角呈指数级增长。与视角的去中心化相伴而来的是承认视角的 *134*
多元性，以及考虑多元的视角以使自我能成为自己的客体。这些过程经由米德所称的“主我”（I）和“客我”（Me）的事件，刻画于自我的结构之中。每一个过程都与表现在自我和他者之间的空间中的张力相对应，在此空间中，承认与换位思考赋予自我的结构以矛盾性的元素：主我之所以能成为主我，只是因为其同时也是客我，即能从他人的视角对自身进行符号表征。[1] 米德的互主承认模型从个体承认发展到社会政治承认，而后又从社会政治承认重回个体承认。模型强调，对他者的承认是承认他人的差异，以及这种差异的合法性。在个人层面上，这种对视角的承认使得自我

---

① 正如前面第一章所讨论的，这并不是米德的社会心理学的独到讨论。大部分心理体系都描述过自我的隔绝性本质，将自我视为多人而非只有一人参与的领域。

的建立成为可能；在社群层面上，对视角的承认使得建立一个民主、道德的公共空间成为可能（Mead，1932）。

米德的换位思考和承认理论能在自我和社会经历的形成中提取出换位思考和承认在其中的基础性地位，但并未涉及贯穿这两个过程的情绪力量。温尼科特的儿童成熟化理论尤其适合修复这种断裂，因为该理论使得运作于承认和换位思考过程中的心理力量可理解，与此同时又同样强调自成一体的他人现实在自我构成中的核心作用。第一章已部分介绍了该理论。在对发展的精神分析理论背景下，温尼科特的观点激进地强调对话性：他的分析单位并非孤立的婴儿，而是婴儿-照料者二人关系。他的分析从婴儿身体的极度脆弱性与充满爱意的照料者的全情投入这一基本共生性入手。这种共生性创造了一种条件，使得婴儿能在母亲的照料中产生全能感的幻觉，使母亲产生孩子仍是自己身体的衍生的幻觉。这个心理无分化的循环取消了标志所有人类生活开始的依赖性；因为照料者全心全意抱持着婴儿，并将自身作为婴儿需求的延续而行事，所以子宫内生活的共生关系仍部分存续于心理空间之中。温尼科特将此阶段称为抱持（holding）。

如何从共生纽带中挣脱，迈向分化，即迈向自我认同与他者认同的建立，是温尼科特在他大部分研究中尝试回应的问题（Winnicott，1965c，1971；Davis and Wallbridge，1981）。他总是将认同形成的过程认定为既关涉自我也关涉他者的任务：婴儿和照料者都必须放弃一体（oneness）的幻觉，必须逐渐将彼此认定为独立的存在。婴儿与母亲如何开始将对方认定为独立的存在呢？他们又如何能调节分离的痛苦，转而适应两个完整个体
135 所发展的自我关联性（ego-relatedness）的成就呢？温尼科特对这些问题的回答提供了一个关于对视角的承认如何演化的完整叙事，并将我们带回我在第一章中介绍过的过渡期现象（Winnicott，1965a）。承认视角的过程无论对儿童来说还是对照料者来说都痛苦不堪，因为这一过程涉及从一种融合的状态中分离出来，以及放弃由抱持状态衍生而来的全能感。这需要照料者步入温尼科特所说的处理（handling）的阶段：她必须能将自己的注意力和关注点重新投向孩子以外的世界，并使自己的行为真正构成无分化

和全能感幻觉的实际障碍。[1] 在停止将婴儿作为主我的衍生过程中，照料者制造挫折和幻灭，并向儿童引介其自然会加以反应的现实原则的“侮辱”。

温尼科特提出，伴随从抱持到处理的转变的心理对话本质对于如何解决自我和他者之间永恒的张力，以及这一张力如何会延续至生命终结而言至关重要。自我和他者之间的对话既是真实的，也是想象的，为探索和测试自我与他者各自的行为底线提供了一个空间。对儿童所认定的真实的抵制会触发攻击感以及深层的忧虑，这两种情绪指向外部世界的直接代表。照料者变成了儿童“打破”强加于身的限制的幻想对象。我们能看到儿童又踢又咬，发脾气，使尽手段试图获得自己想要的。儿童的这个现实其实是一种想象的表达，是儿童尝试着探索自己能被允许的言行界限，并试着在想象与现实之间划出界限：儿童真正想要的实际上是测试“现实”，以及抵制他人。为此，温尼科特将这种攻击视为功能性的必需（Winnicott, 1965b, 1965d）。

对温尼科特而言，同样重要甚至可能更重要的是照料者在破坏性幻觉中“幸存”下来，并保持其作为一个独立个体的地位的能力。照料者在破坏性幻觉中“幸存”下来并以立足自身、充满爱心的实证性自我的方式行事的能力使得他人视角在儿童看来真实又具体，与此同时又表明，早期的完全与他人关联的经历能在两个独立个体的自我的关联性和两者的沟通经历中被再次发现。放弃共生与全能感，并建立相互承认也因此成为儿童与照料者之间真实的与想象的对话的情绪成就。儿童与照料者之间的对话很好地延续到童年早期之后，并且每当自我与他者遭遇时就会得到重塑。潜能空间的过渡性现象存在于沟通、玩耍、艺术、小组作业、众多文化表达形式的符号功能包括知识的符号功能之中，例证了我们如何解决全能感和现实限制之间的张力、解决与他人趋同和能划出界限并承认差异之间的张

---

① 这一任务随着婴儿认知能力的成熟，以及来自第三方照料者的帮助而被推动——以精神分析的术语来说，父亲和他代表的文化规则肯定了二人关系其实是三人关系，这种**三人关系**是主体的基础（Winnicott, 1965d）。

136 力。米德和温尼科特都强调换位思考和承认的互主性背景，他们清楚展现了自我只有与他者之于自己的切实差异进行对话，才能认识自己，最终才能获得对多元性的承认，获得对构成人类经验的视角多元性的欣赏能力。他们的研究不仅为互主性的积极影响提供了一种解释，也使我们能够思考为何自我与他者的遭遇对可能相互冲突的不同解决方案开放，能促使不同结果的出现。

杰西卡·本杰明（Jessica Benjamin）在她对支配的深层心理的研究中强有力地证明了这一假说（Benjamin，1993）。在前文介绍的温尼科特的模型基础上，本杰明指出，随着自我与他者之间互主性交换的特定条件的变化，承认可能被扭曲用以支配。当通过将他人变成自我的衍生、变成全能感幻觉和欲望的对象来解决自我与他者之间的张力时，支配就产生了。支配是利用承认，将其作为一种再生产自己对于他人的全能性的方式，实际上是“对爱的纽带的一种扭曲——支配并不压制承认的渴望，而是对其进行利用和改造”（Benjamin，1993：219）。对于升华对限制自己或给自己设限的他人的攻击冲动而言，全能感幻觉是必要的。这对玩耍和创造性而言也同样重要。而全能感幻觉在支配中变为现实。自我和他者均被锁进一种某一个人对其同伴具有全能性的双重承认之中——令人极其不安的是，在支配与被支配之间总有一个心理参与的层面，这表明，没有任何解放计划能将心智转型排除在外。本杰明的模型将对母亲主体性的否认视为支配他人并排除其主体性的过程的一个典范性例证。她发现，对母亲主体性的否认既存在于社会历史背景之中，也存在于关于人类发展的理论命题之中。这种否认对于我们对自我的普遍表征及该表征与他人的关系有深远的影响，是支配的深层根源。婴儿中心论是所有状况的最基本表现，他人的回应和“幸存”在所有状况下都几乎或者是完全无关紧要的。但本杰明提出，使自我与自身相互遭遇成为可能，并防止支配和自我与他人之间的分离出现循环的是他人能够产生影响。

我们能在维持与应对互主空间的张力中发现支配模式的其他可能。如果自我要承认他人是超越幻想、欲望和自我投射的存在，那么他人则必须提供一个清晰的边界，并且其行事必须以自身为核心：他人必须通过展现捍卫自身的能力，在自我的全能感幻觉中幸存下来，由此使其视角得到承认。在此情况下，与其说自我在全能感幻觉和将他人变成自我的衍生中寻找快乐，不如说快乐和满足会在他人的现实和他人之于自己的切实差异中、在互惠交换中、在分享中、在共处情况下出现的一体感中滋生。这是 137
一种源于早期共处经验的快乐，其情绪基础能在强有力的乳房隐喻中被充分领会：他人能改造自我——比如当她提供食物缓解饥饿时；他人能作为自我的补充——比如当她提供抱持时；他人能分享她的抱持——比如在相互凝视时。这些现象都能在哺育中发现，而且会一直存续于我们的心理生活中，这或者是因为我们有过相关的积极体验，又或者是因为这些现象根本就未曾被注意到过（Stern，1974）。

儿童-母亲互动的互主性模型，能使自我-他者关系的深层心理直接传递到更宽泛的自我与他者之间的社会遭遇中，由此能阐明不同知识体系遭遇背后的社会心理动力。这一模型为理解不同知识体系遭遇时是否具有对话的潜在可能提供了强有力的基础。该模型表明，不同知识体系之间是否具有沟通的潜在可能取决于对话者在放弃一种自我中心世界观的全能感的同时，进行换位思考并建立相互承认的能力。该模型表明，仅仅知觉到他人和理解他人的视角是不够的，双方都必须承认对方的视角，必须放弃将某人的视角强加于他人。该模型强调他人，强调他人需要奋起发挥影响；同时也表明，扭曲的承认与自我形成过程中以及公共空间中对视角和多元性的无视相伴而来。该模型不仅解释了排外过程的心理动力，以及社会生活中一再出现的换位思考和承认的困难，也提供了一个框架，它能抵消这些排外趋势，并敞开空间容纳历来被视为被否定的他者的声音。

被排除的母亲的主体性是一种提醒，提醒我们存在着无数不被允许发声、不能奋起改变的人。因为知识总是与其致力于表征的主体世界、互主世界和客体世界相关联，所以承认或者否认某种知识体系的合法性有超越物质效应和“利益”世界的影响。否定社群知识合法性，会影响社群的整个社会心理，危及其认同、自尊和生活方式。我认为，本杰明的支配心理分析能在杜塞尔的哲学（Dussel，1995，1996）和弗莱雷的教育学（Freire，1970，1973a，2001，2004）中找到回应并不是巧合，因为后两者均强调被否定的他者在占主导地位的自我的构成中所发挥的影响。与本杰明一样，他们都提出，在相互承认和对话的基础之上，自我的知识和他人的知识的遭遇是真实的遭遇，最终不仅能将他人从被支配的地位中解放出
138 来，而且能弥补自我的压制冲动。他们的理论立场的共通之处是，均阐述了互主性的修复性潜力。我认为此点正是米歇尔·福柯的作品的缺憾之处，否则他的研究堪称杰出。

知识的等级性表征

我在上文已提出，不同知识体系之间的沟通不仅是可能的，也是人类生活发展所必需的。我用个体发生的论据证明，婴儿成人的过程本身就是两个极其不同的对话者之间的沟通过程。我借鉴米德的社会心理学与温尼科特和本杰明的精神分析展现，虽然换位思考和承认是自我和社群的基础，但两者均借助互主空间，而互主空间的构成仍是一个矛盾的过程——既对对话敞开，也向支配开放。我提出，这些社会心理过程深藏于知识体系的遭遇过程之中，并影响知识体系之间沟通的方式，使得沟通的结果既可能是对话性的也可能是非对话性的。换位思考和承认是发现多元性、在放弃自我中心观的全能感的同时能够适应多元性的最初过程，也是最重要的过程。通过使自我能够将自身辨识为个体，并放弃将自身认定为唯一个体的全能感幻觉，多样性与多元性赋予自我以认同和本体根基。如若无法辨识自我并放弃全能感幻觉，就会扭曲换位思考的过程，阻碍相互承认的出现，并使支配发生。

同自我-他者关系的深层心理一样，知识体系之间能够进行对话是建立在视角的去中心化和相互承认的基础之上的。在此，对话者能够也准备承认对方的认识模式是不同的，但也是合法的。在非对话性遭遇中，对话者相遇但因为对话者无法去中心化自己的视角，所以不能承认另一种不同的认识模式具有合法性。他们不承认多元性的合法性，而相信自我的知识是唯一值得承认的知识。这与支配过程类似。在支配中，自我和他者都陷入对全能感和一个人之于其他人的权力的承认之中。在这两种状况中，

涉及的都是对知识多元性的承认或是否认，最重要的是承认或否认不同认识形式的合法性，即对不同认识形式的承认需立足于认识形式本身，并且对构念合法性的理解需立足于其所表现出的差异。因此，知识体系之间遭遇的结果取决于不同知识体系之间如何进行沟通，以及在何种程度上沟通的互主空间的构成能够允许表现在他人知识中的视角得到承认或者否认。这种对他人的承认或者否认定义了知识遭遇到底是对话性的还是非对话性的。我将在本章后续回到对这一区分的讨论上。我要暂时 139
集中考虑，对他者的表征和他人的知识是如何贯彻于上文讨论的那些过程之中的。

对视角多元性的承认或否认的过程与知识遭遇的社会心理的第二个问题直接相关，即承认他人，进而到承认他人的知识所采用的主导方式到底受何种表征所规制。如何理解渗透于知识体系的评价与合法性，并形塑知识体系的评价与合法性的更宽泛的社会表征，对于评估承认如何在知识遭遇中发生至关重要。流通于社会世界中的对知识的表征构成了符号背景，不同知识体系的承载者基于此背景并在此背景中相逢。承认对话者是不同但又是平等、合法的同伴显然远远并不仅仅是自我与他者的抽象的互主性遭遇过程。自我和他者都非抽象的存在，而是具有历史性和社会性的能动者，作为业已构建的本体在公共领域相遇，他们的位置受社会经济因素的影响，也受一套社会和集体表征的影响，这些社会和集体表征事先设定了自我和他者相遇并对此做出反应的整体条件。① 在此意义上，建立从一开始就形塑承认并考虑他人视角的表征就变得十分必要。互动中的同伴在何种程度上能相互承认对方为合法知识的拥有者是受限制的，会受既有的关于他们自己和他人的知识，特别是既有的关于何谓知识的表征的限制。在此，我们必须回到到底什么可被称为知识的问题上来；我们再次面对源于

① 所有社会心理分析必须意识到其自身在处理此类复杂议题时是有限制的。不考虑更宏观的社会经济因素，我们就无法完全理解当绝大部分时候极不平等的对话者在公共领域相遇并提出各自对于世界的表征时，有什么会牵涉其中。但社会经济关系也取决于社会心理主体，这些主体将意义和主体价值投注于这些关系之中，将这些关系与认同和社会方式相联系。这是我在此处想要剖析的维度。

哲学和科学传统的表征，这些传统以一种进化等级的方式定义知识，一些人由此被定位在等级末端，而另一些人则在等级的顶端。

知识的这种等级性表征广泛流传，能追溯至现代理性的核心。这种表征在西方的自我解读中如此根深蒂固，以至于最终甚至与那些试图建构一种对知识的批判的表征纠缠在一起，并将此类表征重新与情绪的、社会的和文化的情境关联起来。将不同知识体系放置于一个等级框架内确实衍生于现代思想的自我解读。现代思想通过将自身的发展定义为从低级到高级的线性进化而竭力将自身与过去的神话和迷信区分开来（见 Banuri，1990；Dussel，1996；Alcoff and Mendietta，2000）。社会科学的初始思想深刻吸收了这一定义，心理学尤其是关于发展和理性“教育”的研究与争论也是如此。用皮亚杰著名的术语来说，这一定义限定了思想主流如何构念化什么可称为知识。

140 的确，皮亚杰和维果茨基的研究最终都重回当时的主要关注，并为该议题提供了理智启发，即社会是如何从传统向现代进化的，以及我们如何能够以社会进化去理解人类心智的进化。如同第二章所讨论的，在解答这一问题时，能越发清楚地看到，在心理与社会之间，在心智、思想和认识构成与社会形式之间存在着根本性的关系。也正是在此意义上，我们能在皮亚杰和维果茨基的思想中发现一个综合性的理论主体，基于此可理解知识的可塑性本质，及其与情境的根本性关联。但他们并没能逃离等级性观点，而是深陷其中，甚至助其固化。即使是维果茨基也没能理解，所谓的理性知识其实与其他任何认识形式一样本土（local）（例见 Van der Veer，1991，1996）。虽然无论是皮亚杰还是维果茨基都将视角的去中心化视为心理发展的巅峰，但他们的理论叙事仍是视角中心主义的。通过让某一种知识形式去本土化（普世化）而贬低所有其他知识形式，心理学（及其相关学科）巩固了一项社会政治工程并赋予其以合法性。在此工程中，一种知识形式将自身置于居高临下的优势地位，而其他所有认识形式和生活形式都需照其标准被衡量。毫不意外，这一争论的实证材料一直以来都是激进的他者：被比较的双方中，一方是西方成年个体，而另一方则是儿童、“原始人”、疯子、常人和群氓。激进的他人被强有力地建构为非理性的所在，并被剥夺了拥有任何可称为知识的认识。又或者，用福柯恰如其分的话来说，他人的知识被压制、嘲弄、扭曲和误解（Foucault，1980）。

哈贝马斯对现代性的解释，以及他对何谓不同世界观的理性的讨论是理论立场如何仍被框定在知识的等级性表征之内的另一个例证，尽管理论立场致力于互主性观点和一种沟通模型。在我看来，虽然哈贝马斯的思想仍是对对话性立场的最完整、最具启发性的解释之一，但是他的思想究其根本，存在着与他借鉴极多的皮亚杰的路径一样的局限。基于皮亚杰的去中心化概念和由此而来的对自我中心主义视角的舍弃，哈贝马斯明确提出世界观之间是有等级的："根据不同世界观在对世界的理解中的去中心化程度，我们将神话的、宗教玄学的和现代的世界观置于一个等级序列之中。"（Habermas，1991：190）

这一观点本身就自相矛盾，因为去中心化和对自我中心主义的放弃正是要求悬置自我和他者的所有等级设置，以及承认基于视角观的平等。通过皮亚杰模型的透镜，哈贝马斯展现了文化传统所需的形式特征。这些特征的确指向在自我和他者之间进行区分的需求，随之而来的对他人视角的 141
承认，以及这些特征与反思性态度发展的内在联系，即吸取与他人互动中得到的教训的能力。哈贝马斯对去中心化概念的运用是片面的，他的观点受该观点所建构的等级性表征的压制：它本身就无法去中心化，在此观点中如不是通过等级性透镜就无法承认他人，因为该观点内困于这样一种信念，即自己的知识处于等级序列的端点——顶点。哈贝马斯同很多其他尝试拯救现代理性的学者一样，为现代观的片面幻觉所俘获，这些片面的幻觉在他的著作中曾有涉及。① 这一幻觉最根本的矛盾之处在于，其建立基础正是那个其想要逃离的渴望：究其根本，促进完全无涉自我、他者和文

---

① 在《沟通行动理论》第一卷中，哈贝马斯自己也承认："很可能即使对这个世界进行去中心化的理解，仍会出现一种特殊的幻觉——客体世界是不一样的观点意味着，将社会世界和主观世界完全排除在理性驱动的共识领域之外。"（Habermas，1989b：73）在哈贝马斯尚未有英文译本的新书中，他再次就不同世界观和不同知识之间的关系做了论述，修正了他的某些知识等级性观点（Habermas，2005）。

化的纯粹理性的幻觉的发展的是一种充斥着自我全能感的理性，这种理性将自身视为历史的核心和终点。

杜塞尔对现代性的评估很好地反映在这一冲突中（Dussel，1993，1995）。他提出，欧洲的现代性实际上诞生于一个神话，这一神话，也即欧洲的现代性具有超然优越性，并是历史的核心和终点的神话，在其试图摧毁所有神话的那一刻被建构。

> 这样一种现代性诞生于欧洲将自身置于一个他者的对立面。换言之，欧洲能将自身构建为一个联合的自我，探索、征服并殖民化一种会反馈自身形象的他异性。再换言之，他者并没有被如其本来面貌一样被发现（*descubierto*）或者被认可，而是被遮蔽或者被掩盖了（*en-cubierto*）。他者就如同欧洲一直以来对其所假定的那样。因此，如果说1492年是现代性作为一个概念的“诞生”元年，是一个非常特定的关于牺牲暴力的神话的诞生元年的话，那么这一年也标志着对非欧洲的遮蔽或者误解的开端。（Dussel，1993：66）

在杜塞尔的论述中可看到，欧洲的自我将自身认定为历史的终点，这是建立在对他者的遮蔽和对他者视角的否认基础之上的。因此，构成现代主体性的不仅有发现的经历，而且还有征服的经历。只要现代自我（modern ego）不承认自身的破坏性倾向，它便仍会幻想自己是最发达、最优越的文明。与这种优越感相应，现代自我会觉得有义务去教育、文明化和发展较低等的文明。对于杜塞尔而言，只有与他者理智发生真正的遭遇，现代自我（modern self）才最终能获得补救，才会意识到自身的种族灭绝式的破坏性冲动，因为假如在发现他者的同时也在发现自我，那么发现的时
142 间并未结束。杜塞尔对现代性的反向解释将双重性带回到标志着现代性开始的遭遇中来。这种双重性不仅允许发现，还允许对他者的差异进行掩盖。

❖ 承认与权力

知识体系间的相互承认是知识体系间存在沟通潜在可能的基础。这种

相互承认要求拆穿一种流传甚广的假设，即存在一种优于其他所有认识形式的认识形式。毋庸置疑，这不是一项简单的任务。知识的等级性表征建立在资源和权力之上，也建立在深信自身优越性的自我解读之上。这些因素共同影响对不同知识体系在公共空间中提出的有效性宣称的承认。理论上，所有知识体系明显是由其力图表现的互主性情境的结构所创造的。理论上，我们也知道，知识体系的多元性表现了人类生态、人类文化与人类心理。如我们所看到的那样，认识宣称也是本体论的文化宣称；这些宣称不仅提出了对世界的解读，也是宣布了存在的状态和文化的方式。所以，为什么一些知识体系被承认、被赋予合法性而另一些则被表征为“非知识”呢？

例如，想一想，在国际货币基金组织总部的圆桌上，身穿西服的白人男性的知识在与危地马拉的玛雅妇女的生育知识面对面遭遇时，会有什么结果。像玛雅妇女一样，身穿西服的男人的知识是与特定的情境相关联的，表达的是特定的利益，力图维持和长期维系一种特定的认同和生活方式。但是，每一个知识体系都附有非常不同的表征：前者的知识被视为是本土的，并且常被认为是“无知”和迷信；而后者的知识则具有完全的认识论合法性，这一合法性从当代世界的科学表征与经济、政治和文化权力中衍生而来。这些不同的表征使身着西服的白人男性的知识在远超其生产情境之外的地方也发挥着表征性影响，渗透于其他地区，并且向那些地区提议一个即使本地人不能完全接受但也很有可能被践行的行动路线。让一种知识形式从其生产环境中传播出去，不管被接受地区的条件如何而将自身强加于遥远之地的把戏，与赋予一些知识形式以普世性光环而将另一些限定于本土的把戏并无二致。这个把戏并非知识体系本身所内含的，而是出现在对不同知识形式的合法化过程之中。这一过程与认识者在社会结构中的定位以及使自己的知识被承认的能力相关。

知识的合法化问题与知识体系间的权力分化相关（Jovchelovitch， 143
1997；Campbell and Jovchelovitch，2000）。对这一问题我在此只会进行部分讨论。发展理论家已极其细致地阐述了这些分化，并且表明不同认识方式的合法性只有置于社会、经济和政治框架的背景下才能被理解；这些框架赋予某些知识体系以权力，并以同样的方式贬低另一些知识体系（Apffell-Marglin and Marglin，1990，1994；Escobar，1995）。这些非对称性如今很常见，对于那些努力理论化常识、常人知识和他者知识的人来说更是不陌生。认为这些认识形式不过是“迷信”和神话，或者就是“无知”的观点甚嚣尘上，并且仍是很多研究与干预项目的指导思想。因此，需要重新概念化知识并将其带回实际，需要给不同认识概念注入实际意义，并且需要强烈质疑由主流概念所衍生的那些实践。这些概念不仅仅是“理论”；对于那些处于为这些表征所支撑的实践的接收一端的所有人而言，这些概念是具有实际意义的。

❖ 对话性遭遇与非对话性遭遇

到目前为止，我关注的是阐述承认和换位思考在知识遭遇的社会心理学中的作用，强调了这些过程的两个构成维度：（1）自我和他者之间互主关系的本质，这一本质允许或者扭曲承认与换位思考。（2）关于他者知识的更广泛的表征的作用，尤其是知识的等级性表征。对于理解知识体系遭遇时对话如何被促进或阻碍而言，以上两个维度都至关重要。在本书的这一部分，我援引上文辨析的理智资源，系统化了一个分析框架以描绘知识体系遭遇的不同类型和不同后果。在对知识遭遇的分析中，我所使用的核心标准是对知识多元性的承认或否认，这种承认或否认反过来取决于对不同知识体系的表征，以及不同知识体系被赋予的合法性。我将对对话性与非对话性遭遇进行系统化讨论，并考虑各自的一些可能后果。总体而言：（1）对话性遭遇关涉共存与包容，有杂糅的潜在可能。（2）非对话性遭遇关涉取替与排斥，有隔离甚至毁灭的潜在可能。需要提醒的是，这些是理
144 想的分析性差别，社会生活中的所有知识遭遇都无法摆脱内在矛盾，使其在对话性与非对话性之间摇摆。另一需要注意的重要之处是，在本文所提出的路径中，对话这一概念可以在本体论和认识论层面上进行理解。对话只要为我们提供理解存在之构成的方式，那它就是本体性的，即所有存在的实体都是在对话的基础上形成的。与此同时，对话是一种社会实践，

在不同的情况下发展，并在社会场域中接受公开的实证观察。在社会心理学领域，马尔科娃在本体论和认识论意义上使用对话。一方面，她用对话理解实体形成的普遍状况（Marková，2003）；另一方面，她也力图捕捉对话是如何在社会实践中实现的（Marková and Foppa，1991；Marková et al. ，1995）。哈贝马斯与弗莱雷也是如此。因此，我们能借鉴对话性路径，去理解对话性的社会实践和非对话性的社会实践。这正是我在此想要做的。

在我开始进行相应讨论之前，进一步限定对话性的社会实践和非对话性的社会实践这一区分很重要。我清楚地意识到，我所认为的对话性的一些后果能在非对话性情境中产生，而非对话性的一些后果同样可能产生于对话性情境。例如，杂糅是在整个拉丁美洲的殖民经历中获得的，虽然这些遭遇远不是纯粹对话性的。但是，我想要强调的是建构**意图**的有意识的和无意识的社会心理条件，也就是对话者在知识遭遇中进行交流的条件。下文所呈现的框架并不完备，可进一步思考完善。下面我将逐一讨论这些过程。

对话性遭遇

对话性遭遇的核心特征是换位思考和承认他人视角合法性的努力。知识遭遇的基础是对话性原则，而其中的沟通行动策略则能够允许承认在遭遇过程中可能发生冲突也可能最终结盟。在此类情况下，对话者努力接受各方意见，就各方能对当下情境所贡献的立场、视角和可能的积极影响达成互相理解。不同知识体系在地位和合法性上的非对称性与其说是理性化、浪漫化或者高估某一种知识形式而贬低其他知识形式的，不如说可能是被对话者所承认和构建的。本书的目的是建构一种基于对话性原则的批判性遭遇。在批判性遭遇中，所有关涉其中的人均能在此过程中获得和发展知识。对话性遭遇肯定是过程。对话者并非相遇在已建立了沟通和对话的条件下。建立沟通的过程是一个需要付出极大努力的过程，对话性遭遇 145
是经由自我与他者关系的逐步发展过程才慢慢变得具有对话性的。在此过程中，自我与他者在经历关系发展过程中的种种艰辛后幸存下来，并意识到与他者视角共存并包容他者视角的积极意义。在此种知识遭遇中，对话性沟通操控下的变迁引发了不同知识体系的共存和对不同知识体系的社会包容，最终导致知识体系的杂糅。

不同知识体系的共存在当今世界的很多表征场中都有所表现，这些表征场由社会表征而非集体表征所主导。已有大量在不同场所开展的社会心理学研究展现了在同一社群中甚至是同一个体内存在不同知识体系共存和包容不同知识体系的现象，而这也是认知多相过程的基础（Gumelli and Jacobi，1990；Gervais，1997；Gervais and Jovchelovitch，1998；Wagner et al.，1999；Jovchelovitch，2004）。诸如此类的表征场由多元的异质性认识形式所构成，这些认识形式行使不同的功能，并应对不同的情境要求。它们是知识组块，根据具体情况和可能的得失，吸收并借鉴科学、信仰、意识形态和常识等不同的认识形式。有鉴于这些不同知识体系所具有的多元功能和目标，通过社会包容实现共存就成为社群和个体的共享财富。

知识的共存会不时导致出现知识的杂糅，而知识的杂糅从长远来看会变成更为融合的表征场。杂糅是一个会在知识的历时对话中创造出新表征的过程。如果追溯至足够久远，就会明显看到，即便不是全部知识体系，大部分知识体系也是杂糅性的，这些知识体系涵括并改造了源自不同出处的元素。这些过程会在社会生活中发生，即使是在明显抵制他者知识的情形下。假定这些过程只会在积极促使对话者在遭遇时进行沟通的情况下发生是错误的。显然，文化借鉴的历史表明完全不是这回事。明显，同样错误的是理论化一个这样的空间。在此，迥然各异的社会行动者真心实意地克服困难，努力进行对话，并在此过程中逐渐承认替代性的表征、行动模式、价值和既定情况的相关结构具有合法性。例如，在健康领域，大部分被提倡并在一定程度上被践行的对话性遭遇极好地反映了这一困难重重的努力，有关健康和疾病的知识是经由与不同传统的并存和对不同传统的吸收而被杂糅性地建构而成的。在本章最后处理对话性遭遇的部分，我将回到对此问题的讨论上来。

非对话性遭遇

146

非对话性遭遇的核心特征是相互承认的缺乏，及其所可能引发的支配：他者知识所表达的视角被否定，承认仍旧被限于一种知识体系对另一种知识体系的支配之中。在此类遭遇背后是对他者知识合法性的否认，以及相信存在一种最佳的高级认识形式会取替其他所有认识形式。在此类遭遇中，对话者陷入这样一种互主性情境之中：地位的不对称性和知识体系的评价变得具有压倒性影响，并阻止视角的包容。在此，目标是将自己的视角强加于他人。而这一目标的关键在于将自己的视角强加于人的意愿，而非没有能力理解他人。非对话性遭遇确实并不必然假定自我无法理解他人。取替并支配他者知识通常是在完全意识到存在他者现实的基础上才发生的，因为在此情况下重要的是策略性行动①，即为使自己的视角占据支配地位而努力对他者施加影响的明显行为。在此类知识遭遇中，支配所操控的变化引发对不同知识的取替与社会排斥，导致出现知识体系间的隔离甚至是对不同知识体系的毁灭的潜在可能。

以具有较强权力的知识体系取替他者知识已在不同领域被广泛研究，包括教育、健康、第三世界发展的主动性以及殖民主义等领域。知识的取替过程具有巨大的破坏性潜力，因为这些过程倾向于贬低以及时不时清除特定群体和社群的有关如何行事的知识积累与文化传统。相关例子包括医学知识与女性的生育知识的对垒，现代知识与传统知识在殖民经历中的冲突，专家与传统社群在健康、农业和环境领域的交锋，以及科学与常识的遭遇（Apffell-Marglin，1990；Todorov，1992；Gabe et al.，1994；Said，1995；Wynne，1995；Chambers，2003；Pottier et al.，2003）。在所有这些遭遇过程中，都存在一种主导性的独白式理解，即某种认识形式要优于其他认识形式。此外，这些过程中还存在力图取替他者知识中所包含的观点、实践与价值的努力。在取替他者知识的实践的深处是知识的等级性表

① 见哈贝马斯将沟通行动和策略行动进行的对比（Habermas，1991）。在策略性行动中，通过扭曲沟通，将互动与互动中进行对话的可能强行扯离的是权力。

征，以及对知识是一个逐渐变得去人格化并脱离其生产情境的纯粹理性系统的坚定信念。这种表征及其力量系统性地扭曲了内在于所有互主性情境中的承认和对话的潜在可能。

表 5.1 总结了上文所提出的框架。此表围绕对他者视角的包容或者是
147 排斥，将对话性遭遇与非对话性遭遇做了对比。包容他者视角允许不同知识体系共存，这种共存会向知识杂糅和认知多相的方向发展。非对话性遭遇则通过积极取替不同的认识形式而排斥他者视角。这会导致知识体系间的隔离，以及最终不同知识体系的毁灭，由此使得独白式认知状态占据优势地位。

表 5.1　　知识遭遇的类型与后果

对话性遭遇	非对话性遭遇
共存 （包容）	取替 （排斥）
⇩	⇩
杂糅化 （认知多相）	隔离/毁灭 （独白式认知）

正如前文所述，此框架并不完备，而我也并不是想说这一框架能完全描绘知识遭遇现象。同样，我提出的对话性遭遇与非对话性遭遇之间的区分也不应被视为是僵化的。显然，知识体系的杂糅与隔离是多维度现象，不时会背离界限明显的区分。虽说如此，我仍坚信，隔离与毁灭一种认识形式在否定和侵害他者的互主性情境中根深蒂固。据我所知，没有任何知识在未遭受到他者支配的暴力的情况下显示出自我毁灭的倾向。当然，杂糅本身又会破坏其所吸收的元素的本源，但所有的杂糅成分都是其所继承的传统的“代言人”和讲述者，即使是以一种变化了面貌的方式来呈现。在此意义上，对话性遭遇与非对话性遭遇的区分仍能促使我们去评判，承认和换位思考要想在知识遭遇的动态过程中实现到底需要什么条件。本章的下文将尝试用上文提出的分析框架探讨两个与他者知识遭遇的具体例

子：一是疯狂；一是社群干预。

疯狂中的分类、隔离和排斥

大概没有哪种遭遇比我们与疯狂的关系更能说明排斥他者及其视角这一问题了。从古典时代的大禁闭到当代社群的看护政治，疯子是典范性的他者，集中体现了我们的恐惧与否定。他们被视为超尘智慧或者是非尘世智慧的载体。从认为他们拥有心智到更当代的认为他们丧失 148
心智，疯子体现了对不可控和不可预测的深刻恐惧。个体要对自己的心智有完全的控制是疯狂所终极对抗的幻觉，为此，疯狂付出了沉重的代价。

所谓的理智与疯狂的遭遇长久以来一直具有深刻的暧昧性，前者与后者建立对话困难重重，是这一遭遇的主旋律。大部分时间，疯狂都是要祛除或者抹去的东西，或者物理性隔离那些被认为是疯子的人，或者努力使疯子恢复神智。米歇尔·福柯详尽地描绘了这一历史。他的研究对疯狂史与西方临床知识的出现进行了最为全面的描述。想要在此全面呈现福柯的复杂研究是不可能的。针对激进他者的毁灭，他的分析兼具广度与深度，雄辩而令人信服。任何心理学家如若没有读过他的研究并对此有充分理解的话，都无法明白自己的学科的研究对象到底是什么。但我在此并非想要详细回顾他的研究，而是想要从中摘取相关元素，阐明理智与疯狂遭遇时的非对话性特征。对于我想追溯的非对话轨迹而言，同样重要的是戈夫曼、巴萨格利亚和若德莱的研究（Basaglia，1968；Goffman，1968；Foucault，1971，1987；Jodelet，1991）。下文的讨论是在借鉴他们研究的基础上展开的。

福柯展现了不同历史时期有关疯子的不同表征体系和实践一直都试图将疯子隔离并最终排除在所谓的正常环境之外。尽管这些表征之间有所差异，但大部分起的是阻碍作用，阻止我们将疯狂以支配性的自我的视角进行定义，也以同样的方式防止被排斥的他者的视角被考虑。这些表征体系中最具代表性的是发轫于古典时期末的新临床知识。新临床知识固化了疯狂是疾病的观点，处理了疯子到底是要由法官还是要由医生来判断的模糊不清，而坚定地将这一权力交到医生手中。这种知识将疯子置于新的规训实践的控制之下，而新的规训实践则尤其是为了驯化和控制疯子在理智推断与行为上所表现出的根本性差异。

粗略分析由专家知识发展而来的针对疯子的实践可发现，相关实践从最初试图将疯子与其他所有类型的越轨者锁入远离社会的大型机构，演变为后来的社区再融合与社区看护。表 5.2 总结了这些实践链。将这些实践串联在一起能很好地反映一些知识体系在维系排斥性实践上的力量，以及即使其所引导建构的机构建筑的墙体被拆除后仍旧长期存续的力量。

149 **表 5.2 对疯子的制度性实践**

制度性实践
大监禁与收容所（asylum）的诞生（17、18 世纪）
精神病院（psychiatric hospital）：全控机构（total institutions）（19 世纪）
去机构化（20 世纪尤其是 20 世纪 60 年代以来）
社区看护（20 世纪尤其是 20 世纪 70 年代以来）

在福柯所称的大禁闭时期，疯狂与理智严格隔离，疯子与乞丐、罪犯和其他类型的越轨者一起被关押在特殊的地方。这些特殊的地方不以治疗为目的，而是力图矫正。从 18 世纪晚期到 19 世纪大部分时间，由约克的威廉·图客（William Tuke）和法国的菲利普·皮内尔（Phillippe Pinnel）所发起的精神病改革将疯狂变成了一种疾病，并力图通过规训、例行程序和治疗对其进行治疗。正是在此情境中，一种边界清晰的专业知识在医学知识框架下被构建而成：继心理学和精神病理学之后，精神病科学诞生了。收容所是源于这些转型的机构，正如该词本身所显示的，这是一种将社会对疯子的反应人性化的尝试。但从改革者的意图到而后据此而生的全能机构的现实揭示，理智与疯狂的遭遇仍旧为系统性的隔离与排除他者所驱动并逐渐固化。随着疯子变成精神病人，新兴的精神病学和精神病理学知识为这一动力提供了实质内容与科学正当性：精神病治疗史被很好地记录，在此无法展开叙述；但从铁链和约束服，到电击和化学争论，难以看出囚禁和殖民化他者心身的潜在动力发生过实质性的变化。正如福柯所

观察到的，专家知识与疯狂之间相逢时占主导地位的是非对话性遭遇，这种趋势直到精神分析出现之后才受到挑战。弗洛伊德首先提出，要想理解病症及病症所表达的，就有必要倾听与对话。

戈夫曼对作为羞辱和毁灭自我的机制的全控机构的研究（Goffman，1968）引发了对精神病收容所的批判。他的研究与精神病机构中诊断过程的效度不足（Rosenhan，1975）一起，推动巩固了被称为去机构化（de-institutionalisation）的运动（Basaglia，1968）。去机构化运动成功构建了一种强有力的遭遇话语，这一话语质疑了专家-病人关系所遵循的原则，以及专家之于病人的权力。该话语将重点从治愈和规训转移到环境的创设上。此环境可重构病人的日常经历，并视病人为处于需改变的情境之中的 150
人。与病人共事的治疗师开始看到戈夫曼、巴萨格利亚和其他学者所描述的那种模式：医院与其结构是疯狂的生产者而非解决者。

去机构化打开了收容所的大门，并尝试将精神病人重新融入社区。受对于疯狂为何以及心理健康为何的新理论解释的启发，去机构化运动引介了新的精神病治疗实践，比如治疗性社区和社区看护。然而，在理论、实践和政策领域经历了超过二十年的持续争斗之后，改革者很快就开始面对实践的具体现实。看护的条件似乎快速恶化，病人被其所安置的社区严重抵制并毫无招架之力（Dear and Taylor，1982；Jones，1993）。如果新的实践要想维系，就需要理解并处理再整合观点具有的全新的复杂性。①

在这一政策危机背景下，若德莱对疯狂的社会表征的研究致力于探索精神病人与社群密切接触过程中那些被使用的表征的本质到底为何（Jodelet，1991）。她的民族志研究强有力地显示，标志着病人与社区之间互主性遭遇的接触、亲密和习惯催生了一种动态过程，其要义是明确差异与设置隔离的迫切需求：社区与病人互动的关键是清楚知道谁是疯子而谁又不

① 评论者已经指出了这些议题，比如缺乏对慢性心理疾病的本质的恰当理解，没能理解收容所是慢性病人的家园以及社群要想具有治疗功能需要一些什么样的社会、心理和经济资源（见 Murphy，1991，1996；Barnes and Bowl，2000）。

是疯子。表征分析揭示，疯狂的激进他者的近距离激发了社区的自我防卫，社区在日常生活的符号仪式中建构了一种确认其为正常社区的知识，这种知识同时有助于理解居住在社区中的他者的情况。冒着无区分与融合的忧虑和恐惧的风险，社区将领地划分、身体和水的隔离以及认同限定这些实践并置，这些实践与收容所的物理障碍和高墙并无多大差别。研究发现清楚表明，病人与社区的日常接触创造了一种互主性遭遇，在此遭遇中，对疯狂进行机构化的动力通过符号墙的生产被再创造，收容所中的隔离仪式得以保留。

在上述实践中，我们能发现这样一种遭遇的历史：疯狂与其所包含的对于世界的思考和认识体系被可替换地解释为无理性、精神失常和疾病。当然，曾有过与疯狂、与“解放疯子的言说”建立对话的尝试。“解放疯子的言说”是法国杂志《精神病手册》（*Cahiers pour La Folie*）的座右铭，该杂志创立于1968年之后，用来发表病人和护理人员的文章。出版物、运
151 动和论辩不断涌现，标志着对20世纪六七十年代的支配性精神病实践的质疑。而20世纪80年代则表现了这样一种信念，即疯狂的经历中有需被提取的东西，可与“正常”社会共存。去机构化正是源自这一信念，该信念重塑理论、实践和政策，并深刻质疑了精神病学的基础（Basaglia，1968；Mannoni，1970；Castel，1971，1978；Aulagnier，2001）。尽管存在矛盾、不足和暧昧之处，但这些努力都有尝试理解疯狂的经历并与之进行沟通的真诚渴望。① 然而虽有此渴望，理解并考虑疯狂他者的尝试仍被主要为隔离和排斥疯子所驱动的表征所系统压制。可能正如罗斯所敏锐指出的那样，这源于疯狂对范畴化和归类的抵制（Rose，1996）。这些表征的力量持续影响科学和日常的常识性知识，至今仍在助长排斥和隔离，即使是在医院之外，或者是表现为更为微妙的形式比如污名（Gillman，1985；Rose，

① 我对这一信念的力量记忆犹新。从20世纪80年代末开始，我就直接参与了巴西的去制度化运动。我们借鉴法国、意大利和英国的理论与实践，受其鼓舞力图重新定义精神病院，倾听病人的现实，并构建能将公民权还给他们的政策。对于所有我们这些参与当时临床实践的人来说，最强烈的莫过于“倾听”的冲动；我们大部分的培训与努力的方向就是倾听。

1997；Morant and Rose，1998）。在精神病学改造进行了几十年之后，去机构化斗争以及对疯狂的本质和根源的反思并不足以取消被福柯视为西方理性构成的基础的排斥机制。理性化排斥以及排除不同的理性类型在很大程度上仍是理智（sanity）与失智（insanity）遭遇的本质。

这一遭遇表明，当不同知识体系在公共空间相遇时，对话性与非对话性的潜在可能共存并争斗。假如与疯子的关系中支配占优势，尝试承认并倾听疯狂经历的努力揭示，重构互主性情境是可能的。关于被排斥的他者的表征和实践正是在此情境中发展的。承认那些在有关疯狂经历的支配性知识下幸存的人的意见与权力，日益被视为重构理论、实践和政策任务的必要前提（Rose，2003a，2003b）。假定仅仅靠这些努力就能克服围绕理智与疯狂的遭遇的历史问题和充斥其中的当代困难是天真的。这些问题关涉与疯狂的社会组织和制度设置相关的议题，当然不会有简单的解决方案。但对话本身并不是一个简单的方案，只要关于疯狂的支配性表征没有发生变化，社会结构的重大改变就难以发生。尽管采用幸存的他者的视角有诸多困难，但与他者之于自我的差异建立对话并重构互主性遭遇是改变这些表征的唯一路径。为达到这一目的，表征的预期功能至关重要，因为这一功能会导致抵制，推动当下创新性实践的发展，并且也能让人对一个 152
不再背负沉重历史负担的未来产生希望。

社群中的对话

持有不同知识的人是否有机会在当代社群中相逢并沟通呢？文化、族群和社会背景截然不同的人是否能围绕共同关注的议题建立对话，并一起对发生了什么以及该做些什么做出联合解释呢？这些非常实际的问题在社会心理学家研究的多种场景中都有表现，是知识遭遇的社会心理学的核心。在社群内部与社群之间建立对话不是一项简单的任务，需要身处该过程中的所有人付出努力并下定决心。在本章的最后部分，通过对在保罗·弗莱雷教育学著作启发下的一些拉丁美洲的实践经验的思考，我想要讨论一下知识遭遇内含的对话的潜在可能。在关于巴西东北文盲成年人的理论和实践调查中，弗莱雷提出了扫盲法（literacy method），这是不同知识体系对话性遭遇的典范性模型。他在成人教育领域的工作催生了一个研究项目，引发哲学（Dussel，1993，1995，1996，2004）、社会心理学（Bleger，1980；Pichon-Rivière，1980，1991；Martín-Baró，1994；Hollander，1997；Guarechi，2004）、行动研究（Fals-Borda，1985，1988）和精神分析（Langer，1987；Lira，2000）领域的其他拉美理论家提出补充性干预措施。这些学者的共识是，自我与他者的沟通是个体、社会和物质资源发展的途径。批判理论的任务是去理解促进与阻碍这一可能性的因素，并发展能推进这一可能性的理论与方法。①

弗莱雷关于被压迫者的教育学对应了关于自主性的教育学和关于希望的教育学，是一个研究不同知识体系遭遇的结构的详尽的理论与实际资料库，这一结构体现在教育者与受教育者的遭遇之中。他的突破之处在于认识到，学习发生的前提是所有对话者都打算学习，并且都明白关涉其中的每个人在学习开始之前都具有某种先在的知识。教育的“坐板凳”理念认为，教育行动是从有知之人向无知之人的单向信息传递；弗莱雷的观点则与这种被动学习相反，他提出，真正的教育必须从承认明显“无知”之人也有知识开始，进而发展出一种对话态度，相信教育者与被教育者都会经由沟通行动学习并改变。

153 明白知识体系表现文化代码、认同、实践和资源是对话性遭遇的核心，因为正是这一认知产生了需要承认他者并在与他者遭遇时进行对话的伦理要求。在对话性遭遇中，视角被理解、协商并最终被改变。承认多元性、表现性和所有知识都具有局限性一同构成了不同知识体系进行沟通的关键条件。觉醒，即逐渐意识到人的心理和社会环境的种种决定因素，是伴随沟通实践而来的。在所有真正意义上的沟通的背后，是对平等理念、对悬置差异、对采用能促进并要求对话和互惠的程序的潜在承诺。这也正是保罗·弗莱雷研究的主要关注点。终其一生，他都在尝试阐明真正的沟通的理论与实际维度。在此意义上，弗莱雷的教育学不仅是概念性的，也

① 这一观点与哈贝马斯沟通行动理论的很多维度，以及他归纳达成相互理解的普世性条件的尝试有所关联，并且实际上是先于哈贝马斯的理论与尝试的。虽然知识的等级性表征充斥于哈贝马斯的思想中，但这并不影响哈贝马斯为阐明达成相互理解的理论的基础所做的巨大努力。参见拉梅拉和德·拉·克鲁兹对弗莱雷和哈贝马斯的思想所做的理论和实践综述（Ramella and De La Cruz，2000）。

是规范性和程序性的。换言之，也就是要有一套实践能够践行弗莱雷教育学的规范性概念化，践行由此发展而来的知识、知识生产与知识传播。

弗莱雷提出的扫盲法，启发了不同社群实施干预，极好地表现了在他的教育学中概念和程序是如何结合的。这一方法施行了对话这一对所有扫盲，即对学会认字和认识世界都具有理论核心意义的概念。这一方法由几个步骤构成，在此过程中，通过搜寻社群的词汇库以及对连接词汇和具体的日常经验的语义场的理解，教育者-被教育者的二人关系揭示出社群的经验世界。运用苏格拉底的产科学对话体，对话者逐渐构建了一种情境，这一情境从“属于”先前曾描绘过的符号世界到反思性的“进入”这一符号世界。从“属于”到“进入”的来回替换意在对生活中习以为常的假设提出质疑，并批判性地反思这些假设是如何生产的，又是如何被改变的。这一批判性反思能引发词汇的编纂，伴随词语语音元素的解构和重构，将词汇库和语义场最初的映射带入新的理解层次。由此，识字和发现新的词语组合成为解读自我、他人和人们所处的政治、社会和文化整体的伴生结果。

我曾在别处提过弗莱雷的方法是如何启发社区和健康的社会心理干预的（Campbell and Jovchelovitch，2000；Guareschi and Jovchelovitch，2004），我将在第六章再重回这一议题。眼下我想讨论的是农村扩张（rural extension）的例子，这是拉美地区的一个重要社会议题，弗莱雷在《扩张还是沟通》一书中曾直接处理过这一问题（Freire，1973b）。想一想农村发展实践与开发者和社群的遭遇，弗莱雷直面持有不同知识的人之间的沟通问题。他坚 154
持认为不同知识体系之间建立对话性遭遇是可能的也是必要的，并且将此需要投射于一种希望的教育学，这种教育学解释了由生活在不理想的当下的人类所建构的规范性未来。① 在这一研究中，弗莱雷基于扫盲法提出了

① 很重要的一点是要注意，该文成于弗莱雷在智利流放之时。当时，他积极参与萨尔瓦多·阿连德政府的教育改革项目。至于我在此提及的其他理论家的论著，其智力生产与政治斗争之间都存在着直接的联系，并且都涉及拉美穷人和被剥夺者。这些作者中，无人为此道歉，他们也都安坐于学术圈的保护伞下。这点在萨尔瓦多政府对马丁-巴罗（Ignacio Martín-Baró）的刺伤事件中表现得尤为清楚。我相信这一联系解释了为什么他们的研究中都极为矛盾地表达了那个清楚无误的愿望。

一个远超农村研究领域的理论工程；他对非互惠关系做了普遍性的批判，也为所有专家知识与常人知识的遭遇提供了一个对话性模型。从分析词语“扩张”的语义场开始，弗莱雷阐明，正是在词汇的意义中我们能发现从一人向另一人转移，将某人的知识向其他人、其他地方传播的观点有现实基础。扩张言简意赅地揭示了农学家与农民遭遇时的问题和非对话性；那就是以一种知识取替另一种知识的单向尝试，仿佛知识能在不侵犯个人、社会和文化世界的情况下被自说自话地取替。

在分析扩张时，弗莱雷对什么是反对话（anti-dialogue），尤其是反对话的一个特点——文化入侵，提出了强有力的批判。他对文化入侵的分析类似本杰明对支配的研究，也同哈贝马斯的策略性行动概念类似：他者被自我所入侵，自我通过说服、支配，以及运用宣传和其他类似的机制否定他者的话并使其缄默。知识的转移并非以知识体系间的沟通，而是以阻碍知识本身的建构而终结。因为知识转移的预设是：将内容储存在一个被动接受者身上，这个被动接受者的任务是不加反思地内摄所输入的信息。文化入侵是反对话的，因其视他者的视角为空洞意识或者是错误意识。无论为何，他者视角通常都被标注为“无知”，而从不被认为是知识。文化入侵并不视他者为拥有自身合法视角的对话者。他者只不过是要被说服、使其相信自我试图推进的计划的人。非对话性遭遇突出了表征的意识形态功能，极佳地例证了互主性情境中的非对称性如何会引发一种认识形式对于另一种认识形式的支配。

虽然弗莱雷坚持变化是必需的，特别是与被剥夺的农村和城市社区相关的变化——他从未理想化这两者的知识——但他同样坚持，真正的、族群性的变化只有所有攸关者都参与其中才会发生。在此意义上，弗莱雷关于不同知识体系拥有者的沟通理论指向建构参与性对话的必要性和重要性。在此对话中，所有对话者都被承认是过程的合法贡献者。内在于这一对话的是这样一种观点，即不同知识是会通过沟通过程被改变和充实的资
155 源，因为没有任何一种知识是在缺乏原初对话的情况下被生产的。对某人知识绝对性的信仰实际上是一种防御，会僵化知识，无论是科学知识还是

其他类型的知识，并使其瘫痪。如同弗莱雷多次在讲座和谈话中所指出的①，新知识正是在技术知识与日常知识的批判性的对话性遭遇中发展而来的。科学知识的发展表明，科学知识无法排除常识世界和常识智慧。因此，虽然弗莱雷并没有理想化常识和日常性的知识，但他坚定地指出两者为技术知识提供资源，其所表现的是生活世界。承认这一点被证明对克服支配，以及建构所有攸关者都能获得并发展知识的批判性遭遇都至关重要。表 5.3 总结了弗莱雷教育学中对话和非对话的对比。

表 5.3　　弗莱雷方法中的对话与非对话

对话	非对话
A 与 B	A 压倒 B
沟通	A 将官方报道（communiqué）传递给 B
对话者之间相互承认	相信一人之于另一人的优越性
基质：爱、谦逊、希望、信任、批判	基质：无爱、傲慢、无望、不信任、缺乏批判性

在讨论其知识具有浓厚的魔法色彩，并且在自然世界和社会世界之间有诸多参与的农村社区的现实时，弗莱雷提出了一个问题。该问题与今天研究诸如健康、教育和社群等本土社会表征的社会心理学家仍在提的问题并无实质差异："一些社群的思想与行为，既具有魔法色彩，又为其中的结构所限制，阻碍了社群的运作或者社群成员的生活。对于那些以此种方式行事的社群有什么可做的？"对于弗莱雷而言，显然答案并不在于扩张和取替。这仅仅构成一种文化入侵行动，杜塞尔在评估现代主体性时将此描述为征服的一种新形式。之所以如此判断，是因为：

> 魔法思维既不是非逻辑的，也不是前逻辑的。它有其自身内在的逻辑结构，并且极尽所能反抗任何机械地强加于己的思维形式。和其他所有思维方式一样，魔法思维毫无疑问与某种行动方式捆绑在一起，也与某种语言和某种结构捆绑在一起。将另一种思维形式加于其上意味着另一种

① 同我这一代的众多巴西心理学家一样，我曾很荣幸地受教于保罗·弗莱雷。他的教导犹在耳边，激励并指引着我们的实践。他在结束流放返回巴西之后，不知疲倦、不遗余力地帮助所有人，尤其是生长在独裁时代的那一代人。

语言、另一种结构和另一种行为方式，自然会引发对此的反应，一种面对威胁其内在平衡的“入侵者”的防御反应。(Freire，1973b：104)

156 弗莱雷此处的描述很大程度上总结了我在本书中提出的论点。知识及其相应的结构是与行动方式、语言以及特定的结构绑定的。这些行动方式、语言和结构需被承认为与社群的认同和价值有深刻的联系，是社群生产的情绪和文化财富。虽然这种知识能揭示分歧、幻觉以及与观察者视角之间的差距，但仍有必要明白，从行动者视角观之并不是这么回事。仅仅试图揭露其魔法性的本质，并将其取替是一种暴力行动，常常会被本地人抵制，而这种抵制具有正当性。

对其进行改变，我认为是需要被明确和阐明的合法议程，但这一可能性必须产生于对话之中，教育者和被教育者主动沟通，逐渐觉醒并深化对于自我和他者各自在世界上所处的（个体的和集体的）位置的认识。这不是单向的过程，不是专家行动者说服本地人，让他们接受为其所提供的科学知识，而是双向的交换，是专家也能日益从日常经验所提供的知识和智慧中学到东西。承认此点是对话性遭遇的真正激进前提，因为为了真正实现对话需要拒斥知识的等级性表征，需要有这样的信念，即普通人对知识的发展也能有所贡献、也能明白自己说的是什么，还需要接受自己知识的不完整性和局限性。弗莱雷毕生的工作不仅包括理论研究，还包括为了实现这一三重承认而努力的政治斗争。毫无疑问，在个体社会中达成这一目的很难，在社会世界中这更是与现实相去甚远。

虽然非对话极普遍，是一种永恒的可能，但弗莱雷研究的核心元素提供了一个可行的项目和一个不断扩展的全球实践网，将对话的规范性必要和实际必要投射于这一领域。他的研究是对文化入侵的批判，是围绕知识的本质和发展的一个强有力的提案，也是对如何施行该提案的一个实践指南。这是一种激进的对话路径，既在概念化中使用对话性（dialogicity），又将对话性作为一种干预方法。尽管那些发现知识体系间的沟通不可能达成的人秉持悲观主义论调，但知识体系遭遇时内含的对话的潜力不仅是可能的，也是必需的。正如在此领域所得到的教训所日益展现的，这种潜力是个体和社群的强大资源。

第六章 在日常生活中研究知识

在本章中，我想要聚焦本书前面部分讨论过的理论议题如何能被转换成社会心理学的应用性的研究与干预项目。库尔特·勒温曾有名言：没有什么比一个好理论更实际。循此原则，我想要阐明，我在本书中所提的概念框架如何能在社会心理学的研究和实际干预中产生影响。在前面几章中，我已经提出了一些问题但未曾深入讨论，这些问题与对知识进行不同方式的概念化的应用意义及不同的概念各自在社会生活中的后果相关。我们如何研究表征，并将实证项目与我所提议的理论规划关联起来？社会心理学研究如何能对承认知识的多元性、对肯定不寻常的专长知识的价值、对推动不同知识体系间对话的发展做出贡献？研究如何能与干预相结合，并引发社群和政策制定的合作性转型呢？这是我在这最后的章节中想要回答的一些问题。

为此，我将重提我在本书中提出的知识研究路径的两个面向，这两个面向对研究和实践有切实的指导意义。第一个面向是这样一个观点，即就所有知识都致力于表征主体世界、互主世界和客体世界而言，知识都是**表现性**的。知识体系远不是独白式的认知构念，而是由互主性三位体所生产，这个三位体将知识与人和生产知识的公共情境关联在一起。与所有知识相应的是一种人与人之间的关系以及人与其所处的环境之间的关系，这种关系既是自然的也是社会的。在此意义上，对社会知识的研究既不是历数社会世界中关于某个客体的主题，也不是描述其背后的认知过程。通过将知识的内容与其认知过程关联起来，并将认知过程与充斥于认识行动的个人逻辑和社会逻辑关联起来，对社会知识的研究关涉对以知识为基础形成的关系，以及对这些关系背后的逻辑的敏感性的研究。其中的一些在观察者看来可能没有逻辑，但却有自身的理性，回应了行使这些知识的人的
158 特定需求。知识体系将认同、价值观和生活方式投射于社会领域。这些至少在最初需不以某种理想的、“正确的”表征集为参照被考量。正是由于所有知识都是表现性的，在如鲍尔和加斯克尔所说的忧郁的态度基础上（Bauer and Gaskell，1999），描绘并诊断本土表征的实际要求出现了：悬置信念、兴趣和偏见，并最终悬置研究者的计划，从而能够倾听他者。允许社群和人在研究过程中发声并表现观点对于揭露通常为公共空间的权力格局所阻碍、移置或者隐匿的对话过程至关重要。承认社群知识的有效性并与其进行批判性对话的任务中内含着一种解放性潜能。

第二点，也是和第一点相关的是这样一种观点，即不同的认识形式能共存，行使不同的功能，应对社群生活的不同需求。知识不应被视为位于线性进化轴顶端的最终产物，会取替并消灭较低级的认识形式，而应被视为一种多元的异质性现象，可能包含不同类型的理性和多样的形式。承认知识的多元性以及同一社群内（甚至是同一个体内）同时存在不同的知识体系提出了以下问题：不同知识体系间如何进行比较，以及不同知识体系在公共领域相逢时会发生什么。知识体系间的遭遇和比较带来了一系列问题，包括对不同知识体系的评估、知识被赋予的合法性，以及知识体系间进行沟通的障碍与可能。在此意义上，研究知识意味着研究一系列实践、关系和作为社会行动的认识所发生的具体情境，意味着对知识所表现的内容的敏感，以及对一种认识形式和其他认识形式间的相互关系的敏感，因为这些相互关系不仅与社群的认同、价值观和生活方式相关联，也与社群的知识在不平等的公共领域的发展相关。研究知识还意味着，思考遭遇他者的知识如何会有助于批判性地评价自己的知识，会有助于促进觉醒，以及最终会对社群赋能进而带来卓有成效的转型。

这些议题虽然以愚蠢的形式出现，但一直以来存在于知识的社会心理学历程中，尤其是在社会表征研究的传统中。这些议题能在奠基此领域的经典研究中看到，比如莫斯科维奇对精神分析的研究和若德莱对疯狂的研

究。在这些调查的背后是挖掘表征场的尝试，这些表征场表现普通人在日常生活情境中所知道和理解的社会现实、社群现实和某个历史时期的现实。这些属于我在第二章中所说的日常生活的现象学，研究的是世界观和生活方式形成背后的认识、心理和实践。致力于研究日常知识的表现性以 159
及由此衍生的认真倾听这些知识所揭示的意涵的需要，一直以来是这一研究传统的核心。与在原先那种歪曲或“虚假意识”意义上日常知识具有“意识形态性”的观点相反，该研究领域的目的一直以来就是恢复与日常相关的知识的认识论尊严，并解读知识主体通过这些知识所表现的理解。在很多方面看来，这与弗洛伊德在 19 和 20 世纪之交的维也纳决定与他的病人交谈并倾听病人类似，与皮亚杰跟儿童交流他们对于世界的构想类似，与列维-斯特劳斯在《忧郁的热带》中对巴西兴谷河的调查类似，与韦伯对“资本主义精神”的研究类似，也与戈夫曼对庇护所/精神病院的研究类似。这些研究的共同之处是尝试理解生活经历完整肌理背后的意义世界，无论这种生活经历是在医院里，还是在精神错乱的体验中；也无论这种生活经历是发生在巨大的社会转型中，还是仅仅是在平淡的日常经验中。

虽然后续的社会表征研究远不是一个统一的领域，揭示了作为整体的社会心理学内部存在着诸多矛盾（Allansdottir et al.，1993；最近的综合性评估见 Wagner and Hayes，2005），但今天开展的大量研究则旨在理解知识/社群/文化的交界（见 Jovchelovitch and Campbell，2000；Jodelet，2002；Montero，2002；Campbell，2003；Campbell and Murray，2004；Cornish，2004；De-Graft Aikins，2004；Howarth，2004；Howarth and Foster，2004）。这是本书由始至终强调的研究脉络，也是我在本章中想要进一步阐述的脉络。我将首先对莫斯科维奇和若德莱的经典社会表征研究做一个简单的回顾，强调他们原初的实证研究是如何回应我在前文所讨论的议题，并对这一领域的新近发展有所启示的。以当下研究为背景，我将讨论本土表征体系关涉哪些元素，并建议对此领域进行调查可从某些关键点切入。在本章的第二部分，我将探讨参与、觉醒和赋权的议题，这些议题源于对本土知识的反思性理解，以及对这些知识在公共领域中的相互关系的反思性理解。在本章第三部分，我将考虑实施干预的立足点，并提出研究本身就是对话性行动的观点。本章最后将综合这些论述，讨论我在本书中处理的那些主要议题，以及与不平等的全球化世界的多元性研究相关的伦理维度。

研究社会表征

在前面章节中，我提出知识体系得以可能的前提是表征过程，这些表
160 征过程同时表现主体世界、互主世界和客体世界。与认为知识是认知性的心理建构，是我们通过逐渐将自身与情绪、社会和文化之间的联系剥离才获得的观点相反，知识实际上是一个与表征的互主性结构相关的可变系统，知识本身正是产生于这一互主性结构。知识的关系性起源使其成为一个可变、可塑的现象，会根据表征的“谁”“如何”“什么”“为何”和“何为”的变化而发生变化。这些表征过程的不同维度构成了认识的情境，而我们要想理解知识体系的表现性就需要转向关注这些情境。

这样的概念化影响着研究和对社会干预项目的评估。如果我们假定仅仅只有一种认识方式，而在当今世界这一认识方式就等于科技知识，那么研究表征就变为一个描述知识的内容和逻辑，并将其与一种被认为是对的模式相比较的过程。这种假设流传甚广，但忽略了知识的复杂性以及普通人在应对社会和自然环境时所建构的种种设置所蕴含的丰厚潜力。其后果远非由此激发的贫瘠的研究所能覆盖；而这些潜能也影响着对待本土社群知识的方式，以及针对这些知识所采取的行动。大部分时候，这类非对话性研究的实用性目的是揭穿、取替和摧毁既存的知识。其采用的方式是将既存的知识视为是无知的和对事件状态的扭曲。这种项目在健康、教育、第三世界国家的发展主动性等研究领域比比皆是（综述见 Apffell-Marglin and Marglin，1990，1994）。国际机构、技术官僚和专家开始认识到此类项目毫无效率并非偶然。这些项目引发抵制，无视原因，常常失败，因为这些项目忽略了本地人的生活和现实。

社会表征研究已清楚表明，忽视本土知识的表现性和认识论地位存在重大问题。莫斯科维奇对精神分析的原初研究是在科学和常识的理智斗争

的背景下展开的，关注科学知识一旦进入普通人的语义世界时会发生什么。在法国和其他拉丁语国家，被称为科学的“庸俗化”或者“普及化”的过程，大致相当于今天在盎格鲁-撒克逊世界中被视为科学的公共理解的领域。在20世纪60年代使用庸俗化一词并非偶然；庸俗化指丧失资格和失去凭证的过程。研究庸俗化的动力，是评估科学能被推广至何种程度——用弗莱雷的话说，评估科学能在何种程度上被推广至普罗大众而又能保持其完整性（Barbichon and Moscovici，1965；Dulong and Ackermann，1972；Schiele and Jacobi，1988；Jacques and Raichvarg，1991）。传达、扩展 161
和转移的观点在当时一再出现，其魅力至今仍未完全消退。

但对科学的公共理解的研究显示，人们在理解中投注了与自身的社会和心理情境相关的观点、价值和意义（Wynne，1989；Hilgartner，1990；Farr，1993a）。在此过程中，科学当然被改变了。《精神分析：其意象及其大众》（Moscovici，1961）正是力图通过展现公共空间中的精神分析表征是如何远远超越了书本中和专业治疗师所持有的有关精神分析的观点和实践来捕捉这一改变过程的。但莫斯科维奇并不认为公共理解是扭曲和庸俗化的，而是认为其表现了当一种知识体系经由沟通和社会交换从某一情境转移至另一情境时会发生什么。对精神分析知识的挪用和社会改造表现了所有知识都具有符号和社会维度，也使转移和扩张的观点崩塌。莫斯科维奇将接受的环境会积极移用他们接收的符号物质的观点与庸俗化的观点并置。就像弗莱雷所认为的那样，沟通而非扩张是理解知识转型的关键。

除此之外，莫斯科维奇原初的研究对不同知识形式如何在同一社群和同一个体内共存做了强有力的分析。正如第二章中所指出的，认知多相性的概念最初是在精神分析的研究中提出的，通过与围绕常识的认识论地位和知识发展的本质的辩论进行广泛对话而得到了发展。莫斯科维奇的研究以非常清楚的形式阐明了知识的表现性议题，以及知识体系间的沟通议题。

若德莱（Jodelet，1991）对疯狂的经典研究同样也显示，缺乏对日常知识的完整认识，任何试图将精神病患重新整合进社区的努力都仍旧会是片面的，不大可能成功。她在对社群生活详尽的民族志调查中，与疯狂的现实近距离接触，将社会知识的生产与神志清醒-失常的遭遇相关联。她的研究虽然是强调认同的逻辑和知识建构中的认同保护，但研究的主要教训是忽略本土知识会让专家和政策制定者自食恶果、陷入危机。若德莱的研究揭示，在难以进行认同限定和区分的情境中，限定认同并将疯子与正常人区分的需求是如何引发符号经验领域出现强势隔离策略，使精神病院的物质性高墙再次高耸的。谁是疯子而谁又不疯的问题在这样一种社区的日常知识中便成了首要的和迫切的引导力量。在此类社区中，疯狂的经验会引发融合和传染的恐惧。除了认同限定的逻辑之外，若德莱还发现，在
162 西方文化中一些古老的符号将疯狂与外来者、与出格的流浪群体、与边缘群体相关联。因此，社区实施的隔离仪式，无论是身体的隔离、领地的隔离、炊具和餐具的隔离，还是从体液到冲洗和洗衣用水等各类水的隔离，都回应了围困他者的需求。

这一整套的表征和实践透露了什么？透露的是，想将精神病患带回社区的改革者的理想与社群关于再融入的表征的正面交锋。在符号层面上，社区要再建精神病院，正如在第五章所讨论的，需得进行多年的对话才能克服诸多障碍，因为我们的社会仍试图隔离并取替对于疯狂者而言的现实。若德莱的研究显示，弃本土知识为无知、扭曲或者迷信的那些人的主要错误在于，预设本土社群是一个有待先进知识和专家实践填充的容器，是缺乏援助专家的。没能理解并欣赏既存的知识和实践会引发抵制和掩饰。本土社群的确越来越意识到取悦援助工业需要做哪些事。然而一旦专家离开，他们就马上转头回到往常，继续自己熟知的生活方式（这方面的研究见 Novellino，2003）。

引发对莫斯科维奇和若德莱经典研究经久不衰的关注的原因在于，他们讨论的问题具有现实关照性。这些议题历久弥新。如何理解本土知识及本土知识所表现的动力机制，如何构想知识体系间的关系，尤其是科学和常识之间的关系？知识，无论是何种形式的知识，当其进入不同的社会背景，渗透于不同社会群体的生活中，并为多样的沟通和互动模式再加工时，会发生何种变化？这些议题仍与当下密切相关，仍是向不仅是社会心

理学而且是整个社会科学开放的具有挑战性的问题。莫斯科维奇和若德莱所开启的研究项目已成为一个平台，在此基础上，研究者持续探寻知识体系和生活世界之间的关联，研究处于知识/社群/文化的交界的本土现实。引导这些研究工作的问题是若德莱在对社会表征研究领域进行评估时提出的问题："谁知道以及在何处得知？如何知道以及知道什么？知道的对象是谁以及知道后有什么后效？"（Jodelet，1989：43）。回应这些问题使社会表征研究成为这样一个研究领域，即调查社群如何建构知识，社群知识如何与其认同相关联，以及社群知识如何表现文化符号和文化实践，如何定义社群在不同历史时期的生活方式。在整个学科谱系中，能发现对此类议题赋予重要性的线索；本土知识概念的出现标志着关注知识活生生的维度，以及普通人为应对日常生活和其所扎根的传统而发展的策略的重要性。 163

❖ 描绘表征体系：环境、健康与公共空间

本土表征体系是洞见人类社群的生活条件，以及无论是物质性的还是符号性的文化符码、文化实践和文化资源的来源。这些表征体系构成不同知识的多元、多面向的体系，包括神话、民间信仰、科学的专业知识、实践和仪式。这些表征体系是表现性的，因为作为人类行动，它们有**表征**的力量：它们再-现（re-present）历史、情境和认同，揭示社群的历史和社会记忆，也揭示社会安排和制度安排，这些社会与制度安排定义了人们发现自我并积极参与建构的情境。在此意义上，描绘本土表征关涉研究构成这些表征的主体世界、互主世界和客体世界。

热尔韦在环境灾难开始之初，在一个遥远的苏格兰社区里对环境表征的研究范例性地阐明了上文所讨论的关切议题（Gervais，1997）。20 世纪 90 年代初，"布莱尔"号油轮在苏格兰设得兰群岛海岸附近溢油 8.5 万吨，摧毁了海岛周围的绝大部分自然生态，严重威胁了海岛居民/栖息者的生存。这一事件引发了撼动内陆居民生活世界内核的过程，使得重构他们持有的关于曾经熟知但不再熟悉的社会世界和自然世界的表征成为必需。面

对灾难和在灾难初始来到设得兰群岛的外来者所带来的陌生，本地居民对其长久以来持有的关于适应不熟悉、防卫认同、家园和生计的表征进行再组。设得兰群岛居民不仅要应对本身就极度困难的现实灾难，而且还要应付政客、环保主义人士和记者，这些人给整个社群带来了具有冲突性的观点、知识和实践。热尔韦对被灾难所震撼的社群生活的民族志调查极其有力地绘制出，社群持有的又突然需要改变的关于自然的表征场具有多相性结构。这些表征场不仅表现了社群的自我解读、其文化认同和历史，也表现了社群所建立的与他者的相互关系，以及同时改变设得兰群岛居民和外来者的知识挪用与符号交换。通过符号表征的研究，热尔韦得以描绘本土社群的现实和改变其知识的沟通交流。此外，该研究令人信服地展现了本
164 土社群是如何通过机巧地挪用外来知识，并将其与自己的知识相结合以适应新的现实和需求，从而向知识转型开放的。

努伊拉对于危地马拉西部高原的玛雅社群对生育健康表征的研究展现了类似的关注（Nuilla，2001）。该研究在生育率极高但同时又自外部引入大规模绝育项目的环境中展开。努伊拉尝试揭示社群中流行的生育思维模式和相应实践。政府的生育健康项目与玛雅本地人之间的冲突一再表明，外来干预未能承认本土知识，并理解产生本土知识的视角。大部分时候，干预使用独白式的策略，关注扩张：行动者试图通过给当地人传输知识而推动避孕用具的使用，但忽略了当地人的心理、社会和文化现实。为了扭转这一趋势，努伊拉的研究策略包括恢复与该社群的联系，并与社群逐渐建立一种持续的关系。在关注玛雅人的生活世界的过程中，她发现该社群有一个极丰富的宇宙观，这种宇宙观将自我的再生产、玛雅人的再生产以及庄稼的再生产与“大地母亲”和一年九个月的玛雅历联系在一起。对这个社群而言，思考再生产就是通过人与土地的产生性关联去思考文化、历史和个人在时间上的延续性。土地之于他们既是生存的根源，也是被他们称为家园的地方。我们只有理解了这一知识体系才能开始明白本地人为何对于生育健康项目以及任何与节育相关的事物充满疑虑，他们又为何会普遍拒绝避孕措施以及外来人传输的信息。努伊拉的研究既没有理想化本土知识，也没有主张本土知识不该改变。但她的研究呼吁，应在承认本土视

角合法性的对话路径的基础上，构建本地人和外来行动者之间的合作伙伴关系。

对本土视角的承认是瓜雷斯基团队在巴西南部所做的研究的指导思想（Guareschi and Jovchelovitch，2004）。描绘本地人如何在极贫困地区生活定义了诸如社区、参与和公民资格这些概念。对于以理解公共领域中被剥夺人群和参与之间的关系为目的的干预而言，这些概念至关重要。在极端贫困和被剥夺的情况下，发展关于社会团结和社会资本的影响的反思性意识对于社区极为重要。在我们的研究中，和睦（togetherness）、联合（union）、团结（solidarity）和互助（mutual help）的概念被认定为赋权感的情绪和实践资源，而赋权感被社群视为有效社会行动的必要条件。没有体验和感受过社群的力量，就极少有人或者根本不会有人参与并投身到获取资源的艰苦战斗中去。对于这些社群而言，卫生和电所能带来的巨大影 165
响与每周一次在社区中心设立的流动婴儿诊所类似。要想产生自下而上的压力，社群必须要对自身知其然的合法性，也即行动、表达自身的需求并让本地政府和政策制定者承认这些需求的能力有赋权感（Briceno-Leon，1998）。的确，即使有，也只有极少的研究者会像社群本身一样了解它自己的生活方式与生存条件。该项目的目的不仅是要认可本地人有应对极端困难的日常生活的潜能和资源，而且也要使科学专业知识持有者意识到本地人并不“无知”这一事实。他们有知识，一种不同类别的知识，大部分时候是智慧的，会引导本地人与健康专业人士、规划者和政策制定者富有成效地联合起来。

在这些项目中，社会表征被视为本土知识体系，表现社会现实与文化现实，整合多种多样的心理社会现象。这些知识并不被认定为是无知、扭曲和错误的，而被理解为社群表达自身，以及其认同和生活方式的实用途径（Campbell and Jovchelovitch，2000）。与认为本土表征体系理所当然需改变或改进的观点相反，研究者的首要任务是“解读本地人的理解”（‘understand the understandings’ of local people），并以鲍尔和加斯克尔所建议的以无动于衷（disinterested）的方式倾听他者（Bauer and Gaskell，1999）。假如我们要确立沟通而非扩张的策略，那么首要任务就是站在社群行动者的视角倾听并理解被研究的社群。这一潜在假设使我们能够提议，描绘本土表征体系可以从几个重要的切入点入手。

社群生活的叙事

叙事包含了一个将行动者、情境和社会客体串联起来的情节。叙事提供了一系列社会群体的故事、神话和记忆，并引入不同的视角，使社群成为多元的异质性现实。叙事承载历史，也承载记忆和个体视角。叙事为所发生的事情提供了理由和解释，并允许社群详细阐述和面对其过去和现在的现实。无论是生产和分析关于本土表征体系的数据，还是进行以生产对本土知识批判性反思为目的的干预，叙事都是一种强大的工具。叙事尤其
166 适用于研究围绕特定事件的知识。叙事聚焦不同的视角，这些视角共同生产对于被讨论的情况的整体性解释。叙事是一种灵活的干预工具，因为其能被调适以适应无法肯定对话和口头叙述会发生的情况，即严重的创伤或语言能力受损的情况。在这些情况下，叙述能通过绘画（尤其是在对儿童进行研究时，见 Sharabi，2005），通过戏剧和视觉意象，当然如果有书写能力的话也能通过书写得以实现。

社群生活的仪式

仪式是符号意义的丰厚载体，标志着表征是如何被践行，并指导行动和行为的。通过观察某个机构、某个群体或者某个社群行事的方式，观察其组织社群日常实践，并赋予社群行动模式以结构，我们能极大了解表征体系，尤其是未能在口头语言中表达的表征体系。语言当然很关键，但仪式、行动和文化造物同样重要。与口头叙述、对话和书面文本一样，仪式化的实践、姿态、生产关系、工具、意象和艺术也以同样的方式生产社会知识。这些构成维系、生产和改变社会生活意义模式的方式。有时，如同在巴西南部的农村社区一样，社会知识是通过某些与田野劳作相关的姿态和实践而得以维系的（Oliveira，1981）。在整个拉丁美洲地区，被剥夺的社群展现了沉默的原则，使他们保持对外界的言语封闭。在这些地方，语言或对话不能被想当然，人与人的沟通存在于照料儿童、准备事物、清洁

工具、上教堂、穿特殊服饰等特定方式之中。社群和群体生活的大部分确实是在仪式中得到表达的，这些仪式表现了社群无法言说之事。

在若德莱的研究中，对于隔离仪式的理解揭示了正常人和疯子之间的障碍。这些障碍在社群的口头话语中是不存在的。在努伊拉的研究中，有两个仪式化的实践为未曾言说的表征提供了巨大的洞识：胎盘的埋葬和具有水疗性质的热水澡——泰玛斯寇（temescal）的使用。仪式化的行为极好地捕获了在文本和口头话语中一直缺失的意义，并在自身所建立的例行程序和重复中揭示出被隐藏的事物的符号和情感价值。仪式是控制表征过程中的焦虑，以及压制表征被禁止和无意识维度的极为有效的工具。对于描绘为何会出现表征过程，以及引导围绕某个事件或某个社会客体的特定观点的逻辑而言，理解缺席的与理解在场的同样重要（Gervais et al.，1999）。

对不同知识体系及其如何进行沟通的诊断 167

本土表征经常是糅杂性的，是不同知识体系的大杂烩（如 Jovchelovitch and Gervais，1999；Wagner et al.，2000）；没有任何地方能保持知识的完全“纯净”，因为没有任何社群情境是自我封闭的。我在第四章和第五章中提出的框架有助于辨识构成社群本土知识的关键元素，也有助于描绘哪些是决定群体表征既定社会客体的方式的主导性知识。与社群和社会群体一样，知识体系在当代公共空间相逢、发生冲突、建立联盟。在小群体和小社群水平是如此，在大型公共空间中也是如此。鲍尔和加斯克尔围绕生物技术的表征所开展的大型国际研究项目（Gaskell and Bauer，2001；Bauer，2002；Bauer and Gaskell，2002）就是力图去精确描绘不同的知识体系在不同的公共领域是如何汇合，并与新技术妥协的。该研究的基本框架将科学、日常知识、媒体报道和政策纳入其中，追踪大型公共空间在努力在社会世界中建立“现实”的过程中是如何阐释并创造新客体的。该研究并不是在讨论建构生物技术，并在事后被公众接收和表征的科学，而是在尝试检视不同表征体系间的争议、对话和分歧，以及各个国家公共领域是如何努力将生物技术该如何、不该如何投射于未来的。在此情况下，对本土知识体系的描绘（系统性研究并比较各个国家公共空间）就关涉对不同表征的诊断，这些表征框定了生物技术，以及这些表征在不同文化情境中所展现的截然不同的动态过程。

制度安排、社会和物质资源

虽然制度安排与社会和物质资源可能被定位为政治学和社会学的研究对象，但社会心理学分析不该忽视此两者。知识发展的具体社会环境内在于知识形成的过程，并形塑着知识的内在结构。这些具体的社会环境框定社群的日常经验，并表明组织群体实践的限制和日常义务。这些维度在情境认知研究中已被极好地探讨过（Scribner and Cole，1973；Rogoff and Lowe，1984；Lave，1988）。努恩斯和他的同事良好地展现了正式学校教育这一制度安排是如何阻碍了不适应这种环境的儿童对数学的学习的（Nunes et al.，1993）。斯克里布纳对工作环境的细致研究也展现了工作的
168 组织是如何形塑认识模式，并与世界发生联系的（Scribner，1984，1986）。组织环境意味着复杂的行政安排、等级制、劳动分工、空间的分割，以及权力和资源的区分。这些在很大程度上界定了边界内外的表征的生产。情境的社会、经济、制度和政治结构与心理现象的生产是知识的社会文化路径的一个变体。我们知道，强制的重复任务危害创造性思维。我们也知道在那些剥削严重的社群，认知资源和沟通策略在窄化，严重的剥夺不仅表现在经济层面，也体现在认知和话语层面，由此形塑了知识生产的过程。

以上讨论的维度并未穷尽所有，存在发展出能更深入地描绘本土表征体系的策略的充分可能。但这些维度为研究社群如何生产知识，以及知识生产过程中该考虑哪些方面提供了一种路径。同样，这些维度也使对本土表征体系的研究得以与以在个体、社区和政治水平上创建能力为目的的干预联系起来。

❖ 知识、觉醒与赋权

至此，我一直在展现，知识体系的多元表现性是如何转换成实证研究

的。对于研究普通人如何在不同的环境中建构认识自己和自己身处的社会世界的方式而言，承认知识表征了主体世界、互主世界和客体世界至关重要。但研究本土表征体系需要考虑另一个维度。这个维度指的是，本土表征在被发掘的过程中是如何被修通的，以及研究者又是如何调整干预以对在某领域发生的事进行批判性反思的。一种可能是通过单边性的方法论描绘并描述表征，提供一幅社群在某个特定的被研究时刻的田野画面。这类研究当然有一定的优点，至少具有表达并系统化跨人群的语义世界的能力。大型的调查和问卷能做到这一点。它们提供了广度而非深度，它们具有捕捉跨大规模人群的普遍趋势的能力。① 另一种可能是将描绘表征的过程建构成一个以引发社群现实转型为特定目标的与社群的对话。在这些情况下，对本土表征的发掘变成了一个批判性地评估本土知识，并参与可能重新定义社群未来的变化过程的定性程序。对本土表征研究的第二种模式是一种明显的干预，我想要讨论这种干预所具有的发展社区参与和能力建 169
设的一些潜能。对巴西的社区参与和健康的研究将会被作为背景性基础文献（Guareschi and Jovchelovitch，2004）。

社区参与已成为与社会不平等斗争和巩固所有人的公民权的一个重要过程。尤其是在被剥夺和被边缘化的社区中，参与是能促进社区意识发展和觉醒的一种强有力的工具（Cooke and Kothari，2001；Howell and Pearce，2001）。参与反过来与社区行动的能力以及社群在不平等的公共领域竞争资源的能力有对话性的关联（Conway，2004）。以降低不平等为目的的参与行动的构建是一种高度复杂的现象，缺乏社会心理范畴就无法对其加以理解。如同前文所指出的（Campbell and Jovchelovitch，2000），认同、本土知识和本土力量是理解参与的社会心理学的关键维度。三者具有深层的关联，并清楚表明，在公共领域进行行动和干预的倾向关涉与更大的社会、经济和政治情境具有动态关系的一些社会心理构念。因此，考虑推动

① 问卷和调查是社群层面研究的有价值的工具。两者都能被有效用于研究觉醒和赋权。发展中国家大型数据库的缺失或不可信是另一种统治工具。大型调查对历时性知识的巩固，为反思不平等和其他社会状况提供了极佳的资源（见 Bauer et al.，2000）。

个体和社群参与的因素时，有必要考虑以下三个维度：

1. **认同**。认同在此作为理解“我是谁或者我们是谁”，是什么形塑与限制了我/我们的生活，我/我们能够、应当和会做什么去引发改变或保持现状的领域，以及作为围绕这些议题的斗争的领域。
2. **社会表征**。社会表征在此作为社群所建构的关于认同、文化传统、生活方式及生存和生活策略的知识领域，关于社会场域中不同客体的知识领域，以及关于社群所建立的与其他社群的关系的知识领域。
3. **力量**。力量在此作为行动和实现利益的不平等资源领域，能促使或者阻止社群使其认同、知识、计划和需求得到承认与践行。

考虑这三个维度是一个反思性过程，关涉社群内部、研究者和社群，以及社群与更广泛的对话者在公共空间中的沟通。正是在这一沟通过程中，研究者鼓励对前文辨析出的三个斗争领域进行批判性反思，并努力发展批判意识。而这一沟通过程通常是在群体工作和社区生活仪式的参与中发展的。

觉醒，或曰批判意识的发展统合了弗莱雷的研究，如果不参考他的对
170 话性方法就无法对此加以理解。如同在第五章中所讨论的，弗莱雷的扫盲法是基于这样一个观点，即认字的同时也是在解读世界。学习如何进行解读取决于自我和他者的对话性遭遇。在此过程中，对话者经由彼此的差异和相似之处，扩展了彼此的理解。通过逐步拓宽对本土现实的解码和对人们在现实中的定位的解码，教育者和被教育者提高了他们的解读能力。参与者因此能深度理解问题，进行因果解释，学会评估自身对事件的影响，并会对通过论辩和对话进行修正持开放态度。这些目的为调查过程提供了一种教育优势，由此，对社群所持的表征的解读也变成了对这些表征的意义、其缘起，及其是否需改造的一种更广义的解读。

一方面批判意识的发展在认知、个体和社会水平有一些益处，另一方面其所依赖的程序也构成能在本土水平与国家机构之间出入的其他能力。批判意识不仅有助于自我理解的过程与个体和社群的赋权，而且将个体和社群的声音重新回置于制度化的公共空间的核心，与此同时，又为那些被

个体和社群系统性排斥的人群提供新的理解层次。在被剥夺社群参与的背后，既有承认政治，也有承认心理。在此，被社会排斥的主体来到公共领域，陈述自己是谁、他们知道什么以及想要什么。在参与性公共场所言说并在场是表达“看看我们，听听我们不得不说的，关注我们想要发展的计划”的一种方式。这种方式引入了与历史上因长期贫困和社会排斥饱受伤害的社群的新对话，由此重新定义了公共空间的本质。在参与性公共场所言说并在场也表明，再分配政策的要求和构建与承认政策有错综复杂的关系。虽然当下国际机构和各国政府在借用参与这一概念对单边行动进行合理化时大谈特谈参与的陷阱（Rahman，1995；White，1996；Morgan，2001），但参与的优势不该轻易被忽视（Van Vlaenderen，2001）。同很多其他概念一样，我们必须持谨慎的态度。我们不该抛弃这一概念，因为这一概念一直被误用。图 6.1 展现了对社群发展进行的社会心理干预的主要因素是基于前文所提的那些原则。

诊断、干预和反思三个层次相互关联，并与参与和赋权的发展相关。在这一构念中，社会心理干预可被设想为研究者和社群间的对话性遭遇，关涉承认相关的不同知识体系之间、研究者计划和社群现实之间可能发生交汇、潜在冲突和潜在联合。这一构念关涉处理障碍和攸关者之间的分 171
隔，以及直面和解决秉持在研究者、实践者、政策制定者和社群成员间，用以构建富有成效的联合的观点。构建联合的观点能改善和改变被剥夺人群的生活。这一构念也对国家的制度结构提出了包容并考虑源于非公共空间的洞见和需求的要求。这类工作有一个必须明确并说明的规划：工作关注本土层面但并不对其进行理想化。其目的不在于理想化社群的知识，而是构建一种基于对话性原则的批判性遭遇。在此，所有的计划攸关者都能 172
获得知识并发展知识。此类过程当然费时耗力；这些过程在本质上是发展性的，不能以一个短周期内的预期后果进行评估。此类过程需要策略性地瞄准发展和巩固的长期目的。那些因为造成障碍而使其潜能遭到否定的地位，在本质上其实是自我实现的预言和自我防卫的预言。如果想要让包容性公共空间的观念得以维持，我们就必须策略性地应对公共空间所带来的挑战，并认识到长期考虑巩固公共空间所具有的解放性潜能是有必要的。

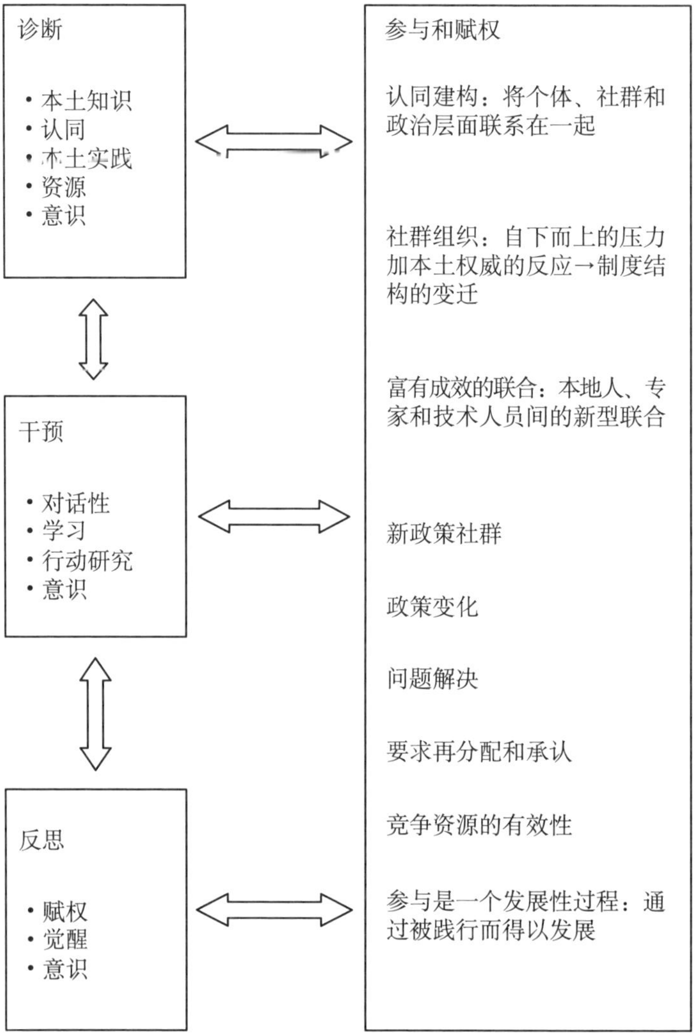

图 6.1　参与和赋权的社群干预

❖ 作为对话行动的研究

所有研究都是由拥有某些知识并抱有自身规划的行动者所开展的社会行动。虽然以上陈述对所有研究都适用，但当该陈述被应用于社会科学实践时，就获得了一个更尖锐的特征（Habermas，1990）。被符号性结构化的社会科学调查领域凸显了时间的议题、空间的议题，以及无法被简单置于自然科学程序下、游移在知识的主体和客体之间的认同的议题。正如我们所知，在心理学中，这一直以来都不是一个简单的议题。实际上，心理学在成为独立学科的初始，就揭示了心理学为了建立其作为一门科学的认识论资格，并力图将自身置于自然科学的框架之下，重组了其基础，将关注点从社会和文化上移开（Danzinger，1974；Farr，1996）。在社会心理学中，这一过程留下了一些很深的伤疤。对方法运用的压倒性偏重极好地掩盖了理论阐述的缺失（Elejabarrieta，1989）。理论预设在假设的表述中常被淡化或者完全被忽视，而通过复杂的统计技术，其科学发现的价值得以体现。但方法论问题不仅仅与技术程序相关，问题的重点也不在于是采用问卷方式还是深度访谈的方式。虽然争论常集中于假定的定性与定量方法之间的对立，但这种对立其实是完全虚假的，并未触及根本性问题。方法论与理论议题相关，实际上方法论取决于理论议题，而理论议题又受制于认识论概念。这三者之间的紧密联系和相互渗透引导并打开了研究的不同可能。

如果想把握社会心理现象的社会历史特征，理解产生这些现象的意义情境的话，就需要采取一种阐释学立场，超越行为主义传统所施加的根深蒂固的限制。正如我们所知，行为主义将心理学限定在对可观察的行为的研究上，同时又与行动结构——被符号性结构化的经验领域保持距离。行 173
为主义者的意图是生产一种内省无涉的公共心理科学（在可观察并接受公开审视和复制的意义上）。这样的限定与距离保持适用此目的，但如果我们想理解可直接观察行为背后的社会心理过程的话，这就是片面的。行为事实也是源于互动情境的意义事实。分析单位并不是独白性的主体-客体，而是对话性的自我-他者-客体：聚焦于产生表征与社会心理现象的互主性三方。

这一理论定位不仅囊括了被研究和观察的现象的内在动力，也包含了观察行为本身（Von Cranach，1982）。如同在博尔赫斯的短篇小说中一样，研究者的困境就是地图制作者的困境。后者力图详尽无遗地绘制世界地图，但被将自己绘制地图的形象也绘制在内的需求所挫。对所有完整的世界图像必须包括拍照的那个人的认识，粉碎了这样一个梦，即知识能提供自身与其想要捕捉的现实之间的完全对应。博尔赫斯的短篇小说中的地图绘制者的困境提醒我们，没有任何人能触碰到“赤裸裸的真理”意义上的现实。虽然反思地图绘制会有问题是可能的，但不存在“无源之观点”。在此意义上，所有研究都是参与式研究，因为进行观察行为的人本身就在与被观察的客体进行互动。这点在面对面临床访谈中很清楚，在将问卷的措辞，以及在最佳地点开展实地调查的具体的人考虑在内的大型调查中也同样如此（O'Muircheartaigh，1997）。

当在社群水平（指所有被概念化为社群的社会情境，即机构、组织、地理社区等）开展社会心理干预研究时，上述议题就变得突出。干预意味着对现状的干扰，并为了引发某种后果而力图改变其轨迹。干预包括提出改变，以及围绕如何使改变发生的一整套程序。将调查和干预结合的研究者拥有某些语言、文化、规划、研究假设和计划。这些语言、文化、规划、研究假设和计划既与政策社群相关，也与和他们签订合同、使他们来到田野的人的观点相关。研究者在研究过程中的**影响**是需要被认识并处理的，而不应予以否认。这就需要在两个相互关联的水平上展开。第一，识别归属的水平。任何做过研究的人都知道现象学家是对的。我们都是由某个**同此世域**（*Mitwelt*）的某个位置开始的，这是一个我们与他人共享的世界：我们属于某种文化、某个地方、某个民族、某个历史时期、某个科学传统。这些归属从一开始就框定了我们说话、行事的位置。悬置此类归
174 属，将研究者的凝视从其文化、传统和视域的滤镜中解放出来是对于研究态度（the research attitute）的诸多愿望之一。

认识到我们属于我们的归属所施加于我们的限制，并永远也无法完全逃脱这些限制对于调查而言至关重要。这一认识也将我们引至研究者在实地研究中的影响的第二个水平。这一水平是程序性的，关涉对我们与田野之间的关系的本质思考。如同所有其他的知识遭遇类型一样，干预可能是对话性的，也可能是非对话性的。对话态度关涉基于不同的独立交谈者之间相互承认的交换。在此，各方努力建立沟通，并处理常与沟通过程相关的众多障碍。研究中的对话态度既以倾听他者的行动为基础，也以允许田

野现实尽可能地表达自身，以及不断地评估田野现实如何动摇并重塑研究者的研究假设、研究理论和先在预设为基础。通过对话性行动，先在知识和研究者的预设与田野现实之间相互影响，引发再调适和改变，并有望拓展所有攸关知识的边界。

客观的立场，是倾听田野的声音并与田野进行对话的一个关键前提。这不是一种数据，而是研究者有意识的刻意努力，虽然从未完全实现过。这并不容易达成，需要训练、练习、克制和承受自我批评的痛苦。如何与过于亲近、亲密的田野保持距离是对话性方法的主要关注点。其原因在于，与田野现实进行沟通不该与在研究者和参与者之间寻找共同点相混淆：研究者的任务是保持一定程度的分离，由此我们想要了解的他者的不同之处，即田野的他性才能以其原貌被认识，其原本的意思才能顺利传达至研究者那里。这一努力是矛盾的，因为乍一看分隔与保持距离可能意味着研究者对田野态度冷漠，并不与田野现实进行互动。事实完全相反，因为在研究者和田野之间有一个沟通空间，这一空间有其自身的动力，并在研究过程中产生一系列后果，抽身并进行批判性反思的需求由此而生。力图保持距离正是因为意识到，理解我们自己的偏见、歧视和议程会有助于更好地贴近。如果无法抽离，无法让自己与场景保持距离，倾听的行为就会受损。研究者如果过于投入田野或是自己的研究议程，则可能会发现仅仅倾听但不将自身的关注变成行动是困难的。处理与田野保持距离和参与田野之间的张力是进行有效研究的关键，对于产生批判性反思并拓展这一过程中所关涉的所有知识的边界而言也至关重要。

心理学对参与和保持距离之间的张力已有众多理论。这一张力是临床 *175*
方法的核心，不仅在临床场景中如此，在使用临床方法的社会研究中也是如此。对此张力的分析为阐明独立对话者之间的对话性遭遇是如何成为知识生产的关键的提供了基本原则，无论该知识是关于自我、他者或是世界的。这些原则可回溯至苏格拉底的产科学和他对自己不拥有知识的宣称。苏格拉底的方法是一种知识生产的方法，借助了助产术、产痛、分娩和生产的隐喻。苏格拉底相信他的学生“有孕”，而他自己则无智慧。他自称助产士，就像他的母亲一样，认为他的任务就是充当一位助推者，像助产士一样。他的接生方法是对话，并以产痛类比对话，最终产生关于真正的知识的问题与答案链。在这一链条上，每一个问题和答案都被细致检视并被批判性地评估。真正的对话可能是痛苦的，大部分时候也确实如此，因为对话关涉意识到自己的幻觉和错误、应对自己的限制，以及学习如何改正自己的错误。苏格拉底的产科学将他不拥有知识的宣称与他积极参与对话性遭遇相结合。他声称自己不拥有知识这一点肯定可以被视为伪现象，并且一定程度上颇具讽刺色彩，因为他太知道如何发问，以及如何揭示相应回答的前后不一致。但他的行动中始终有一个贯彻所有对话性遭遇的原则：一定程度的自我否定和一定程度的自我参与。

弗洛伊德在将理解和检视移情（transference）和反移情（countertransference）过程纳入精神分析方法的核心时拓展了这一议题，弗莱雷在他的教育学中详尽讨论了这一问题，皮亚杰在他的儿童研究中也对此有过详细讨论。弗洛伊德在描述移情和反移情过程时意识到治疗所建议的沟通场景是对治疗师和来访者都有影响的双向道路。以言论自由和互主性场景作为治疗工具，精神分析预设来访者倾诉而治疗师倾听，但治疗师当然会回应来访者，尝试解读来访者的话以生产新的意识水平，并拓宽意识水平。在此过程中，治疗师和来访者都在对移情和反移情的分析中受益良多，这就将在治疗师与来访者沟通过程中涌现的大量情绪和过程性现象带入治疗场景的中心。因此，不该将这一过程视为从自我向他者的单向移动。参与各方都必须认识到干预存在双向过程，必须要在治疗场景中直面并处理这一双向过程。弗洛伊德的模型很容易就可被转换成社会研究的动态过程（见Devereux，1967；Habermas，1987；Giami，2001），因为允许他者说话的行动会反馈给倾听者，有时会产生让人极为焦虑不安的后果。这些后果绝不
176 能被认为是错误，而需要被理解并解读为是对话性沟通过程中必不可少的。弗莱雷在讨论他的对话教育学时，也敏锐地意识到学习是一个双向过程，真正的教育必须考虑教师从其要教的人身上所学到的。他的扫盲法，如我们所见，借鉴了苏格拉底的助产术，设计了一系列对话步骤以发展一种将参与者考虑在内的新意识。在皮亚杰对临床方法的描述中，同样的原则也成为关键。他强调，研究者必须将所出现的结合成两个具有冲突性的

特征：为了观察而抽离，以及当在关键时刻需要干预时再参与。将这些理论家的研究统合在一起的共同的线索是这样一种观点，即互主性架构是建立在对话的基础上的，无论进行对话如何困难、如何痛苦，互主性结构都是通往发现过程之路：认识就是在与他者的沟通中发现/揭开盖子（discover）。这一洞见不仅能被用于概念化日常生活情境中的知识，也可被用于指导我们作为研究者力图构建这一知识的过程。

我们在研究知识时想要回答的那些问题非常适用于研究过程，并能有助于视觉化我们在社会世界中的干预的本质。科学要的是什么？科学为了达成其目标采用的是哪些策略？我们如何进行对于事件和我们所研究的现实的表征的生产？许多年前，鲁利亚在将浪漫观点与经典科学进行对比，并描述各自不同的抱负和策略时提到了这些议题。问题的症结总是在于，如何保持生活现实的丰富多彩，以及如果想达成这一目标我们所要付出的代价。严格的理论程式的丧失，与研究的“人性的，太人性的”维度的纠葛不应阻吓我们，或者说鲁利亚是这么想的。归属与抽离、发现与掩盖之间的张力本质上是极度实用性的，当我们进行研究时会表现得相当真实。研究是对话这一观念，有助于我们应对这些张力，并恢复调查与生活之间的联系。这种联系总是存在，无论我们是否有意识到。

❖ 对知识及其理性的再思考

我在本书中所呈现的知识的研究路径极其倚重对表征的这样一种概念化，即表征是表现主体世界、互主世界和客体世界的一个社会心理构念。我提出，表征是构成所有知识的元素，想要理解知识体系就需要了解知识体系想要表征谁、如何表征、表征什么、为何表征以及表征何为的问题。没有表征的知识是一个梦，一个合法的、可理解的梦。这个梦回应了人类对于确定性和安全的古老追求，回应了相当难以捕捉的宣称世界**就是**我们所拥有的关于其的知识的可能。这个梦在所有集体表征中都有所表现，当 177
其在应对由质疑神话、传统和宗教经验所引发的焦虑时，又典范性地被现代性所重新阐述。这个梦以将知识理论化为和世界的现实完全对应的形式再次出现。照此理论，完全对应是可能做到的，只要能将人、社会和文化这些不纯净因素从认识行动中清除出去。没有表征的知识梦变成了没有表征功能的表征梦。剥离了表现性，表征会变成个体按世界本来的样子描绘世界的心理行动，即一系列先在于人类认知努力的实证规则。世界就在那儿，等待我们去发现，知识的任务就是捕捉世界的原貌。

表征的这种转变，将其从与人和情境的关联中剥离，解释了为何知识是现实的对应的理论被批评为是知识的表征观。为表征是对世界的客观复制这一笛卡尔工程所困，理论家尝试抛却这一观念，转投一种语言转向。论据是：语言能避免表征的独白性特点，因为语言本质上是社会性的。语言本身就是一种表征体系的观点仍有待特别检视。事实是，这一理论框架更多处理的是没有人、社会和文化污染的表征梦，而非表征现象。这是一个被纯粹理性及相应的焦虑所纠缠的梦。这种焦虑和所有焦虑一样，阻止理性与其想要躲避的更为复杂无序的现实进行沟通。

表征是对心理的复制的理论虽然流传甚广，具有深远的影响，但禁不起进一步推敲。该理论视表征为某种既定，而持续无视其发生和发展的问题。不对表征是如何形成、又如何发展的进行发问正是该理论构想为何会具有非历史、非社会特征的原因。该理论将心理现象从其根源和实现条件中剥离，将表征转变成没有情绪和社会元素的干巴巴的认知地图。即使只是对自然情境下运作的人类大脑进行简单的观察也能发现，表征远不只是信息加工，而心智也并不是由独立部分组成的单元性实体。观察一个小学生会发现：这一阶段的儿童混合了内容习得和逻辑结构发展，在努力学习正规的学校教育内容时，社会与情绪逻辑总是常伴左右。年幼的儿童在教室里，也在操场上建构公共空间，这也形塑了他们学习和建构关于世界的知识的方式。如同福思（Hans G. Furth）所敏锐揭示的，儿童的玩耍中有社会的戏剧。观察儿童两两或者三三的玩耍，我们很快就能看到政治的出
178 现：就分歧进行协商，找到相似之处，制定一个联合的程序，形成联盟，排斥，微小政变，改变议程，等等。我们如何能将诸如此类的过程与知识结构分开呢？假如我们将此两者分离，就会无法对其进行理解。

一旦从其出现的根基中抽离，社会心理现象就变成抽象物，能被人为

地重新依附于某个可被视为自我中心主义整体的主体之上，没有历史也没有文化。有历史的主体和无主体的心智是这种心理和情境分离的两个相互关联的后果。维果茨基提出，我们如果不能展现现象在时空中构成的模式，就无法理解所有有关人类的根本历史性——跟所有其他现象水平一样，这同样适用于心理现象。发生路径本质上是历时性路径，因为该路径探讨心智的发展轨迹，并视其为一个演化的动态过程，而非某种成品。

我在本书中提出的表征路径想要提供一种既是发展的和社会的，又是沟通的和互主性的表征解释。如同皮亚杰、维果茨基、米德和温尼科特的心理学所揭示的，人类儿童的发展轨迹首先是与他者以及客体世界建立关系的历程，这些关系最终使儿童能变成人，能作为一个独立的存在建立与自身的关联。这些关系——与他者、与自身、与客体世界的关系的构建是一个沟通过程。此过程同时又建构表征，使其充满表现性，这种表现性是表征具有符号特征的根源。因为深陷很多关系而非某一种关系，表征并非单向复制，而是一种生产意义并使影响和意义理解成为可能的符号努力。无论是将认知过程视为个体心智认知的理论家，还是批判表征为对自然的单向镜像化的评论家都没有讨论过表征的心理起源，也没有同揭示了表征与意义和符号秩序之间存在关联的社会文化理论家有过交流。一旦我们将人类儿童的发展考虑在内，表征过程是一种互主性的成就这一事实就变得一目了然了。表征是由婴儿在与他者共同建构自己与客体、文字和世界的关系的过程中建构的。

表征是社会发生的观点将表征与微观范畴和宏观范畴重新联系起来，比如身体、人、历史和文化，并将知识结构向认识情境的内在多变性敞开。这一观点使我们能够理解为何儿童和女性产生的认识形式有极强的辨识度，也给我们提供了理解为何不同的文化和社群生产知识的方式不同的工具。一旦我们理解了表征形式的构成元素以及表征是如何跟知识发生联 179
系的，我们就能：（1）脱离这样一种观点，即知识是一种纯粹的个体理性，知识的获得基于抽离自我、社会和文化；（2）废除这样一个任务，即仅以认识形式表征现实的程度来对其进行划分；（3）将知识从独白式意识理论中移除，将其置入一种心理沟通理论之中。表征过程的多变性预防了人类知识的封闭，并要求有不诉诸中心主义视角而能与知识形式差异进行交流的框架。中心主义视角无视其自身的历史性和定位，宣称自己就是标准，所有其他事物都应以此为参照被评价。

在社会心理学学科情境中，过往的几十年见证了从视知识为个人所有到视知识为根源于社群的互主世界的系统性转变（例见 Billig，1987；Billig et al.，1988；Potter，1996；Potter and Wetherell，1987；Semin and Gergen，1990）。虽有笛卡尔的孤独的认识者的工程横亘于前，但仍有相当一部分人致力于恢复和更新研究路径，力图探寻人类社群是如何开始认识和理解他们发现自己并在其中进行建构的世界的。今天，在知识的社会心理学领域所展开的大部分研究在进行一种清楚无误的尝试，即力图找回所有知识体系的相对智慧，并恢复传统上被视为错误和扭曲的那些知识体系的价值。这不仅关涉日常知识，也关涉这些知识如何在与比如科学等其他知识遭遇时被改变和创造出来，表现出构建一种更为明智的知识理论的动力。这种知识理论不会无视知识与生活、理性与激情、认识与归属之间的联系。这样一种知识的社会心理学的基本原则可被总结如下。

互-主（体）性的首要性

转变我们构想知识的方式，关涉承认互主性结构在知识的发生和社会实现中的首要性。每一种认识形式都对应了一套人与人之间、人与人所处的环境之间的根本性关系。这些关系既是社会的又是自然的，框定了知识的表征目的。如果想要解释知识的理性，以及那些有时在不理解其所根源的情境的观察者看来不理性的认识形式，就需要理解这些关系。如果要慎重地将社会情境作为理解知识的一个附加变量，就需要考虑这些关系的社会心理本质，即其在空间和时间中的质量和位置。这就关涉通过考虑表征
180 过程中的“谁”“如何”“什么”“为何”和“何为”的问题去探索认识情境的社会心理。

认识形式的多元性

对情境中的知识的研究揭示了理性思考形式的多元性，而多元的理性

思考形式并不完美对应着不同的认识形式。认知多相状态确实就是指社群拥有多元知识的事实。这些多元的知识构成了不同的逻辑和理性。这也同样适用于科学共同体。对科学的社会研究表明，科学知识尽管努力想要获得纯粹理性，但充斥着不同于其所宣称的纯粹的科学理性的理性和逻辑。知识不该被视为独白式的单一建构，而应被视为由多元理性构成的、异质性的可塑形式。其逻辑不是由某种超验的规范所决定的，而是取决于情境的社会心理逻辑。接受知识是多元性的这一观点关涉对两个问题的思考：第一，不同的知识是如何被区别对待的；第二，不同的知识之间能否进行沟通。这两个问题与自我-他者关系的社会心理学相关，尤其是与承认和换位思考相关。承认差异需要放弃自己是唯一的幻想，放弃用自己的假定去框定他人的经历。承认认识体系的多元性通常为知识的等级性表征所阻。知识间的对话性关系预设了承认多元性，以及主动拒绝知识具有等级性的观点。当然，在知识之间建立对话性关系有诸多障碍，但这些障碍不应阻止我们进行迈向建构对话性的理论和实证努力。所有知识都包含与未来以及尚未成为的事物有关的维度；意识到边界和限制的存在不仅需要妥协，也需要对世界能变成什么样以及应该变成什么样有所预见。对多元性和知识间交流的研究需要有一种关于希望的社会心理学，以致力于建构未来的希望。

知识的演化和转型

理解知识的异质性关涉废除常常是内隐的经典预设，即存在一种最佳的、较发达的认识方式。从低级到高级线性进化的看法产生了相当自满的观点：在等级序列的顶端存在着一种有待获得的最优状态，这种状态已被某个特定的群体所占据。构建基于一条串联不同发展阶段的连续路径的发展框架，对于西方人的自我解读至关重要，因为这样一条连续的路径合法
化了其生活方式、认识模型和行为模式，及其对那些“不发达的”、需向 *181*
最优状态方向发展的地区的干预。毋庸置疑，这一观点对所有受其影响的地方都具有毁灭性，尤其对西方自身而言，这一观点阻止其更好地了解其自身生活方式内在的局限，以及自己也只是众多社群中的一个这一事实。

西方的自我解读可谓是上述讨论议题的范例，也能作为一个模型，用以质疑个体和社群将自身置于无法慎重考虑他者视角和知识的位置的所有情况。揭穿线性进化观点的谬误使我们能感知到，知识具有等级性的观点是一种文化建构，表现了缺乏在不贬低差异的基础上承认差异的能力。与此同时，拆穿该观点打开了对人类的多元性和人类多元性的潜力有所意识的新空间。与“较高级的”认识形式会消灭“较低级的”认识形式的观点相反，我们认为不同的认识形式是并存的，行使不同的功能，满足不同的认同需求。这些能被社会行动者用来作为资源，获取回应日常不同类型的要求的答案。不存在以渐进的等级处理知识间的差异的需求，反而有一种阐明不同认识形式沟通过程中内含的可能和危险的需求。

我在本书中提出的知识的社会心理学的灵感就是源于以上这些预设，其动力在于对人类沟通所具有的潜能的深信不疑。这一动力在莫斯科维奇的社会心理学中，在他所有强调互主性的弥补力量的理论视角之中都同样可见。我在杜塞尔的著作中、在拉美的弗莱雷和马丁-巴罗的研究中、在哈贝马斯的思想中、在由弗洛伊德所开创的精神分析传统和后续的温尼科特的思想中、在米德和罗米特维特的社会心理学中、在发展心理学的社会文化学派中都找到了这一动力。尽管这些学者的思想存在种种差异，而他们思想的不同方面也并非无可指摘之处，但他们为我们提供了理解和追寻互主性的元素。

当下我们所经历的情境的特点是，不同的世界和不同的生活方式之间存在着相互的关联。这些情境赋予人类的沟通具有潜能的观点以一个不可避免的伦理维度，因为他者的困境被看到、理解并无法被否认。但关注诸多源于不正义和不平等的苦难所在、关注剥夺和被排斥经历的本质并不意味着，我们要因为人类沟通和理解的可能实现而宣布放弃承诺。无论世界之于我们的压迫、野蛮和不正义有多沉重，人类生活总是对互主性有绝对的需求，以及由此而来的沟通的可能、遭遇他者的可能和在遭遇他者的过程中也遭遇自己的可能。

182 最后，作为本书的结尾，我想要谈谈相对主义。我深知相对主义是本书的一个潜在危险。承认不同知识形式都具有合法性能轻易将我们带向相对主义。假如所有知识都有价值，那么我们就无法确立我们会将什么称为现实或真理。我想要与一种简易的相对主义，或者说与通过再次重申沟通的艰难而否认存在真理的可能保持距离。我之所以用了“艰难”一词，是因为我们作为心理学家都很清楚一件事，即沟通需要付出巨大努力，是一个不断努力的过程。本质上来说，所有人类社群都是独一无二的文化现实；而就本体论而言，每个人类个体都构成一个自己的世界。但穿透这些生存距离正是人类文化的本质，也是自我发展的本质。向他者靠近与构建一种共享的理解是一个过程，这一过程允许人类社群建立评判对错、好坏、真假的标准，这些标准的建立虽然危险且充满不确定性，但又是必要的。承认真理具有社会性并不会减少真理的必要性，并不意味着我们必须放弃真理，视之为一个需要被保存的理想。承认不同知识类型的多元性和合法性并不导致对所有知识的无条件接受。错误和幻觉是人类现实的一部分，两者是所有人类知识形式的内在可能。人类批判的能力、改正错误的能力，以及通过沟通、反思和自我批评从以往的错误中和他人的经历中吸取教训的能力为相对主义框架下的孤立和孤独提供了解毒剂，与此同时，也为所有知识提供了增长与发展元素。

参考文献

Abric, J.-C. (1989) 'L'étude experimental des representations socials', in D. Jodelet (ed.) *Les Représentations Socials*, Paris: Presses Universitaires de France.

Abric, J.-C. (2001) 'A structural approach to social representations', in K. Deaux and G. Philogéne (eds) *Representations of the Social*, Oxford: Blackwell.

Alcoff, L. M. and Mendietta, E. (eds) (2000) *Thinking from the Underside of History: Enrique Dussel's Philosophy of Liberation*, Lanchan, MD: Rowan and Littlefield.

Alexander, J. C. (2003) *The Meanings of Social Life: A Cultural Sociology*, New York: Oxford University Press.

Alexander, J. C. (2006) *The Civil Sphere*, New York: Oxford University Press.

Allansdottir, A., Jovchelovitch, S. and Stathopoulou, A. (1993) 'Social representations: the versatility of a concept', *Social Representations* 2, 1: 3–10. Online. Available HTTP: <http://www.psr.jku.at/psrindex.htm> (accessed 14 February 2006).

American Psychiatric Association (APA, 1994) *Diagnostic and Statistic Manual of Mental Disorders*, 4th edn, Arlington: American Psychiatric Association.

Anderson, B. (1991) *Imagined Communities: Reflections on the Origin and Spread of Nationalism*, London: Verso.

Apffell-Marglin, F. (1990) 'Smallpox in two systems of knowledge', in F. Apffell-Marglin and S. A. Marglin (eds) *Dominating Knowledge: Development, Culture and Resistance*, Oxford: Oxford University Press.

Apffell-Marglin, F. and Marglin, S. A. (eds) (1990) *Dominating Knowledge: Development, Culture and Resistance*, Oxford: Oxford University Press.

Apffell-Marglin, F. and Marglin, S. A. (eds) (1994) *Decolonizing Knowledge: From Development to Dialogue*, Oxford: Clarendon Press.

Arce, A. and Fisher, E. (2003) 'Knowledge interfaces and practices of negotiation: cases from a women's group in Bolivia and an oil refinery', in J. Pottier, A. Bicker and P. Silitoe (eds) *Negotiating Local Knowledge: Power and Identity in Development*, Sterling, VA: Pluto Press.

Arendt, H. (1958) *The Human Condition*, Chicago: University of Chicago Press.

Arruda, A. (2003) 'Living is dangerous: research challenges in social representations', *Culture and Psychology* 9, 3: 339–359.

Ashenden, S. and Owen, D. (eds) (1999) *Foucault contra Habermas*, Thousand Oaks, CA: Sage.

Aulagnier, P. (2001) *Violence of Interpretation: From Pictogram to Statement*, London: Brunner-Routledge.

Bachelard, G. (1938) *La Formation de l'Esprit Scientifique: Contribuition à une Psychanalyse de la Connaissance*, Paris: Librairie Philosophique J. Vrin.
Bachelard, G. (1971) 'The cogito of the dreamer', in G. Bachelard *The Poetics of Reverie: Childhood, Language and the Cosmos*, Boston: Beacon Press.
Bachelard, G. (1987) *The Psychoanalysis of Fire*, London: Quartet.
Banuri, T. (1990) 'Modernization and its discontents: cultural perspectives on theories of development', in F. Apffell-Marglin and S. A. Marglin (eds) *Dominating Knowledge: Development, Culture and Resistance*, Oxford: Clarendon Press.
Barbichon, G. and Moscovici, S. (1965) 'Diffusion des connaissance scientifique', *Social Science Information* 4, 1: 7–22.
Barnes, M. and Bowl, R. (2000) *Taking over the Asylum: Empowerment and Mental Health*, Basingstoke: Palgrave.
Barthes, R. (1973) *Mythologies*, London: Paladin.
Bartlett, F. C. (1923) *Psychology and Primitive Culture*, Cambridge: Cambridge University Press.
Bartlett, F. C. (1932) *Remembering: A Study in Experimental and Social Psychology*, Cambridge: Cambridge University Press.
Basaglia, F. (1968) *L'Institution en Negation*, Paris: Editions du Seuil.
Bauer, M. W. (2002) 'Arenas, platforms and the biotechnology movement', *Science Communication* 24, 2: 144–161.
Bauer, M. W. and Gaskell, G. (1999) 'Towards a paradigm for research on social representations', *Journal for the Theory of Social Behaviour* 29, 2: 163–186.
Bauer, M. W. and Gaskell, G. (eds) (2002) *Biotechnology: The Making of a Global Controversy*, Cambridge: Cambridge University Press.
Bauer, M., Gaskell, G. and Allum, N. C. (2000) 'Quality, quantity and knowledge interests: avoiding confusions', in M. W. Bauer and G. Gaskell (eds) *Qualitative Researching with Text, Image and Sound: A Practical Handbook*, London: Sage.
Bauman, Z. (2001) *Community: Seeking Safety in an Insecure World*, Cambridge: Polity Press.
Beck, U., Giddens, A. and Lash, S. (1994) *Reflexive Modernization: Politics, Tradition and Aesthetics in the Modern Social Order*, Cambridge: Polity Press.
Benhabib, S. (1992) *Situating the Self: Gender, Community and Postmodernism in Contemporary Ethics*, Cambridge: Polity Press.
Benhabib, S. (1999) 'Civil society and the politics of identity and difference in a global context', in N. J. Smelser and J. C. Alexander (eds) *Diversity and its Discontents: Cultural Conflict and Common Ground in Contemporary American Society*, Princeton: Princeton University Press.
Benhabib, S. (2002) *The Claims of Culture: Equality and Diversity in the Global Era*, Princeton: Princeton University Press.
Benhabib, S. (2004) *The Rights of Others: Aliens, Residents and Citizens*, Cambridge: Polity Press.
Benjamin, J. (1993) *The Bonds of Love: Psychoanalysis, Feminism and the Problem of Domination*, London: Virago.
Berger, P. and Luckman, T. (1966) *The Social Construction of Reality*, Harmondsworth: Penguin.
Billig, M. (1987) *Arguing and Thinking: A Rhetorical Approach to Social Psychology*, Cambridge: Cambridge University Press.
Billig, M., Condon, S., Edwards, D., Gane, M., Middleton, D. and Radley, A. (1988) *Ideological Dilemmas*, London: Sage.

Bleger, J. (1980) *Temas de Psicologia: Entrevista e Grupos*, São Paulo: Martins Fontes Editora.
Bloch, E. (1986) *The Principle of Hope*, Oxford: Blackwell.
Bloch, E. (1988) 'The conscious and known activity within the not-yet-conscious: the utopian function', in E. Bloch *The Utopian Function of Art and Literature*, Cambridge, MA: MIT Press.
Blumenberg, H. (1985) *Work on Myth*, Cambridge, MA: MIT Press.
Boog, B. W. M., Keune, L. and Tromp, C. (2003) 'Action research and emancipation', *Journal of Community and Applied Social Psychology* 13, 6: 419–503.
Bourdieu, P. (1994) *Language and Symbolic Power*, Cambridge: Polity Press.
Brandão, C. R. (1982) *Pesquisa Participante*, São Paulo: Brasiliense.
Briceno-Leon, R. (1998) 'El contexto político de la participación comunitária em América Latina', *Cadernos de Saúde Publica* 14, 2: 141–147.
Bruner, J. (1990) *Acts of Meaning*, Cambridge, MA: Harvard University Press.
Brunswik, E. (1952) *The Conceptual Framework of Psychology*, Chicago: University of Chicago Press.
Calhoun, C. (ed.) (1992) *Habermas and the Public Sphere*, Cambridge, MA: MIT Press.
Campbell, C. (2003) *'Letting them Die': How HIV/AIDS Programmes often Fail*, Bloomington: Indiana University Press.
Campbell, C. and Jovchelovitch, S. (2000) 'Health, community and development: towards a social psychology of participation', *Journal of Applied and Community Social Psychology* 10, 4: 255–270.
Campbell, C. and Murray, M. (2004) 'Community health psychology: promoting analysis and action for social change', *Journal of Health Psychology* 9, 2: 187–195.
Canetti, E. (1973) *Crowds and Power*, Harmondsworth: Penguin.
Castel, R. (1971) 'L'institution psychiatrique en question', *Revue Française de Sociologie* 12, 1: 57–92.
Castel, R. (1978) *O Psicanalismo*, Rio de Janeiro: Graal.
Castro, P. (2003) 'Dialogues in social psychology – or how new are new ideas?', in J. László and W. Wagner (eds) *Theories and Controversies in Social Psychology*, Budapest: New Mandate.
Chambers, R. (2003) *Whose Reality Counts? Putting the First Last*, London: ITDG.
Chryssochoou, X. (2000a) 'Changes in globalised societies and the redefinition of identities', *Journal of Community and Applied Social Psychology* 10, 5 (special issue).
Chryssochoou, X. (2000b) 'Muticultural societies: making sense of new environments and identities', *Journal of Community and Applied Social Psychology* 10, 5: 343–354.
Cohen, A. P. (1995) *The Symbolic Construction of Community*, London: Routledge.
Cole, M. (1985) 'The zone of proximal development: where culture and cognition create each other', in J. Wertsch (ed.) *Culture, Communication and Cognition*, New York: Cambridge University Press.
Cole, M. (1996) *Cultural Psychology: A Once and Future Discipline*, Cambridge, MA: Belknap Press.
Conway, J. M. (2004) *Identity, Place, Knowledge: Social Movements Contesting Globalisation*, Halifax, Nova Scotia: Fernwood.

Cooke, B. and Kothari, U. (eds) (2001) *Participation: The New Tyranny?* London: Zed Books.

Cornish, F. (2004) 'Making context concrete: a dialogical approach to the society–health relation', *Journal of Health Psychology* 9, 2: 281–294.

Danziger, K. (1990) *Constructing the Subject: Historical Origins of Psychoanalytical Research*, Cambridge: Cambridge University Press.

Davis, M. and Wallbridge, D. (eds) (1981) *Boundary and Space: An Introduction to the Work of D. W. Winnicott*, London: Karnac.

Dear, M. J. and Taylor, S. M. (eds) (1982) *Not in Our Street: Community Attitudes to Mental Health Care*, London: Pion.

De-Graft Aikins, A. (2004) 'Strengthening quality and continuity of diabetes care in rural Ghana: a critical social psychological approach', *Journal of Health Psychology* 9, 2: 295–309.

Descartes, R. (1641/1989) *A Discourse on Method: Meditations and Principles*, London: Everyman's Library.

Devereux, G. (1967) *From Anxiety to Method in the Behavioural Sciences*, The Hague: Mouton.

Doise, W. (1990) 'Les représentacions sociales', in R. Ghiglione, C. Bonnet and J. F. Richard (eds) *Traité de Psychologie Cognitive*, vol. 3, Paris: Dunod.

Doise, W. (1986) *Levels of Explanation in Social Psychology*, Cambridge: Cambridge University Press.

Doise, W. (2001) 'Un projet européen pour la psychologie sociale', in F. Buschini and N. Kalampalikis (eds) *Penser la Vie, le Social, la Nature: Mélanges en l'honneur de Serge Moscovici*, Paris: Éditions de la Maison de Sciences de l'Homme.

Doise, W. and Mugny, G. (1984) *The Social Development of the Intellect*, Oxford: Pergamon.

Doise, W. and Palmonori, A. (eds) (1986) *L'Étude des Représentacions Socials*, Neuchâtel: Delachaux and Nestlé.

Doise, W., Mugny, G. and Perrot-Clermont, A. N. (1975) 'Social interaction and the development of cognitive operations', *European Journal of Social Psychology* 5, 3: 367–383.

Dulong, R. and Ackermann, W. (1972) 'Popularisation of science for adults', *Social Science Information* 11, 1: 113–148.

Durkheim, E. (1898/1996) 'Représentations individuelles et représentations collectives', in E. Durkheim *Sociologie et Philosophie*, Paris: Presses Universitaires de France.

Durkheim, E. and Mauss, M. (1905/1963) *Primitive Classification*, Chicago: Chicago University Press.

Durkheim, E. (1955/1983) *Pragmatism and Sociology*, Cambridge: Cambridge University Press.

Durkheim, E. (1973) *On Institutional Analysis*, Chicago: University of Chicago Press.

Dussel, E. (1993) 'Eurocentrism and modernity', *boundary 2* 20, 3: 65–76.

Dussel, E. (1995) *The Invention of the Americas: Eclipse of the 'Other' and the Myth of Modernity*, New York: Continuum.

Dussel, E. (1996) *The Underside of Modernity: Apel, Ricouer, Rorty, Taylor and the Philosophy of Liberation*, Atlantic Highlands, NJ: Humanities Press.

Dussel, E. (2004) 'Deconstruction of the concept of "intolerance": from tolerance to solidarity', *Constellations* 11, 3: 326–333.
Duveen, G. (1997) 'Psychological development as social process', in L. Smith and J. P. Tomlinson (eds) *Piaget, Vygotsky and Beyond*, London: Routledge.
Duveen, G. (1998) 'The psychosocial production of ideas', *Culture and Psychology* 4: 455–472.
Duveen, G. (2000) 'Introduction: the power of ideas', in S. Moscovici *Social Representations: Introductions and Explorations*, Cambridge: Polity Press.
Duveen, G. (2001a) 'Genesis and structure: Piaget and Moscovici', in F. Buschini and N. Kalampalikis (eds) *Penser la Vie, le Social, la Nature: Mélanges en l'honneur de Serge Moscovici*, Paris: Éditions de la Maison de sciences de l'homme.
Duveen, G. (2001b) 'Representations, identity and resistance', in K. Deaux and G. Philogène (eds) *Representations of the Social: Bridging Theoretical Traditions*, Oxford: Blackwell.
Duveen, G. (2002a) 'Construction and constraint in psychological development', paper presented at the workshop 'Exploring Psychological Development as a Social and Cultural Process', Cambridge, September.
Duveen, G. (2002b) 'Construction, belief, doubt', *Psychologie et Societé* 3: 139–155.
Eco, U. (1966) 'Narrative structure in Flemming', in O. del Buono and U. Eco (eds) *The Bond Affair*, London: MacDonald.
Elejabarrieta, F. (1989) 'Las paradojas de los rigores metodológicos en psicología social', *Revista Vasca de Psicología* 2, 1: 81–90.
Eley, G. (1992) 'Nations, publics and political cultures: placing Habermas in the nineteenth century', in C. Calhoun (ed.) *Habermas and the Public Sphere*, Cambridge: MIT Press.
Elliot, A. (1992) *Social Theory and Psychoanalysis in Transition: Self and Society from Freud to Kristeva*, Oxford: Blackwell.
Erikson, E. (1964) 'Psychological reality and historical actuality', in E. Erikson *Insight and Responsibility*, New York: Norton.
Escobar, A. (1995) *Encountering Development: The Making and the Unmaking of the Third World*, Princeton: Princeton University Press.
Fals-Borda, O. (1985) *Conocimiento y Poder Popular: Leciones con Campesinos de Nicarágua, México y Colombia*, Bogotá: Siglo XXI.
Fals-Borda, O. (1988) *Knowledge and People's Power: Lessons with Peasants in Nicaragua, Mexico and Colombia*, New York: New Horizons Press.
Fals-Borda, O. and M. A. Rahman (1991) *Action and Knowledge: Breaking the Monopoly with Participatory-Action Research*, London: Intermediate Technology Books.
Fanon, F. (1967) *Black Skin, White Masks*, New York: Grove Press.
Farr, R. M. (1991) 'The long past and the short history of social psychology', *European Journal of Social Psychology* 21, 5: 371–380.
Farr, R. M. (1993a) 'Common sense, science and social representations', *Public Understanding of Science* 2: 111–122.
Farr, R. M. (1993b) 'Theory and method in the study of social representations', in D. Canter and G. Breakwell (eds) *Empirical Approaches to Social Representations*, Oxford: Clarendon Press.
Farr, R. M. (1996) *The Roots of Modern Social Psychology*, Oxford: Blackwell.

Farr, R. M. (1998) 'From collective to social representations: aller et retour', *Culture and Psychology* 4: 275–296.
Farr, R. M. and Moscovici, S. (eds) (1984) *Social Representations*, Cambridge: Cambridge University Press.
Farr, R. M. and Rommetveit, R. (1995) 'The communicative act: an epilogue to mutualities in dialogue', in I. Marková, C. Graumann and K. Foppa (eds) *Mutualities in Dialogue*, Cambridge, Cambridge University Press.
Fodor, J. (1972) 'Some reflections on L. S. Vygotsky's thought and language', *Cognition* 1, 1: 83–95.
Foucault, M. (1971) *Madness and Civilization: A History of Insanity in the Age of Reason*, London: Routledge.
Foucault, M. (1974) *Les Mots et les Choses. The Order of Things: Archaeology of the Human Sciences*, London: Tavistock.
Foucault, M. (1980) *Power/Knowledge: Selected Interviews and Other Writings, 1972–1977*, Brighton: Harvester.
Foucault, M. (1987) *Mental Illness and Psychology*, Berkeley: University of California Press.
Foucault, M. (1991) 'Introduction', in G. Canguilhem *The Normal and the Pathological*, New York: Zone Books.
Fraser, N. (1990) 'Rethinking the public sphere: a contribution to the critique of actually existing democracy', *Social Text* 25: 56–80.
Freire, P. (1970) *Pedagogy of the Oppressed*, Herder and Herder: New York.
Freire, P. (1973a) 'Education as the practice of freedom', *Education for Critical Consciousness*, New York: Seabury Press.
Freire, P. (1973b) 'Extension or communication', in P. Freire *Education for Critical Consciousness*, New York: Seabury Press.
Freire, P. (1996) *Pedagogia da Autonomia: Saberes Necessários à Pratica Educativa*, 19th edn, Rio de Janeiro: Editora Paz e Terra.
Freire, P. (2001) *Pedagogy of Freedom, Democracy and Civic Courage*, Oxford: Rowman & Littlefield.
Freire, P. (2004) *The Pedagogy of Hope*, London: Sage.
Freud, S. (1900) 'The interpretation of dreams', *Standard Edition*, vol. 5, London: Hogarth Press and Institute of Psychoanalysis.
Freud, S. (1908) 'On the sexual theories of children', *Collected Papers*, vol. 2, London: Hogarth Press and Institute of Psychoanalysis.
Freud, S. (1911) 'Formulations on the two principles of mental functioning', in *On Metapsychology: The Theory of Psychoanalysis*, Pelican Freud Library, vol. 2, Harmondsworth: Penguin.
Freud, S. (1912) 'The dynamics of transference', *Collected Papers*, vol. 2, London: Hogarth Press and Institute of Psychoanalysis.
Freud, S. (1919/2003) *The Uncanny*, Harmondsworth: Penguin.
Freud, S. (1920) 'Beyond the pleasure principle', *Standard Edition*, vol. 18, London: Hogarth Press and Institute of Psychoanalysis.
Freud, S. (1921) 'Group psychology and the analysis of the ego' in *Civilization, Society and Religion*, Pelican Freud Library, vol. 12, Harmondsworth: Penguin.
Freud, S. (1930/2002) 'Civilization and its discontents', *The New Penguin Freud*, Harmondsworth: Penguin.
Furth, H. (1987) *Knowledge as Desire: An Essay on Freud and Piaget*, New York: Columbia University Press.

Furth, H. (1996) *Desire for Society: Children's Knowledge as Social Imagination*, New York: Plenum Press.

Gabe, J., Kelleher, D. and Williams, G. (eds) (1994) *Challenging Medicine*, London: Routledge.

Gadamer, H.-G. (1975) *Truth and Method*, London: Sheed and Ward.

Gaskell, G. and Bauer, M. W. (eds) (2001) *Biotechnology, 1996–2000*, London: Science Museum.

Gaskell, G., Bauer, M. W. and Durant, J. (1998) 'The representation of biotechnology: policy, media and public perception', in J. Durant, M. W. Bauer and G. Gaskell (eds) *Biotechnology in the Public Sphere: A European Sourcebook*, London: The Science Museum.

Gellner, E. (1992) *Reason and Culture: The Historic Role of Rationality and Rationalism*, Oxford: Blackwell.

Gergen, K. (1985) 'The social constructionist movement in modern psychology', *American Psychologist*, 40, 3: 266–275.

Gervais, M.-C. (1997) 'Social representations of nature: the case of the Braer oil spill in Shetland', unpublished PhD thesis, University of London.

Gervais, M. C. and Jovchelovitch, S. (1998) 'Health and identity: the case of the Chinese community in England', *Social Science Information* 37, 4: 709–729.

Gervais, M.-C., Morant, N. and Penn, G. (1999) 'Making sense of "absence": towards a typology of absence in social representations theory and research', *Journal for the Theory of Social Behaviour* 29, 4: 419–444.

Giami, A. (2001) 'Counter-transference in social research: George Devereux and beyond', *Papers in Research Methodology Qualitative Series no. 7*, London: Methodology Institute, LSE.

Giddens, A. (1971) *Capitalism and Modern Social Theory: An Analysis of the Writings of Marx, Durkheim and Max Weber*, Cambridge: Cambridge University Press.

Giddens, A. (1978) *Durkheim*, London: Fontana.

Giddens, A. (1991) *Modernity and Self-Identity: Self and Society in the Late Modern Age*, Cambridge: Polity Press.

Gillman, S. (1985) *Difference and Pathology: Stereotypes of Sexuality, Race and Madness*, Cornell: Cornell University Press.

Goffman, E. (1968) *Asylums: Essays on the Social Situations of Mental Patients and other Inmates*, London: Pelican.

Guareschi, P. (2004) *Psicologia Social Crítica: Como Prática de Libertação*, Porto Alegre: EDIPUCRS.

Guareschi, P. A. and Jovchelovitch, S. (2004) 'Health and the development of community resources in southern Brazil', *Journal of Health Psychology* 9, 2: 311–322.

Guimelli, C. and Jacobi, D. (1990) 'Pratiques nouvelles et transformation des representations sociales', *Revue Internationale de Psychologie Sociale* 3: 307–334.

Gutmann, A. (ed.) (1994) *Multiculturalism: Examining the Politics of Recognition*, Princeton: Princeton University Press.

Habermas, J. (1987) *Knowledge and Human Interest*, Cambridge: Polity Press.

Habermas, J. (1989a) *The Structural Transformation of the Public Sphere: An Inquiry into a Category of Bourgeois Society*, Cambridge: Polity Press.

Habermas, J. (1989b) *The Theory of Communicative Action: Life World and System, a Critique of Functionalist Reason*, Cambridge: Polity Press.

Habermas, J. (1990) *On the Logic of the Social Sciences*, Cambridge: Polity Press.
Habermas, J. (1991) *The Theory of Communicative Action: Reason and the Rationalization of Society*, Cambridge: Polity Press.
Habermas, J. (1992) 'Further reflections on the public sphere', in C. Calhoun (ed.) *Habermas and the Public Sphere*, Cambridge, MA: MIT Press.
Habermas, J. (2005) *Naturalismus und Religion: Philosophische Essays*, Frankfurt: Suhrkamp.
Halbwachs, M. (1997) *La Mémoire Collective*, Paris: Édition Albin Michel.
Halbwachs, M. (1992) *On Collective Memory*, Chicago: University of Chicago Press.
Hall, S., Held, D. and McGrew, T. (eds) (1992) *Modernity and its Futures*, Oxford: Oxford University Press and Open University.
Halldén, O. (1999) 'Conceptual change and contextualization', in W. Schnotz, S. Vosniadou and M. Carretero (eds) *New Perspectives in Conceptual Change*, Amsterdam: Pergamon.
Halldén, O., Petersson, M. S., Ehrlén, K., Haglund, L., Österlind, K. and Stenlund, A. (2002) 'Situating the question of conceptual change', in M. Limón and L. Mason (eds) *Reconsidering Conceptual Change: Issues in Theory and Practice*, London: Kluwer.
Heelas, P., Lash, S. and Morris, P. (eds) (1996) *Detraditionalization: Critical Reflections on Authority and Identity*, Oxford: Blackwell.
Heider, F. (1958) *The Psychology of Interpersonal Relations*, New York: Wiley.
Herzlich, C. (1973) *Health and Illness: A Social Psychological Analysis*, London: Academic Press.
Hilgartner, S. (1990) 'The dominant view of popularisation: conceptual problems, political uses', *Social Studies of Science* 20, 3: 519–539.
Himmelweit, H. T. and Gaskell, G. (eds) (1990) *Societal Psychology*, London: Sage.
Hollander, N. C. (1997) *Love in a Time of Hate: Liberation Psychology in Latin America*, New Brunswick, NJ: Rutgers University Press.
Honneth, A. (1995) *The Struggle for Recognition. The Moral Grammar of Social Conflicts*, Cambridge: Polity Press.
Honig, B. (2001) *Democracy and the Foreigner*, Princeton: Princeton University Press.
Howarth, C. (2004) 'Re-presentation and resistance in the context of school exclusion: reasons to be critical,' *Journal of Community and Applied Social Psychology* 14, 5: 356, 377.
Howarth, C. and Foster, J. (2004) 'Exploring the potential of the theory of social representations in community-based health research and vice-versa', *Journal of Health Psychology* 9, 2: 229–243.
Howell, J. and Pearce, J. (2001) *Civil Society and Development: A Critical Exploration*, Boulder: Lynne Rienner.
Hsu, E. (1999) *The Transmission of Chinese Medicine*, Cambridge: Cambridge University Press.
Ibañez, T. (1991) 'Social psychology and the rhetoric of truth', *Theory and Psychology* 1, 2: 187–201.
Israel, J. and Tajfel, H. (1972) *The Context of Social Psychology: A Critical Assessment*, London: Academic Press.
Ivinson, G. and Duveen, G. (2005) 'Classroom structuration and the development of representations of the curriculum', *British Journal of Sociology of Education* 26, 5: 627–642.

Jacques, J. and Raichvarg, D. (1991) *Savants et Ignorants: Une Histoire de la Vulgarisation des Sciences*, Paris: Editions du Seuil.

Jodelet, D. (1985) 'Civils et bredins: representations sociales de la maladie mentale et rapport à la folie en milieu rural', unpublished thesis of Doctorat d'Etat, Paris, École de Hautes Études en Sciences Sociales.

Jodelet, D. (1989) 'Représentations sociales: un domaine en expansion', in D. Jodelet (ed.) *Représentations Socials*, Paris: Presses Universitaires de France.

Jodelet, D. (1991) *Madness and Social Representations*, London: Harvester/ Wheatsheaf.

Jodelet, D. (2002) 'Les representations socials dans le champ de la culture', *Social Sciences Information* 41, 1: 111–133.

Joffe, H. (1999) *Risk and the Other*, Cambridge: Cambridge University Press.

Joffe, H. (2002) 'Risk: from perception to social representation', *British Journal of Social Psychology* 42, 1: 55–73.

Jones, K. (1993) *Asylums and After*, London: Athlone Press.

Jovchelovitch, S. (1995) 'Social representations in and of the public sphere: towards a theoretical articulation', *Journal for the Theory of Social Behaviour* 25, 1: 81–102.

Jovchelovitch, S. (1996) 'In defense of representations', *Journal for the Theory of Social Behaviour* 26, 2: 121–135.

Jovchelovitch, S. (1997) 'Peripheral communities and the transformation of social representations: queries on power and recognition', *Social Psychological Review* 1, 1: 16–26.

Jovchelovitch, S. (2000) Representações Sociais e Esfera Pública: *Um Estudo Sobre a Construção Simbólica dos Espaços Públicos no Brasil*, Rio de Janeiro: Petrópolis.

Jovchelovitch, S. (2001) 'Social representations, public life and social construction', in K. Deaux and G. Philogene (eds) *Representations of the Social: Bridging Theoretical Traditions*, Oxford: Blackwell.

Jovchelovitch, S. (2002) 'Re-thinking the diversity of knowledge: cognitive polyphasia, belief and representation', *Psychologie & Societé* 5, 1: 121–138.

Jovchelovitch, S. (2004) 'Psicologia social: saber, comunidade e cultura', *Psicologia e Sociedade* 16, 2: 20–31.

Jovchelovitch, S. and Campbell, C. (eds) (2000) 'Health, community and development', *Journal of Community and Applied Social Psychology* 10, 4 (special issue).

Jovchelovitch, S. and Gervais, M. C. (1999) 'Social representations of health and illness: the case of the Chinese community in England', *Journal of Community and Applied Social Psychology* 9, 4: 247–260.

Kaës, R. (1984) 'Le travail de la représentations et les fonctions de l'intermédiare: étude psychanalytique', in C. Belisle and B. Schele (eds) *Les Savoirs dans les Pratiques Quotidiennes: Recherches sur les Representations*, Paris: Editions du Centre National de La Recherche Scientifique.

Knorr-Cetina, K. and Mulkay, M. (1983) *Science Observed: Perspectives on the Social Study of Science*, London: Sage.

Kruger, A. C. and Tomasello, M. (1986) 'Transactive discussions with peers and adults', *Developmental Psychology* 22, 5: 681–685.

Landes, J. (1988) *Women and the Public Sphere in the Age of the French Revolution*, Ithaca: Cornell University Press.

Langer, M. (1987) *Cuestionamos*, Buenos Aires: Ediciones Busqueda.

Latour, B. (1987) *Science in Action: How to Follow Scientists and Engineers through Society*, Cambridge: Harvard University Press.
Latour, B. (1993) *We Have Never Been Modern*, London: Prentice Hall.
Latour, B. and Woolgar, S. (1986) *Laboratory Life: The Construction of Scientific Facts*, 2nd edn, Princeton: Princeton University Press
Lave, J. (1988) *Cognition in Practice: Mind, Mathematics and Culture in Everyday Life*, New York: Cambridge University Press.
Leenhardt, M. (1975) 'Preface', in L. Lévy-Bruhl, *The Notebooks on Primitive Mentality*, Oxford: Blackwell.
Leman, P. J. (1998) 'Social relations, social influence and the development of knowledge', *Papers on Social Representations* 7: 41–56. Online. Available HTTP: <http://www.psr.jku.at/psrindex.htm> (accessed 14 February 2006).
Leman, P. J. (2002) 'Argument structure, argument content and cognitive change in children's peer interaction', *Journal of Genetic Psychology* 163, 1: 40–45.
Leman, P. J. and Duveen, G. (1999) 'Representations of authority and children's moral reasoning', *European Journal of Social Psychology* 29, 5–6: 557–575.
Leontiev, A. N. and Luria, A. R. (1972) 'Some notes concerning Dr Fodor's "Reflections on L. S. Vygotsky's Thought and Language"', *Cognition* 1, 2–3: 311–316.
Lévy-Bruhl, L. (1975) *The Notebookss on Primitive Mentality*, Oxford: Blackwell.
Lévy-Bruhl, L. (1910/1985) *How Natives Think*, Princeton: Princeton University Press.
Liebes, T. and Katz, E. (1993) *The Export of Meaning: Cross Cultural Readings of Dallas*, 2nd edn, Cambridge: Polity Press.
Lira, E. (2000) 'Verdad, justicia y impunidad: memoria, perdón y olvido', in J. J. Vazques (ed.) *Psicología Social y Liberación en América Latina*, Mexico City: Universidad Autónoma Metropolitana, Iztapalapa.
Livingstone, S. (1989) *Making Sense of Television: The Psychology of Audience Interpretation*, Oxford: Pergamon.
Luria, A. R. (1931) 'Psychological expedition to Central Asia', *Science* 74: 383–384.
Luria, A. R. (1976) *Cognitive Development: Its Cultural and Social Foundations*, Cambridge, MA: Harvard University Press.
Luria, A. R. (1979) 'Romantic science', in A. R. Luria *The Making of Mind: A Personal Account of Soviet Psychology*, Cambridge, MA: Harvard University Press.
Lynch, M. and Woolgar, S. (1990) *Representation in Scientific Practice*, Cambridge, MA: MIT Press.
Mannoni, O. (1970) *Le Psychiatrie, son 'Fou' et la Psychanalyse*, Paris: Editions du Seuil.
Marková, I. (1983) *Paradigms, Thought and Language*, Chichester: Wiley.
Marková, I. (2003) *Dialogicality and Social Representations: The Dynamics of Mind*, Cambridge: Cambridge University Press.
Marková, I. and Foppa, K. (eds) (1991) *Asymmetries in Dialogue*, Hemel Hempstead: Harvester Wheatsheaf.
Marková, I., Graumann, C. and Foppa, K. (eds) (1995) *Mutualities in Dialogue*, Cambridge: Cambridge University Press.
Marx, K. and Engels, F. (1970) *The German Ideology*, London: Lawrence & Wishart.

Martín-Baró, I. (1994) *Writings for a Liberation Psychology*, Cambridge, MA: Harvard University Press.

Mead, G. H. (1932) *The Objective Reality of Perspectives: The Philosophy of the Present*, Illinois: Open Court.

Mead, G. H. (1934) *Mind, Self and Society from the Standpoint of a Social Behaviourist*, Chicago: University of Chicago Press.

Merlau-Ponty, M. (1986) *Phenomenology of Perception*, London: Routledge and Kegan Paul.

Micale, M. S. and Dietle, R. L. (eds) (2000) *Enlightement, Passion, Modernity: Historical Essays in European Thought and Culture*, Stanford: Stanford University Press.

Montero, M. (2002) 'On the construction of reality and truth: towards an epistemology of community social psychology', *American Journal of Community Psychology* 30, 4: 571–584.

Morant, N. and Rose, D. (1998) 'Loucura, multiplicidade e alteridade', in A. Arruda (ed.) *Representando a Alteridade*, Petrópolis: Vozes.

Morgan, L. M. (2001) 'Community participation in health: perpetual allure, persistent challenge', *Health Policy and Planning* 16, 3: 221–230.

Moscovici, S. (1961) *La Psychanalyse, son Image et son Public*, Paris: Presses Universitaires de France.

Moscovici, S. (1976a) *La Psychanalyse, son Image et son Public*, 2nd edn, Paris: Presses Universitaires de France.

Moscovici, S. (1976b) *Social Influence and Social Change*, London: Academic Press.

Moscovici, S. (1984) 'Introduction: la domaine de la psychologie sociale', in S. Moscovici *Psychologie Sociale*, Paris: Presses Universitaires de France.

Moscovici, S. (1985) *The Age of the Crowd: A Historical Treatise in Mass Psychology*, Cambridge: Cambridge University Press.

Moscovici, S. (1988) 'Notes towards a description of social representations', *European Journal of Social Psychology* 18, 211–250.

Moscovici, S. (1989) 'Des représentations collectives aux représentations sociales: éléments pour une histoire', in D. Jodelet (ed.) *Les Représentations Sociales*, Paris: Presses Universitaires de France.

Moscovici, S. (1993) *The Invention of Society: Psychological Explanations for Social Phenomena*, Cambridge: Polity Press.

Moscovici, S. (1998) 'Social consciousness and its history', *Culture and Psychology* 4, 3: 411–429.

Moscovici, S. (2000a) 'Ideas and their development: a dialogue between Serge Moscovici and Ivana Marková', in S. Moscovici *Social Representations: Explorations in Social Psychology*, Cambridge: Polity Press.

Moscovici, S. (2000b) 'The history and actuality of social representations', in S. Moscovici *Social Representations: Explorations in Social Psychology*, Cambridge: Polity Press.

Moscovici, S. (2000c) *Social Representations: Explorations in Social Psychology*, Cambridge: Polity Press.

Murphy, E. (1991) *After the Asylums: Community Care for People with Mental Illness*, London: Faber and Faber.

Murphy, E. (1996) *Asylum in the Community*, London: Routledge.

Nagel, T. (1986) *The View from Nowhere*, New York: Oxford University Press.

Nature (2005) 'Don't keep your distance, 437, 7058: 451.

Needham, R. (1972) *Belief, Language, and Experience*, Oxford: Blackwell.
Novellino, D. (2003) 'From seduction to miscommunication: the confession and presentation of local knowledge in "participatory development"', in J. Pottier, A. Bicker and P. Silitoe (eds) *Negotiating Local Knowledge: Power and Identity in Development*, Sterling, VA: Pluto Press.
Nuilla, A. (2001) 'Representations of reproductive health: a study about a Mayan community in the western highlands of Guatemala', unpublished PhD thesis, University of London.
Nunes, T., Schliemann, A. D. and Carraher, D. (1993) *Street Mathematics and School Mathematics*, Cambridge: Cambridge University Press.
Oliveira, C. (1981) 'Olhai os homens do campo', unpublished paper, Papers of the Psychiatric Hospital São Pedro, Porto Alegre, Brazil.
O'Muircheartaigh, C. (1997) 'Measurement error in surveys: a historical perspective', in L. Lynberg, P. P. Biemer, M. Collins, E. DeLeeuw, C. Dippo, N. Schrtz and D. Trewin (eds) *Survey Measurement and Process Quality*, New York: Wiley.
Perret-Clermont, A.-N. (1980) *Social Interaction and Cognitive Development in Children*, London: Academic Press.
Piaget, J. (1929) *The Child's Conception of the World*, London: Routledge and Kegan Paul.
Piaget, J. (1962) *Child, Dreams and Imitation in Childhood*, London: Routledge and Kegan Paul.
Piaget, J. (1964) *Six Psychological Studies*, London: London University Press.
Piaget, J. (1971) *Structuralism*, London: Routledge and Kegan Paul.
Piaget, J. (1995a) 'Genetic logic and sociology', in *Sociological Studies*, London: Routledge.
Piaget, J. (1995b) 'Individuality in history: the individual and the education of reason', in J. Piaget *Sociological Studies*, London: Routledge.
Piaget, J. (1995c) 'Logical operations and social life', in J. Piaget *Sociological Studies*, London: Routledge.
Piaget, J. (1995d) *Sociological Studies*, London: Routledge.
Piaget, J. and Inhelder, B. (1969) *The Psychology of the Child*, London: Routledge and Kegan Paul.
Pichon-Rivière, E. (1980) *O Processo Grupal*, São Paulo: Martins Fontes Editora.
Pichon-Rivière, E. (1991) *Teoria do Vínculo*, São Paulo: Martins Fontes Editora.
Plato (1987) *Theaetetus*, Harmondsworth: Penguin.
Potter, J. (1996) *Representing Reality: Discourse, Rhetoric and Social Construction*, London: Sage.
Potter, J. and Wetherell, M. (1987) *Discourse and Social Psychology: Beyond Attitudes and Behaviour*, London: Sage.
Pottier, J., Bicker, A. and Sillitoe, P. (eds) (2003) *Negotiating Local Knowledge: Power and Identity in Development*, London: Pluto.
Psaltis, C. and Duveen, G. (forthcoming) 'Social relations and cognitive development: the influence of conversation type and representations of gender', *European Journal of Social Psychology*.
Putnam, R. (2000) *Bowling Alone: The Collapse and Revival of American Community*, New York: Simon and Schuster.
Rahman, M. A. (1995) 'Participatory development: toward liberation or cooptation?', in G. Craig and M. Mayo (eds) (1995) *Community Empowerment: A Reader in Participation and Development*, London: Zed Books.

Ramella, M. and De La Cruz, R. B. (2000) 'Taking part in adolescent sexual health promotion in Peru: community participation from a social psychological perspective', *Journal of Community and Applied Social Psychology* 10, 4: 271–284.
Reicher, S. (1987) 'Crowd behaviour as social action', in J. Turner (ed.) *Rediscovering the Social Group: A Self-Categorisation Theory*, Oxford: Blackwell.
Rogoff, B. and Lowe, J. (1984) *Everyday Cognition: Its Development in Social Context*, Cambridge: Cambridge University Press.
Rommetveit, R. (1974) 'On the architecture of intersubjectivity', in R. Rommetveit *On Message Structure: A Framework for the Study of Language and Communication*, Chichester: Wiley.
Rommetveit, R. (1984) 'The role of language in the creation and transmission of social representations', in R. M. Farr and S. Moscovici (eds) *Social Representations*, Cambridge: Cambridge University Press.
Rorty, R. (1980) *Philosophy and the Mirror of Nature*, Princeton: Princeton University Press.
Rose, D. (1996) 'Representations of madness on British television: a social psychological analysis', unpublished PhD thesis, University of London.
Rose, D. (1997) 'Television, madness and community care', *Journal of Community and Applied Social Psychology* 8, 3: 213–228.
Rose, D. (2003a) 'Collaborative research between users and professionals: peaks and pitfalls', *Psychiatric Bulletin*, 27: 404–406.
Rose, D. (2003b) 'Partnership, co-ordination of care and the place of user involvement', *Journal of Mental Health* 12, 1: 59–70.
Rosenhan, D. L. (1975) 'On being sane in insane places', in D. Brisset and C. Edgley (eds) *Life as Theatre: A Dramaturgical Sourcebook*, Chicago: Aldine.
Said, E. (1995) *Orientalism: Western Conceptions of the Orient*, Harmondsworth, Penguin.
Savage-Rumbaugh, E. S. and Fields, W. M. (2000) 'Linguistic, cultural and cognitive capacities of Bonobos (Pan paniscus)', *Culture and Psychology* 6, 2: 131–153.
Schiele, B. and Jacobi, D. (1988) 'La vulgarisation scientifique: themes de recherche', in B. Schiele and D. Jacobi (eds) *Vulgariser la Science: Le Proces de l'ignorance*, Champ-Vallon: Seyssel.
Schutz, A. (1944) 'The stranger: an essay on social psychology', *American Journal of Sociology* 49: 500–507.
Schutz, A. (1967a) 'The dimensions of the social world', in A. Schutz *Collected Papers II: Studies in Social Theory*, The Hague: Martinus Nijhoff.
Schutz, A. (1967b) *Collected Papers I: The Problem of Social Reality*, The Hague: Martinus Nijhoff.
Scribner, S. (1975) 'Models of thinking and ways of speaking: culture and logic reconsidered', in P. N. Johnson Laird and P.-C. Wason (eds) *Thinking*, New York: Cambridge University Press.
Scribner, S. (1984) 'Cognitive studies of work', *Quarterly Newsletter of the Laboratory of Comparative Human Cognition* 6: 1–48.
Scribner, S. (1985) 'Vygotsky's uses of history', in J. Wertsch (ed.) *Culture, Communication and Cognition*, New York: Cambridge University Press.
Scribner, S. (1986) 'Thinking in action: some characteristics of practical thought', in R. J. Sternberg and R. K. Wagner (eds) *Practical Intelligence: Nature and Origins*

of Competence in the Everyday World, Cambridge, MA: Harvard University Press.

Scribner, S. and Cole, M. (1973) 'Cognitive consequences of formal and informal education', *Science* 182: 553–559.

Semin, G. R. and Gergen, K. J. (eds) (1990) *Everyday Understanding*, London: Sage.

Sharabi, Asi (2005) 'Behind the narrative bars: taking the perspective of the other in the Israeli-Palestinean conflict. A case study with Israeli children', unpublished PhD thesis, University of London.

Shotter, J. (1993) 'Harré, Vygotsky, Bakhtin, Vico, Wittgenstein: academic discourses and conversational realities', *Journal for the Theory of Social Behaviour* 23, 460–482.

Smith, L. T. (1999) *Decolonizing Methodologies: Research and Indigenous People*, London: Zed Books.

Spitz, R. A. (1945) 'Hospitalism: an inquiry into the genesis of psychiatric conditions in early childhood', *Psychoanalytic Study of the Child* 1: 68.

Spitz, R. A. (1959) *A Genetic Field Theory of Ego Formation: Its Implications for Pathology*, New York: International Universities Press.

Stern, D. (1974) 'Mother and infant at play: the dyadic interaction involving facial, vocal and gaze behaviour', in M. Lewis and L. Rosenblum (eds) *The Effect of the Infant on Its Caregiver*, New York: Wiley.

Stern, D. (1985) *The Interpersonal World of the Infant: A View from Psychoanalysis and Developmental Psychology*, New York: Basic Books.

Strayer, F. F. (2000) 'Decentration, communication and collective survival: reflections on the evolution of human culture', *Culture & Psychology* 6, 2: 161–168.

Tajfel, H. (ed.) (1984) *The Social Dimension: European Developments in Social Psychology*, vols I and II, Cambridge: Cambridge University Press.

Taylor, C. (1989) *Sources of the Self: The Making of the Modern Identity*, Cambridge: Harvard University Press.

Taylor, C. (1994) 'The politics of recognition', in A. Gutmann (ed.) *Multiculturalism: Examining the Politics of Recognition*, Princeton: Princeton University Press.

Thompson, J. (1990) *Ideology and Modern Culture*, Cambridge: Polity Press.

Thompson, J. (1995) *The Media and Modernity: A Social Theory of the Media*, Cambridge: Polity Press.

Thompson, J. B. and Held, D. (1982) *Habermas: Critical Debates*, London: Macmillan.

Todorov, T. (1992) *The Conquest of America: The Question of the Other*, London: Harper Perennial.

Trevarthen, C. (1980) 'Communication and cooperation in early infancy: a description of primary intersubjectivity', in M. Bullowa (ed.) *Before Speech: The Beginning of Interpersonal Communication*, New York: Cambridge University Press.

Tul'viste, P. (1987) 'L. Lévy-Bruhl and the problems of the historical development of thought', *Soviet Psychology* 25, 3: 3–21.

Valsiner, J. (1988) *Developmental Psychology in the Soviet Union*, Brighton: Harvester.

Valsiner, J. (1991) 'Construction of the mental: from the "cognitive revolution" to the study of development', *Theory & Psychology* 1: 477–494.

Valsiner, J. (2000) *Culture and Human Development*, London: Sage.

Valsiner, J. (2003) 'Beyond social representations: a theory of enablement', *Papers on Social Representations* 12: 7.1–7.16. Online. Available HTTP: <http://www.psr.jku.at/psrindex.htm> (accessed 14 February 2006).

Van der Veer, R. (1991) 'The anthropological underpinning of Vygotsky's thinking', *Studies in Soviet Thought* 42: 73–91.

Van der Veer, R. (1996) 'The concept of culture in Vygotsky's thinking', *Culture and Psychology* 2: 247–263.

Van der Veer, R. and Valsiner, J. (1991) *Understanding Vygotsky*, Oxford: Blackwell.

Van der Veer, R. and Valsiner, J. (1994) 'Reading Vygotsky: from fascination to construction', *Introduction to The Vygotsky Reader*, Oxford: Blackwell.

Van Vlaenderen, H. (2001) 'Psychology in developing countries: people-centred development and local knowledge', *Psychology in Society* 27: 88–108.

Von Cranach, M. (1982) 'The psychological study of goal-directed action: basic issues', in M. V. Cranach and R. Harré (eds) *The Analysis of Action: Recent Theoretical and Empirical Advances*, Cambridge: Cambridge University Press.

Von Cranach, M., Doise, W. and Mugny, G. (eds) (1992) *Social Representations and the Social Basis of Knowledge*, Lewiston, NY: Hogrefe & Huber.

Vygotsky, L. S. (1978) *Mind in Society: The Development of the Higher Psychological Processes*, Cambridge, MA: Harvard University Press.

Vygotsky, L. S. (1997) 'The history of the development of higher mental functions', *The Collected Works of L. S. Vygotsky*, vol. 4, New York and London: Plenum Press.

Vygotsky, L. S. and Luria. A. R. (1993) *Studies in the History of Behaviour: Ape, Primitive and Child*, Hillsdale, NJ: Lawrence Erlbaum Associates, Inc.

Vygotsky, L. S. and Luria, A. (1994) 'Tool and symbol in child development', in R. Van der Veer and J. Valsiner (eds) *The Vygotsky Reader*, Oxford: Blackwell.

Wagner, W. and Hayes, N. (2005) *Everyday Discourse and Common Sense: The Theory of Social Representations*, Basingstoke: Palgrave.

Wagner, W., Duveen, G., Themel, M. and Verma, J. (1999) 'The modernization of tradition: thinking about madness in Patna, India', *Culture and Psychology* 5, 4: 413–445.

Wagner, W., Duveen, G., Verma, J. and Temel, M. (2000) '"I have faith and at the same time I don't believe": cognitive polyphasia and cultural change in India', *Journal of Community and Applied Social Psychology* 10, 4: 301–314.

Weber, M. (1976) *The Protestant Ethic and the Spirit of Capitalism*, Hemel Hampstead: Unwin.

Wertsch, J. V. (1985a) *Vygotsky and the Social Formation of Mind*, Cambridge, MA: Harvard University Press.

Wertsch, J. V. (ed.) (1985b) *Culture, Communication and Cognition*, New York: Cambridge University Press.

Wertsch, J. V. (1993) 'Preface', in L. S. Vygotsky and A. R. Luria, *Studies in the History of Behaviour: Ape, Primitive and Child*, Hillsdale, NJ: Lawrence Erlbaum Associates, Inc.

White, S. C. (1996) 'Depoliticising development: the uses and abuses of participation', *Development in Practice* 6, 1: 6–15.

Winnicott, D. W. (1964) 'Further thoughts on babies as persons', in D. W. Winnicott *The Child, the Family and the Outside World*, Harmondsworth: Penguin.

Winnicott, D. W. (1965a) 'From dependence towards independence in the development of the individual', in D. W. Winnicott *The Maturational Process and the Facilitating Environment*, London: Hogarth Press.

Winnicott, D. W. (1965b) 'The capacity to be alone', in D. W. Winnicott *The Maturational Process and the Facilitating Environment*, London: Hogarth Press.

Winnicott, D. W. (1965c) *The Maturational Process and the Facilitating Environment*, London: Hogarth Press.

Winnicott, D. W. (1965d) 'The theory of parent–infant relationship', in D. W. Winnicott *The Maturational Process and the Facilitating Environment*, London: Hogarth Press.

Winnicott, D. W. (1967) 'The location of cultural experience', in D. W. Winnicott (1974) *Playing and Reality*, Harmondsworth: Penguin.

Winnicott, D. W. (1971) *Playing and Reality*, London: Tavistock Publications.

Winnicott, D. W. (1984) 'Varieties of psychotherapy', in D. W. Winnicott *Deprivation and Delinquency*, London and New York: Tavistock Publications.

Winnicott, D. W. (1985) 'Transitional objects and transitional phenomena', in D. W. Winnicott *Collected Papers: Through Paediatrics to Psycho-Analysis*, London: Hogarth Press.

Winnicott, D. W. (1988) *Human Nature*, London: Free Association Books.

Wolman, B. B. (1960) *Contemporary Systems and Theories in Psychology*, New York: Harper.

Wynne, B. (1989) 'Sheep farming after Chernobyl: a case-study in communicating scientific information', *Environment* 31: 33–40.

Wynne, B. (1995) 'Public understanding of science', in S. Jasanoff, G. E. Markle, J. C. Peterson and T. Pinch (eds) *Handbook of Science and Technology Studies*, Beverly Hills: Sage.

索引

（索引中的页码为英文原书页码，即本书边码）

译后记

本书并非一本传统意义上的主流社会心理学著作，却极好地诠释了欧洲社会心理学的理智传统：基于现实证据、社会取向的理论建构。本书的翻译勾连了我学术生涯中最重要的三位指引者和指导者：本书作者桑德拉·约夫切洛维奇教授、“当代西方社会心理学名著译丛”主编方文教授，以及欧洲社会心理学奠基者威廉·杜瓦斯（Willem Doise）教授。前两位为我呈现了社会心理学的学科知识图景，而后一位则为这一图景提供了理论架构。十年前，我的首本译作《社会心理学的解释水平》（亦收录于“当代西方社会心理学名著译丛”）便是杜瓦斯教授复兴欧洲社会心理学的扛鼎之作。译作出版时我已远赴英国攻读博士学位，对译后记欠缺的遗憾在此稍做弥补。杜瓦斯教授在纵览其时社会心理学实证研究后提出，与北美社会心理学聚焦个体内和人际水平的解释不同，欧洲独特的历史文化传统使欧洲社会心理学家更强调社会现象的群体内和群际动力。本书关注的正是知识与沟通的群体内与群际解释水平。

本书的作者桑德拉是我的博士导师。初次阅读本书是申请攻读博士学位之时。彼时囫囵吞枣，并未对书中处理的议题与模型构建有深入体悟。再次完整阅读此书已是在毕业回国三年之后。承硕士导师方文教授信任托以翻译重任，我才有机缘精读此书。在经历了文化震荡、反文化震荡、重读并字斟句酌的翻译过程之后，虽未敢称了悟，但已然能明白为何方老师将本书收录进“当代西方社会心理学名著译丛”之中。飞速的全球化与城市化进程、跨文化的社会历练以及个人学术思考的深入让我深刻意识到知识的语境性与交流的情境性；而沟通的可能性则需以交流者开放包容的心态为前提。本书直面日常面对中外、城乡、本地-异地、男女等种种不同类型知识遭遇的现代人的困扰，以及由此衍生的现代社会冲突。在莫斯科维奇的社会表征框架下，本书融汇了哈贝马斯的沟通理性和皮亚杰的儿童智慧发展等多种理智资源，基于认知多相性和知识的多元形态，为当代群际冲突提供了一种新颖的文化解决方案。

本书的翻译极为艰辛，前后拖延了两年之久，一方面是因为事务繁忙，但更重要的是出于对翻译一事的敬畏。深感自己文字于“雅”之道的无力，唯敢力求“信”与“达”。感谢中国人民大学出版社张宏学编辑的宽宥，也十分感谢中国人民大学出版社郦益编辑的细心审读。

生命中总有一些片段铭刻于心。在艰难的一年即将结束之时，我脑中浮现的有方文教授立于身后指导我修改硕士毕业论文的耐心鼓励，有约夫切洛维奇教授坐于桌前为我的博士论文整理思维框架图的认真细致，还有杜瓦斯教授给我邮寄研究手稿并亲自驱车前往日内瓦机场迎接我的热情关爱。皆是温暖与感激！学者非止于学，而践于心，敏于行！

赵蜜

2020 年 12 月 31 日

于北京

当代西方社会心理学名著译丛

《欲望的演化：人类的择偶策略》（最新修订版）

【美】戴维·巴斯 著
王叶 谭黎 译
ISBN：978-7-300-28329-6
出版时间：2020 年 8 月
定价：79.80 元

《归因动机论》

伯纳德·韦纳 著
周玉婷 译
ISBN：978-7-300-28542-9
出版时间：2020 年 9 月
定价：59.80 元

《偏见》（第 2 版）

【英】鲁珀特·布朗 著
张彦彦 译
ISBN：978-7-300-28793-5
出版时间：2021 年 1 月
定价：98.00 元

《努力的意义：积极的自我理论》

【美】卡罗尔·德韦克 著
王芳 左世江 等 译
ISBN：978-7-300-28458-3
出版时间：2021 年 3 月
定价：59.90 元

《偏见与沟通》

【美】托马斯 · 佩蒂格鲁，琳达 · 特罗普 著
林含章 译
ISBN：978-7-300-30022-1
出版时间：2022 年 1 月
定价：79. 80 元

《情境中的知识：表征、社群与文化》

【英】桑德拉 · 约夫切洛维奇 著
赵蜜 译
ISBN：978-7-300-30024-5
出版时间：2022 年 1 月
定价：68. 00 元

《道德之锚：道德与社会行为的调节》

【英】娜奥米 · 埃勒默斯 著
马梁英 译
ISBN：978-7-300-31154-8
出版时间：2023 年 1 月
定价：88. 00 元

《超越苦乐原则：动机如何协同动作》

【美】托里 · 希金斯 著
方文 等 译
ISBN：978-7-300-32190-5
出版时间：2024 年 1 月
定价：198 元（精装）

Knowledge in Context: Representations, Community and Culture by Sandra Jovchelovitch
ISBN: 9780415287340

北京市版权局著作权合同登记号：01－2018－5533

图书在版编目（CIP）数据

情境中的知识：表征、社群与文化 /（英）桑德拉·约夫切洛维奇（Sandra Jovchelovitch）著；赵蜜译. --北京：中国人民大学出版社，2022. 1
（当代西方社会心理学名著译丛 / 方文主编）
书名原文：Knowledge in Context：Representations，Community and Culture
ISBN 978-7-300-30024-5

Ⅰ. ①情… Ⅱ. ①桑… ②赵… Ⅲ. ①社会心理学-研究 Ⅳ. ①C912. 6-0

中国版本图书馆 CIP 数据核字（2021）第 223656 号

当代西方社会心理学名著译丛
方文　主编
情境中的知识：表征、社群与文化
［英］桑德拉·约夫切洛维奇　著
赵蜜　译
Qingjing Zhong de Zhishi：Biaozheng、Shequn yu Wenhua

出版发行	中国人民大学出版社		
社　址	北京中关村大街 31 号	邮政编码	100080
电　话	010－62511242（总编室）		010－62511770（质管部）
	010－82501766（邮购部）		010－62514148（门市部）
	010－62515195（发行公司）		010－62515275（盗版举报）
网　址	http://www. crup. com. cn		
经　销	新华书店		
印　刷	北京昌联印刷有限公司		
开　本	720 mm × 1000 mm　1/16	版　次	2022 年 1 月第 1 版
印　张	16. 75 插页 2	印　次	2024 年 3 月第 2 次印刷
字　数	240 000	定　价	68. 00 元